JAPANFOUNDATION
独立行政法人 国際交流基金 編著

마루고토

MARUGOTO

일본어와 일본 문화

중급2

시사일본어사

はじめに

皆さんにとって、日本語を学ぶ、あるいは教える目的とは何でしょうか。

インターネットの発達によって、世界中の人が「日本」に触れられるようになり、日本語を学ぶ人の目的も多様になりました。留学や仕事などの実用目的だけではなく、日本のものや文化が好きだから、日本語そのものに興味があるからといった理由で学び始める人が増えています。さまざまな学習者のために、日本語教育の現場は柔軟に対応しようとしています。また、グローバル化が進む今、たくさんの人々が国や地域を越えて行き来し、やりとりをして、結びつきを強くしています。このような社会では、多様な教育のよりどころとして、皆が共有できる枠組みが必要です。

日本語教育にかかわる方々が、さまざまなニーズを持つ学習者に向き合うために参照したり、それを使って対話したりすることを願って、私たち国際交流基金は「JF 日本語教育スタンダード」を開発してきました。「JF 日本語教育スタンダード」は、「相互理解のための日本語」を理念とした言語教育の枠組みです。相互理解のためには、ことばによるコミュニケーションを通じて目的を達成する能力と、自分と異なる文化を理解し尊重する姿勢が重要です。また、この枠組みでは、学習者自身が学習を管理し、自分で考えながら学びを進めていくことの大切さを提唱しています。

『まるごと 日本のことばと文化』は、「JF 日本語教育スタンダード」の考え方を具体化した教材の一つです。成人学習者を主な対象として、日本語と日本文化を学ぶことの楽しさを感じてもらえるように工夫してあります。日本語を使ったさまざまな活動の中で、相手の思いがわかった、自分の思いが伝わったという達成感が得られるようデザインしました。この教材を使って、学習者は「日本語を使ってできること」を少しずつ増やしていくことができます。

『まるごと』という名前には、日本のことばと文化を「まるごと」、人と人とのリアルなコミュニケーションを「まるごと」、その背景にある生活や文化を「まるごと」伝えたいというメッセージが込められています。世界の人と人とが出会い、交流し、お互いの理解を深めるきっかけとして、この教材が役に立てば、私たちにとってこれ以上の喜びはありません。

2017 年 9 月
独立行政法人国際交流基金

머리말

일본어를 배우거나 가르치는 목적은 무엇일까요?

인터넷의 발달로 세상 어디에서든 일본이라는 나라를 알게 되는 기회가 많아지고 일본어를 배우는 목적도 다양해졌습니다. 유학이나 업무 등 실용적인 목적뿐만 아니라, 일본의 상품과 문화가 좋아서, 일본어 자체에 흥미가 생겨서 배우기 시작하는 사람이 늘고 있습니다. 이처럼 다양한 학습자를 위해서 일본어의 교육 현장은 유연하게 대처해야 하겠습니다. 또 글로벌화된 지금은 많은 사람들이 국가와 지역을 넘나들며 교류하고 유대를 강화하고 있습니다. 이런 사회에서는 다양한 교육의 버팀목으로서 모두가 공유할 수 있는 어떤 틀이 필요합니다.

일본국제교류기금에서는 일본어 교육에 종사하는 분들이 학습자의 다양한 요구를 충족시키기 위한 자료로 활용하거나 대화의 재료로 쓰기를 바라는 마음에서 〈JF 日本語教育スタンダード〉를 개발해 왔습니다. 〈JF 日本語教育スタンダード〉는 '상호 이해를 위한 일본어'를 기본 이념으로 표방하는 언어 교육의 장치입니다. 상호 이해를 위해서는 언어에 의한 커뮤니케이션으로 목적을 달성하는 능력 및 자기가 속한 문화와는 다른 문화를 이해하고 존중하는 자세가 중요합니다. 또한 이 장치에서는 학습자가 직접 학습을 관리하고 스스로 생각하면서 익혀 나가는 것의 중요성에 주안점을 두었습니다.

≪마루고토 일본어와 일본 문화(まるごと 日本のことばと文化)≫는 이상과 같은 〈JF 日本語教育スタンダード〉의 기본 이념을 구체화한 교재입니다. 주요 대상자는 성인 학습자로서, 일본어와 일본 문화 학습의 즐거움을 느낄 수 있도록 고안되었습니다. 일본어를 사용한 다양한 활동 중에서도 상대방의 생각을 이해하고 자신의 생각이 제대로 전달되었다는 성취감을 얻을 수 있도록 기획했습니다. 이 교재를 학습함으로써 학습자는 '일본어로 할 수 있는 일'이 조금씩 늘어가게 될 것입니다.

まるごと라는 이름에는 일본의 언어와 문화를 통째로(まるごと), 사람과 사람 사이의 리얼한 커뮤니케이션을 고스란히(まるごと), 그 배경에 있는 생활이나 문화를 온전히(まるごと) 전하고 싶다는 뜻이 함축되어 있습니다. 이 교재가 전 세계인과의 만남, 교류, 이해를 깊게 하는 계기로서 도움이 된다면 우리로서는 그지없는 기쁨이겠습니다.

2017년 9월
독립행정법인 일본국제교류기금

이 교재의 특징

● 실제 커뮤니케이션 장면에서 '할 수 있는 말'을 늘린다.

이 교재의 목표는 일본어로 레벨 B1의 커뮤니케이션이 가능하게 만드는 일입니다. 레벨 B1이란 정리가 잘 된 이야기를 하거나, 익숙한 화제의 문장에서 중요한 점을 이해하거나, 일본에 갔을 때 스스로 여러 가지 일에 대응할 수 있는 수준을 뜻합니다.

まるごと를 이용한 수업 또는 코스의 목표는 실제 일본어를 사용하는 장면에서 '할 수 있는 말'을 늘리는 일입니다.

예를 들면 '자기 나라의 기념품에 대해 조언할 수 있다', '친구와 여행을 가기 전에 일정을 의논할 수 있다'처럼 어떤 상황에서 무슨 일을 할 수 있는지 그 구체적인 예를 Can-do 형태로 나타냅니다.

まるごと에서의 문법 또는 문형은 그 지식의 습득 자체를 목표로 하지 않습니다. Can-do의 달성에 필요한 것을 구체적인 문맥이나 장면과 연동시켜 학습합니다.

그 밖에도 담화 구성을 생각하면서 이야기하거나 장면 또는 인간관계에 맞춰서 말을 가려 쓰는 등 커뮤니케이션을 지탱하는 다양한 연습도 준비했습니다.

이 교재는 레벨 B1에서 실제로 사용 가능한 일본어를 몸에 익힐 수 있도록 연습이나 활동이 디자인되어 있습니다.

*まるごと는 〈JF 日本語教育スタンダード〉의 6단계(A1~C2)로 레벨을 나타냅니다. 기준은 유럽 연합 평의회인 CEFR과 공통입니다.

레벨 B1

- 업무, 학교, 놀이 등 평소 익숙한 화제와 관련해 표준적인 말이라면 요점을 이해할 수 있다.
- 일본어가 쓰이는 지역을 여행할 때 일어날 수 있는 대부분의 상황에 대응할 수 있다.
- 익숙하면서 개인적으로도 관심이 있는 화제에 관해서, 단순한 방법으로 연결된 맥락이 있는 텍스트를 만들 수 있다.
  경험, 꿈. 희망, 야심 등을 설명하고 의견 또는 계획의 이유나 사정을 짧게 말할 수 있다.

JF 日本語教育スタンダード
きょういく
利用者のためのガイドブック
りようしゃ

| 基礎段階の言語使用者 Basic User | 自立した言語使用者 Independent User | 熟達した言語使用者 Proficient User |

● 네이티브 일본어에 대처하는 태도를 기른다

이 교재에 쓰인 일본어는 학습자에게 배우기 쉬운 말로 바꾸지 않았습니다. 실제 회화에서 자주 들을 수 있는 구어적 표현도 적극적으로 도입했습니다. 회화의 음성도 일반적인 속도와 가깝게 녹음했습니다. 어쩌면 중급에 오니 갑자기 모르는 단어나 표현이 많이 나와서 어려워졌다고 느끼는 사람도 있을 수 있습니다.

실제로 문장을 읽고, 영화나 TV를 보며, 일본인과 대화할 때 접하는 일본어에는 모르는 말도 많이 섞여 있습니다. 그런데 중요한 것은 그런 와중에도 자신에게 필요한 정보를 얻거나 이야기의 요점을 이해하고 회화를 이어나갈 수 있게 된다는 점입니다. 이 교재에서는 학습자가 접하는 모든 일본어를 다 몰라도 된다는 생각을 전제로 합니다. 모르는 것이 있어도 포기하지 않고 커뮤니케이션하는 태도를 키우는 것이 목적이기 때문입니다.

접하게 되는 일본어

이해할 수 있는 일본어

사용할 수 있는 일본어

● '전략'이 중요하다

중급 레벨에서는 아직 이해할 수 있는 일본어, 사용할 수 있는 일본어에 한계가 있기 때문에, 실제 상황에서 일본어로 대화하려면 전략으로 보완하는 기술도 필요합니다. 따라서 이 교재에서는 모르는 단어를 추측하고 다른 단어로 바꾸며 상대에게 질문하고 확인하면서 회화를 이끌어나가는 등의 전략을 도입했습니다. 전략을 이용함으로써 한정된 일본어 능력으로도 커뮤니케이션이 진행되도록 하는 것을 목표로 삼았습니다.

● 해외 학습자 중심의 토픽과 장면

이 교재는 해외에서 일본어를 배우는 성인 학습자가 주요 대상입니다. 토픽은 일본의 전통문화에 관한 것부터 현재의 일본 사회와 문화를 다룬 것까지 다양성이 풍부합니다. 이러한 토픽들은 해외 일본어 학습자 앙케트 조사 결과를 토대로 선별되었기 때문에, 학습자는 관심이 높은 토픽을 통해서 다양한 일본 문화를 접하면서 일본어를 학습할 수 있고 다른 문화의 이해로 이어지는 힌트도 얻을 수 있습니다.

이 교재에서 다루는 일본어 사용 장면은 일본 친구와 스카이프(Skype)로 대화하고 일본인 동료에게 추천 요리집을 물으며, 인터넷으로 일본어 사이트를 검색하고 SNS에 일본어로 코멘트를 다는 등 해외에서 실제로 있을 법한 것들입니다. 최근에 점점 늘고 있는 컴퓨터나 스마트폰을 사용한 커뮤니케이션 장면을 채택한 것도 특징 중 하나입니다.

● 교실 밖으로 이어지는 학습

まるごと를 이용한 학습은 교실 안에서만 끝나는 것이 아닙니다. 학습 성과를 교실 밖 실제 커뮤니케이션 장면으로 넓혀가는 것이 중요하다고 생각합니다. 학습한 일본어를 그 지역 일본어 커뮤니티나 SNS상에서 실제로 사용해 보기 위한 아이디어나 교실에서 알게 된 일본 문화에 관해서 더 자세하게 스스로 조사하기 위한 아이디어 등도 소개합니다. 이 교재를 발판 삼아 '일본어와 일본 문화'의 세계를 넓혀 가시기 바랍니다.

이 교재의 구성

이 책에 있는 내용

이 교재의 특징	이 교재의 구성	이 교재의 이용법	이 교재에 대한 평가

내용 일람

본문
TOPIC 1 - TOPIC 9
(準備 ／ PART1 ／ PART2 ／ PART3 ／ PART4 ／ PART5 ／教室の外へ)
じゅんび   きょうしつ　そと

음성 스크립트	해답	학습 기록 시트

웹사이트(https://www.marugoto.org/)에서 다운로드 가능한 목록

음성 파일
본문의 🔊 🔊CHECK 부분에는 음성이 있습니다. 파일을 다운로드할 수도 있고, 사이트상에서 스트리밍 재생이 가능합니다.

어휘표 (PDF)
본문에 나온 단어를 각 토픽의 PART별로 정리한 표입니다. 각국의 언어로 해석이 딸려 있습니다.

스크립트 및 텍스트 번역 (PDF)
청해 스크립트, 회화문 텍스트, 길게 말하기 텍스트, 독해 텍스트, 작문 모델 텍스트가 각국의 언어로 번역되어 있습니다.

「書く」 시트 (PDF)
각 토픽의 PART5에서 사용할 쓰기용 PDF 시트가 있습니다.

학습 기록 시트 (PDF)
각국의 언어로 된 PDF 시트가 있습니다.

교사용 자료
まるごと(중급)로 교육하는 교사를 위한 자료입니다.

교수법 안내 (PDF)
토픽, PART마다 가르칠 때 필요한 주의 사항이나 참고 정보 등이 담겨 있습니다.

어휘표 (Word / Excel 파일)
교사가 직접 어휘표를 편집하거나 다른 언어로 바꾸는 작업을 할 수 있도록 하기 위한 파일입니다.

기타 자료
まるごと(중급)로 교육하는 데 필요한 다양한 자료들이 있습니다.

이 교재의 사용법

1 토픽의 구성

まるごと(중급2)에는 모두 9개의 토픽이 있습니다. 각 토픽은 다음과 같은 내용으로 구성되어 있습니다.
PART1부터 PART5는 기능별로 되어 있고, 각각에 하나의 'Can-do 목표'가 있습니다.

準備 じゅんび	→	PART1 聞いてわかる	PART2 会話する	PART3 長く話す	PART4 読んでわかる	PART5 書く	教室の外へ きょうしつ　そと
120~180 분		150~240 분		120~180 분		120~180 분	수업 시간 외

2 이 교재를 사용한 코스

이 교재는 지금까지의 まるごと 시리즈와 마찬가지로 앞에서부터 순서대로 가르칠 수 있도록 구성되어 있습니다. 표준적인 코스에서는 하나의 토픽을 4회로 나누어 학습합니다. 수업 시간의 기준은 위의 표와 같습니다.
〈PART2. 会話する〉를 2회로 나누어, 모두 5회의 수업으로 배분해도 좋습니다.

몇 개의 토픽 학습이 끝난 다음에 '테스트'와 '다시 보기'를 합니다. '테스트'와 '다시 보기'를 어느 시점에서 할지는 코스의 길이에 따릅니다. 아래 그림은 세 개 토픽마다 하는 예입니다.

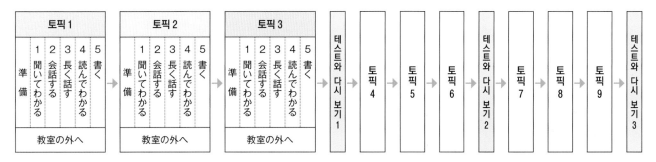

(120-180 분) × (4-5 회) × 3 토픽

중급 레벨이 되면 학습자의 요구가 다양해지므로, まるごと(중급)에서는 각 PART를 독립적으로 학습할 수 있도록 했습니다. 예를 들면「聞く·話す」를 중심으로 한 코스라면 PART1, 2, 3을 사용할 수 있고, 「読む·書く」를 중심으로 한 코스라면 PART 4, 5를 위주로 사용할 수 있습니다.
또 토픽별로 되어 있기 때문에, '여행'을 테마로 한 단기 코스로 〈토픽2. 富士登山〉을 사용하는 등 요구에 따라 사용법을 여러 가지로 변형할 수도 있습니다.

準備(준비)

앞으로 공부할 토픽에 흥미를 돋우고, 이 토픽 학습을 통해 익히고 싶은 이미지를 확장하는 것이 목표입니다. 사진이나 포스터, 웹사이트 등을 보면서 자유롭게 대화를 나눕니다.

❶ 토픽에 관한 질문

사진을 보면서 자신의 경험을 되돌아보고, 학급에서 대화를 나눕니다.

❷ 사진이나 실물을 본다 (→ 1)

콘서트 포스터, 레스토랑 안내, 만화 표지 등을 보고 느낀 것을 학급에서 대화합니다.

❸ 문화에 관해서 생각한다

일본과 자기 나라를 비교해 보고, 같은 점이나 다른 점은 무엇이며, 왜 그런지 등의 배경을 생각해 봅니다.

❹ 어휘나 표현의 확인 (→ 2)

이 토픽과 관련된 어휘나 표현을 확인합니다. 다양한 사람이 인터뷰에 응하고 있다는 설정입니다.

❺ 그 밖의 활동 (→ 3)

상품 광고를 보거나 전철의 안내 방송을 듣거나 영화 대사를 읽는 등, 토픽에 맞춰서 다양한 활동을 합니다.

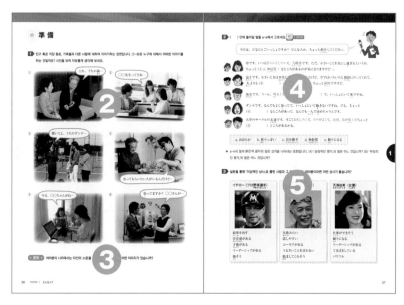

PART1 聞いてわかる(듣고 이해하기)

직장 동료에게 일본 여행에 대해 조언을 받거나 동영상 사이트에서 뉴스를 보는 등 토픽과 관련된 여러 가지 이야기를 듣습니다. 이를 통해 대강의 내용을 이해하거나 알고 싶은 정보를 알아들을 수 있도록 하는 것이 목표입니다. 실제로 듣는 사람의 입장에서 목적이 있는 청취를 합니다.

❶ Can-do 목표 확인하기

❷ 장면 및 설정 확인하기

일러스트를 보고 어떤 장면에서, 누구의 입장에서, 무엇을 위해서 들으면 좋은지를 확인합니다.

❸ 듣기 전에

자신의 경험을 떠올리거나 앞으로 들을 내용을 상상해 봅니다.

❹ 내용을 단계적으로 이해하기 (→ 1▶)

모르는 것이 포함된 텍스트를 목적을 설정하여 듣고, 중요한 내용을 이해합니다. 정해진 정보만을 가려 듣거나 키워드를 단서로 듣는 등 토픽이나 소재에 따라 여러 가지 연습을 합니다.

❺ 듣기를 위한 전략 (→ 2▶)

이해되지 않은 말이 나오면 의미를 묻거나 자세히 설명을 요구하여 이야기의 전개를 예측하는 등의 전략을 연습합니다.

❻ 들은 다음에 (→ 3▶)

들은 내용에 관해서 자신의 생각이나 감상을 서로 이야기합니다.

❼ 들은 내용 정리하기

(   )에 들어갈 어휘나 표현을 확인하고, 활용 가능한 단어 수를 늘립니다.

❽ Can-do 목표의 달성 여부 체크하기

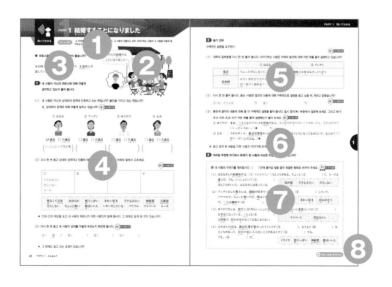

PART2　会話する(대화하기)

일본에서 오는 사람에게 물건을 사다 달라고 하거나 친구와 영화를 본 뒤에 서로 감상을 이야기 하는 등, 두 사람 이상이 일본어로 주고받는 회화 연습입니다. 정보를 교환하고 생각 또는 코멘트를 서로 이야기하거나 경험, 감상 등을 공유합니다. 이 파트의 최종 목표는 상대와 대화하면서 실제 장면에서 어느 정도 짜임새가 갖춰진 대화를 구성할 수 있게 되는 것입니다.

❶ Can-do 목표 확인하기

❷ 말하기 전에

　　대화 연습 전에 자신의 경험이나 체험을 떠올립니다.

❸ 대화 내용 이해하기 (→ ▣)

　　스크립트를 안 보고 모델 대화를 들은 후 그 대강의 내용을 이해합니다.

❹ 말의 형식에 주목하기 (→ ▣)

　　스크립트를 보면서 대화를 듣고 해당 토픽에서 연습할 문법이나 문형에 주목합니다. 정중체나 보통체 등 말투에 주목하는 경우도 있습니다.

❺ 대화에 도움이 되는 문법·문형 (→ ▣)

　　대화 장면에서 Can-do를 달성하는 데 도움이 되는 문법이나 문형을 추려내어 연습합니다. 토픽과도 관련이 있으면서 유의미한 문맥을 통해 연습합니다.

❻ 말하기 위한 전략 (→ ▣)

　　모르는 표현이 있어도 대화가 끊어지지 않고 계속될 수 있도록 표현을 바꾸어 말하거나 질문하고, 대화의 원활한 진행을 위해 맞장구, 확인, 전제 설정 등의 전략을 연습합니다.

❼ 발음 연습

　　커뮤니케이션이 더 원활해질 수 있도록 가급적 자연스럽고 듣기 편한 발음을 목표로 합니다. 문장 전체의 인토네이션이나 리듬 등 음률을 중심으로 연습합니다.

❽ 롤 플레이 (→ ▣)

　　이 파트의 최종 목표를 위한 연습입니다. 먼저 대화의 구성이나 표현을 확인합니다. 그 다음에 몇몇 장면에서 롤 플레이를 한 후, 실제 장면에서 대화의 Can-do를 달성할 수 있도록 합니다.

❾ Can-do 목표의 달성 여부 체크하기

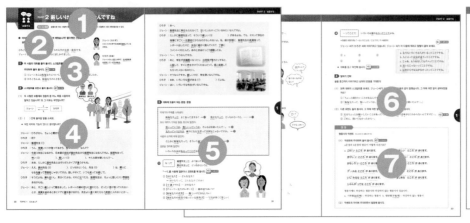

PART3　長く話す(길게 이야기하기)

자신이 좋아하는 영화나 생활 주변에서 일어나는 뉴스에 대해서 이야기하거나 자기 나라의 관광지나 전통 예능에 대해서 정보 공유를 하는 등, 좀 더 자세하게 이야기를 전개할 수 있는 것이 목표입니다. 길게 이야기한다(長く話す)고 해서 스피치나 프레젠테이션처럼 대단한 수준을 뜻하는 것이 아니라, 대화할 때 처음부터 마무리까지 짜임새가 잘 갖춰진 대화를 할 수 있도록 하는 것입니다.

❶ Can-do 목표 확인하기

❷ 말하기 전에

　질문에 대답할 때 무슨 말을 하고 싶은지, 또 할 수 있게 되면 좋겠다 싶은 것을 연상합니다.

❸ 모델 대화 듣기 (→ 1)

　목표로 하는 대화의 예를 듣고, 어떤 내용이 어떤 순서로 전개되는지를 정리합니다.

❹ 표현의 확인 (→ 2)

　대화의 예에서 사용된 표현 중 Can-do 달성을 위해 필요한 표현을 확인합니다.

❺ 모델 대화의 확인과 쉐도잉하기 (→ 3)

　스크립트를 보면서 대화의 예를 듣고 그 내용과 쓰인 표현을 확인합니다. 매끄럽게 말할 수 있게 되도록 스크립트의 일부를 따라 말해 봅니다.

❻ 재현해 보기 (→ 4)

　메모를 보고 대화 예의 내용을 떠올리면서 재현해 봅니다. 담화 구성이나 표현에 주의하면서 짜임새 있게 말할 수 있도록 하는 연습입니다.

❼ 자기 이야기 하기 (→ 5)

　목표 달성을 위한 연습입니다. 자기 또는 자기 나라에 관해 짜임새 있게 이야기합니다. 하고 싶은 말의 내용과 흐름을 메모해 말하되, 매끄럽게 말할 수 있게 될 때까지 수차례 연습합니다.

❽ Can-do 목표의 달성 여부 체크하기

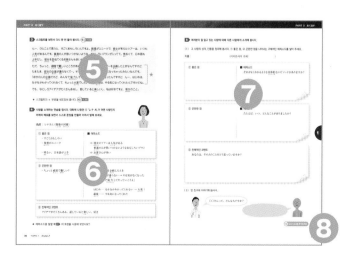

PART4　読んでわかる(읽고 이해하기)

SNS나 메일, 웹 사이트 리뷰 등 해외에서도 접할 법한 소재를 읽고 대강의 내용을 이해하거나 필요한 정보를 찾아내는 능력을 갖추는 것이 목표입니다. 실제로 보게 되는 텍스트에는 루비가 없기 때문에 독해 텍스트에도 루비를 달지 않았습니다. 모르는 단어나 읽는 법을 모르는 한자가 있어도 가능한 전략을 이용해 이해할 수 있도록 합니다.

❶ Can-do 목표 확인하기

❷ 읽기 전에

　　자신의 체험을 떠올리거나 제목만 보고 앞으로 읽게 될 내용을 예측합니다.

❸ 내용 이해하기

　　소재의 종류에 맞춰서 주요한 내용을 이해하고 중요 정보를 간파해냅니다. 먼저 전체를 이해한 다음에 더 세세한 내용에도 주의를 기울입니다.

❹ 읽기 위한 전략

　　제목이나 리드문을 읽고 전체 내용을 예측하거나 한자 또는 문맥 등으로 단어의 뜻을 추측하고 텍스트 구성에 주목하는 등의 전략을 연습합니다.

❺ 읽은 후에

　　읽은 내용과 관련해 자신의 체험이나 생각을 서로 이야기하며 이해를 깊게 합니다.

❻ 읽기에 도움이 되는 문법 · 문형

　　텍스트 내용을 이해한 다음, 문법이나 표현에 주목하고 의미, 형태, 사용법 등을 확인합니다.

❼ 한자 정리

　　텍스트에 있는 한자어의 읽기와 그 뜻을 확인합니다. 또한 한자를 참고하여 어휘력을 늘리거나 정리합니다.

❽ Can-do 목표의 달성 여부 체크하기

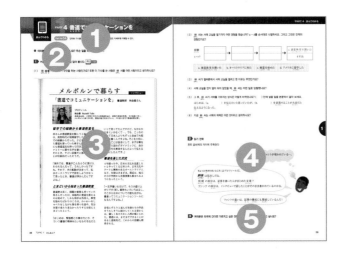

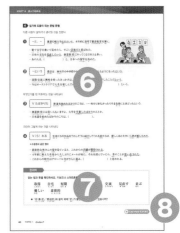

PART5 書く(쓰기)

인터넷 게시판이나 리뷰, 잡지나 지역 사회 소식지의 뉴스 등, 다양한 장면에서 짜임새 있는 문장을 쓸 수 있게 되는 것이 목표입니다. 해외 학습자가 일본어를 이용해 작성할 가능성이 있는 장면이나 그에 따른 목적을 구체적으로 설정했습니다. 지금은 손으로 직접 글을 쓰는 일이 거의 없기 때문에 컴퓨터나 스마트폰 등을 이용한 입력 환경을 상정했습니다.

❶ Can-do 목표 확인하기

❷ **쓰기 위한 준비**

　　작성할 내용을 정리하거나 모델을 보고 참고합니다.

❸ **쓰기**

　　목적과 장면에 어울리는 문장을 직접 써 봅니다. 작성할 양식을 컴퓨터에서
　　입력할 수 있는 PDF 파일 형태로 사이트에서 내려 받을 수 있습니다.
　　작성한 파일은 포트폴리오에 넣어 둡니다.

❹ **작성한 다음에**

　　다른 사람이 작성한 글을 작성자 입장에서 읽어 보고, 의견을 답니다.

❺ Can-do 목표의 달성 여부 체크하기

教室の外へ(교실 밖으로)
きょうしつ　そと

SNS나 메일 등의 다양한 장면에서 짜임새 있는 문장을 쓸 수 있게 되는 것이 목표입니다. 해외 학습자가 일본어를 이용해 작성할 가능성이 있는 장면이나 목적을 구체적으로 설정했습니다. 지금은 손으로 직접 글을 쓰는 일이 거의 없기 때문에 컴퓨터나 스마트폰 등을 이용한 입력 환경을 상정했습니다.

❶ **私だけのフレーズ(나만의 표현)**

　　자신만의 표현을 정리해 메모합니다. 교재에 나오지는 않았어도
　　꼭 하고 싶은 말을 할 수 있게 되는 데 필요한 표현을 보충합니다.

❷ **교실 밖 활동 아이디어**

　　토픽과 관련이 있는 내용을 인터넷으로 조사하거나 SNS나 지역 일본어
　　커뮤니티에서 일본어를 사용해 보고 일본과 관련된 이벤트 등에서 실제로
　　일본 문화를 체험하거나 합니다.

❸ 일본어 · 일본 문화 체험 기록 작성하기

1 토픽의 구성

まるごと를 활용한 수업이나 코스에서는 실제 커뮤니케이션 장면에서 일본어를 사용해 할 수 있는 것(Can-do) 늘리기를 목표로 하고, Can-do를 달성하는 데 필요한 연습이나 활동을 합니다. '평가'에서도 Can-do를 얼마나 할 수 있게 되었는지를 평가합니다.

또한 まるごと에서는 말과 문화를 통째로 배우고 문화 관련 이해를 깊게 하는 것도 목표로 합니다. 문화도 어떤 체험을 했고 어떤 것을 깨달았는지 되새겨 보도록 합니다.

평가에는 다음과 같은 방법이 있습니다.

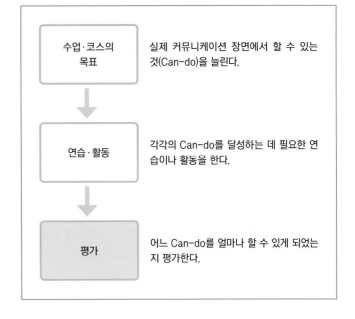

● **자기 평가**

수업 후에 Can-do를 얼마나 할 수 있게 되었는지 스스로 체크합니다. 또한 교실 안팎에서 어떤 일본 문화를 체험했는지 기록합니다.

● **테스트**

Can-do를 얼마나 할 수 있게 되었는지 객관적으로 측정합니다.

● **되돌아보기**

몇몇 토픽이 끝났을 때 지금까지 진행한 자신의 학습을 되돌아보고 어떤 것을 얼마나 할 수 있게 되었는지 생각합니다. 또 교실 안팎에서 체험한 일본 문화에 관해 생각하거나 학급 친구와 공유하는 등 지금까지 자신이 배운 것을 되돌아봅니다.

위와 같은 평가와 더불어 학습을 스스로 진행해 가기 위해, 이 교재를 활용한 코스에서는 포트폴리오(16쪽)를 사용합니다. 포트폴리오를 사용하면 학습을 진행할 때 무엇을 하고 어떻게 생각하는지를 기록하고, 또 나중에 되돌아볼 수 있습니다. 포트폴리오를 작성함으로써 자율 학습 능력을 기를 수도 있습니다.

2 평가 방법

(1) 자기 평가

언어 학습을 지속하기 위해서는 자신의 학습을 스스로 관리하는 것이 중요합니다. 그러려면 수업 후에 얼마나 일본어를 구사할 수 있게 되었는지 스스로 체크합니다. 또 일본어나 일본 문화에 관해 어떤 것을 경험했는지, 거기에서 무엇을 느꼈고 어떤 생각이 들었는지를 기록합니다. 자기 평가는 책 뒷부분의 '학습 기록 시트'를 사용합니다.

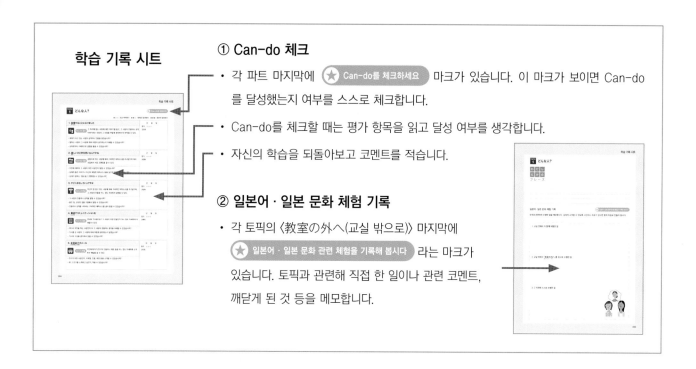

(2) 테스트

테스트는 몇몇 토픽이 끝났을 때 실시합니다. 수업이나 코스에서 실시한 Can-do를 혼자서 어느 정도 달성했는지 측정하거나 '자기 평가'만으로는 알 수 없는 점을 파악하는 것이 목적입니다. 이 교재의 Can-do 달성을 측정하기 위해서는 다음과 같은 시험을 생각해 볼 수 있습니다. 어느 시험을 어떻게 구성할지는 코스의 목적이나 내용에 따라 다릅니다.

① 청해 테스트

학습한 토픽과 관련해 일정한 짜임새를 갖춘 내용(친구나 지인의 이야기, 텔레비전 프로그램 음성 등)을 듣고 대강의 내용을 이해할 수 있는지, 필요한 정보를 얻을 수 있는지 테스트합니다.

② 필기 테스트

필기 테스트에는 문장 이해를 확인하는 테스트와 Can-do 달성에 필요한 문법, 어휘, 한자 등의 지식을 측정하는 테스트(언어 지식)가 있습니다. 독해 테스트에서는 짜임새가 갖춰진 문장(블로그, 입소문, 메일, 편지 등)을 읽고 대강의 내용을 이해할 수 있는지, 필요한 정보를 얻을 수 있는지 테스트합니다. 언어 지식 테스트에서는 의미 있는 문맥 중에서 문법, 어휘, 한자 등을 이해하고 운용할 수 있는지를 테스트합니다.

③ 구두 테스트

구두 테스트에는 두 사람 이상이 주고받으면서 대화를 구성해 가는 능력을 측정하는 테스트(회화)와 혼자서 길게 이야기하는 능력을 측정하는 테스트(長く話す)가 있습니다. 둘이서 이야기하는 구두 테스트에서는 카드를 읽고 선생님과 롤 플레이를 합니다. 학습자끼리 하는 경우도 있습니다. 지금까지의 토픽과 관련이 깊은 사항을 준비 없이 대화할 수 있는지 테스트합니다. 길게 이야기하는 테스트에서는 토픽과 관련된 일상적인 테마를 설명하거나 자신의 경험을 이야기하는 등 간단하게 생각이나 감상을 말할 수 있는지 테스트합니다.

④ 작문 테스트

메일이나 웹 사이트 리뷰, SNS 투고 등 짜임새 있는 문장을 쓸 수 있는지 여부를 테스트합니다. 사전이나 인터넷상의 도구 등을 이용해도 좋습니다.

테스트의 구체적인 예는 마루고토 홈페이지(http://www.marugoto.org)에서 내려 받을 수 있습니다.

(3) 되돌아보기

되돌아보기는 몇몇 토픽이 끝났을 때에 정기적으로 실시합니다. 자신뿐만 아니라 학급 친구와 서로의 경험 및 생각을 함께 되돌아보고, 일본어나 일본 문화의 학습에 관한 생각을 넓히고 깊게 하는 것이 목적입니다. 포트폴리오를 보면서 다음과 같은 것을 합니다.

① '학습 기록 시트'를 보면서 지금까지 학습한 Can-do를 확인합니다. 무엇을 할 수 있게 되었는지, 이전에 체크했을 때와 비교해서 무슨 변화가 있었는지, 자기에게 중요한 Can-do는 무엇인지, 앞으로 어떤 일을 하고 싶은지 등을 생각합니다.

② 일본어 및 일본 문화 체험과 관련해 자기에게 도움이 된 학습 방법, 인상에 남은 체험, 그것에 관한 감상 또는 생각 등을 학급 친구와 이야기합니다.

③ 학급 친구와 이야기한 후 알게 된 내용을 메모합니다.

'테스트'와 '되돌아보기'의 실시 방법은 코스나 학급 상황에 따릅니다. 아래 그림은 120분 수업 중에서 '테스트'와 '되돌아보기' 모두를 하는 예입니다. 학급 전체에서 '필기 테스트'를 하는 동안에, 한 사람씩 선생님께 가서 '구두 시험'을 봅니다. '작문 테스트'는 과제로 내어 시간 외에 실시합니다. 제시된 시간은 어림잡은 목표치입니다.

(예)

10 분	80 분	30 분
청해 테스트	필기 테스트	학습 되돌아보기
	구두 테스트	

＊ 작문 테스트(테스트 시간 외의 숙제로 내어 작성 후 제출 받음)

포트폴리오

포트폴리오라고 하는 것은 자신의 학습 성과나 기록을 넣어 두는 파일과 같은 것입니다. 포트폴리오에는 다음과 같은 것을 넣습니다.

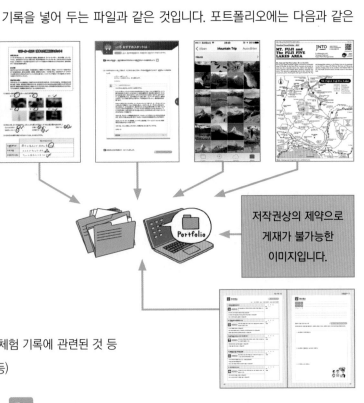

① 학습 기록 시트

· Can-do 체크

· 私だけのフレーズ(나만의 표현)

· 일본어·일본 문화 체험 기록

② 수업 성과물

· '書く' 활동에서 작성한 내용 등, 수업에서 진행한 것 중에서 자기에게 중요한 것

· 테스트

② 수업 외에 모은 것

· '학습 기록 시트'에 작성한 일본어·일본 문화의 체험 기록에 관련된 것 등
  (예: 사진, 포스터 팸플릿, 읽은 사이트의 기사 등)

저작권상의 제약으로 게재가 불가능한 이미지입니다.

이 책에서는 포트폴리오에 넣어 두면 좋은 것에 📁 마크를 붙여 두었습니다. 또한, 전자 데이터의 경우에는 컴퓨터에 폴더를 만들어 그 안에 넣어도 좋습니다.

이 교재의 루비(후리가나)에 관해

이 교재에서는 기본적으로 모든 한자에 루비를 달았습니다. 중급 레벨에서는 다양한 배경을 가진 학습자가 있기 때문에, 한자를 읽는 것 자체가 목적인 부분 이외에는 한자 관련 부담을 줄이려고 배려했습니다. 다만, 극히 기본적인 어휘 또는 몇 번이나 반복해서 나오는 어휘의 한자에는 루비를 생략하는 경우도 있습니다.

또한 '読んでわかる'의 독해 텍스트는 실제 상황에서 읽게 될 텍스트와 최대한 비슷한 상황을 설정하고자 루비를 달지 않았습니다.

내용 일람

전략	문법·문형		발음/한자
具体的な説明を求める 구체적인 설명을 요구한다			
文を途中まで言って、相手の反応を期待する 글을 중간까지 이야기하고 상대의 반응을 기대한다	1. Nって 2. ～っていうか 　　～っていうより（は） 3. ～ところ（がある） 4. ～ってことだ	飯塚先生って、よく知ってますか？ 怖いっていうか、難しいっていうか、そんな話を聞いたんで…。 先生っていうよりは、頼りになる先輩って雰囲気じゃないですか。 たしかに飯塚先生って、そういう厳しいところがあるよね。 いろいろな面があるってことだよね。	形容詞のアクセント
フォント・字体の違いに注目する 폰트·글씨체의 차이에 주목한다	1. ～と、～ 2. ～という 3. Ｖたばかりだ 4. Ｖ（ら）れる	書道の魅力を伝えたいと、４年前に自宅で書道教室を開く。 最近は、地元の小中学校から出張授業も頼まれるようになったという。 教室を始めたばかりのころは、……来たり来なかったりする生徒にとまどったという。 生徒たちの作品をうれしそうに紹介してくれる姿からは、優しくあたたかい人柄が感じられた。	取得、自宅、短期、経験、印象的、交流、見直す、並ぶ、優しい、意欲的 ・後に的（てき）が付く言葉
表現の意味を説明してもらう 표현의 의미에 대한 설명을 듣는다			
賛成か反対かを示す 찬성인지 반대인지 나타낸다	1. Ｖないこともない 2. Ｖないわけにはいかない 3. Ｖしかない 4. Ｖのはどう（ですか）？	１日で登れないこともないみたいだけど。 富士山に登ったら、日本最高点まで行かないわけにはいかないですよね？ それは、行くしかないよね。 レンタカー借りて、麓の観光地をまわるのはどう？	ないのアクセント
漢字からことばの意味を推測する 한자에서 단어의 의미를 추측한다	1. ～に違いない 2. Ｖほか 3. ～ことに 4. ～ため	新鮮な空気を吸い込めば、身も心もリフレッシュできるに違いない。 夏季は、サマーゲレンデでスキー、スノーボードができるほか、マウンテンバイクなどのアウトドアレジャーが楽しめる。 （氷柱が）最も大きくなるのは、意外なことに、冬ではなく春から夏。 洞窟内は一年中０～３度に保たれているため、冷蔵庫代わりに使われていた時代もある。	吸い込む、紅葉（する）、可能、花畑、背景、熱帯、植物、遊具、氷柱、冷蔵庫 ・漢字の字体
相手の話にコメントしながら聞く 상대의 이야기에 코멘트를 하며 듣는다			
思い出せないことばを不完全に言って、聞き手に補ってもらう 떠오르지 않는 말을 불완전하게 말하여 듣는 사람에게 보충 설명을 듣는다	1. Ｖなんて 2. ～どころか 3. ～（の）は、～ことだ 4. Ｎなんか（～ない）	朝ご飯を食べないなんて、ダメ。 健康になるどころか、体壊しちゃうよ。 大切なのは、栄養のバランスを考えながら、少しずつカロリーを減らすことだよ。 ダイエットなんか必要ないんじゃない？	母音の無声化
大切ではない発言を読み飛ばす 중요하지 않은 부분을 건너뛰고 읽는다	1. Ｖたところ 2. ～っぽい 3. ～わけじゃない 4. Ｖくらいなら、～	なんだか体調がよくないと友人に話したところ、……健康食品をすすめられた。 それ、マルチ商法っぽいね。 （ゲンキニールは）効き目がないわけじゃないけど、…… そんなの飲むくらいなら、その分いいメシを食え。	効く、疲れ、研究所、本当、迷う、治る、頼る、成分、原因、医者 ・人を表す漢字

전략	문법·문형		발음/한자
相手の話に興味があるかないかを示す 상대의 이야기에 흥미가 있는지 없는지를 나타낸다			
相手の質問を確認する 상대의 질문을 확인한다	1. せっかく（～ん）だから 2. ～にかぎる 3. ～（の）かわりに 4. N なんか	せっかくドイツに来てるんだから、ドイツのオペラのほうがいいかなあ。 せっかくだから、ネクタイぐらいして行かれれば、……楽しめると思いますよ。 こういうのはやっぱり地元のものを見るにかぎりますよね。 紙のチケットを受け取るかわりに、……印刷して持って行けば、そのまま使えるんですよ。 若い人なんか、けっこうラフな格好の人もいますよ。	인토네이션(억양)의 기능
使われていることばから書き手の態度を推測する 사용된 말에서 글쓴이의 태도를 추측한다	1. V には 2. ～うちに 3. ～かどうか 4. V て（い）る場合じゃない	合格するには、専門のスクールに通って、バレエとか歌とかやらないと、まず無理ですね。 若いうちに将来有望と注目された人が、長い間努力してやっとなれるのがトップスターなんです。 あなたがトップスターになれるかどうかなんて、誰にもわかりません。 本気でなりたいんだったら、こんなところで質問している場合じゃないと思います。	主役、応募、無理、舞台、呼ぶ、組、公演、各～（各組）、普通、努力（する） ・읽는 법이 동일한 말
質問を考えながら聞く 질문을 생각하며 듣는다			
自信がないことばを疑問調で適当に言ってみる 자신이 없는 말을 의문형으로 적당히 말해 본다	1. ～せいで 2. N によると 3. V 見込みだ	風が強かったせいで、その火が大きくなって、橋のほうにまで広がったらしいです。 ニュースによると、工場は全部燃えて、けが人も10人以上出たそうですよ。 通行止めは3週間ぐらいで解消される見込みだって言ってました。	문장의 포커스와 인토네이션의 정점(2)
見出しから内容を予測する 표제에서 내용을 예측한다	1. N に関する N 2. N といえば、～ 3. N に対して 4. N はもちろん、N も	日本に関するコラムなどを配信している。 外国人の日本旅行といえば、有名観光地、伝統文化、日本料理やショッピングなどが定番だった。 外国人観光客に対して、新たな日本の魅力を伝えている。 有名観光地の情報はもちろん、……穴場の情報も配信される。	穴場、数、増加（する）、対応（する）、分析（する）、一般、種類、届く、～区（23区）、拡大（する） ・비슷한 의미의 한자로 된 말
疑問に思ったことを質問しながら聞く 궁금한 것을 질문하며 듣는다			
トピックをはじめに示す 주제를 먼저 나타낸다	1. V てもらえない？ 　V てもらって（も）いい？ 2. さすがに（～ない） 3. ～って言っても、～	たこ焼き器、買ってきてもらえない？ 「たこピック」っていうのも、いっしょに買ってきてもらってもいい？ でも、たこ焼き器はさすがにこっちじゃ売ってないから。 でも、たこ焼き器って言っても、いろいろ種類あるんじゃない？	ん の発음
接続詞から続きの文を予測する 접속사로 다음 문장을 예측한다	1. ～ぶん 2. V ている間／V ている間に 3. V そうになる 4. ～とのことだ	難点は、高温になるぶん、消費電力が大きいこと。 たこ焼きを焼いている間、ほかの電気製品が使えず…。 調理中にプレートが傾いて、やけどしそうになりました。 ラッピングもしてくれるとのことでお願いしましたが、……	たこ焼き器、税込、調整、着脱、消費、落ちる、製品、払う、価値、包装（する） ・반대 의미의 한자로 되어 있는 말

내용 일람

전략	문법·문형		발음/한자
くわしい説明を求める 자세한 설명을 요구한다			
自分で訂正しながら話す 스스로 정정하며 말한다	1.～（って）感じ 　～（って）気がする 2.まるで～みたいだ／ようだ 3.Ⅴぐらい	ストーリーがほとんどなかったって感じじゃない？ 見ててすごくリラックスできた気がする。 まるで絵を見てるみたいで。 時間が短く感じるぐらい、映画の世界に入り込んでたのかなって思った。	終助詞のイントネーション
文脈から知らないことばの意味を推測しながら読む 문맥으로부터 모르는 말의 의미를 추측하며 읽는다	1.Ⅴたとおり／Ｎどおり 2.～ながらも 3.Ⅴ（よ）うとする 4.～ものだ	期待したとおり、いい映画でした！ 評判どおりすばらしかったです。 もう石炭の時代ではないとわかっていながらも、炭鉱を守ろうと、…… 新しいものを受け入れようとする人々と、…… 新しいものを受け入れようとする人々と、新しいものを認められない人々との対立は、いつの時代にもあるものだ。	石炭、必死、引き止める、涙、笑顔、演技、評判、確かに、苦労（する）、恥ずかしい ・前の漢字が後ろの漢字を修飾する語
話の背景を確認しながら聞く 이야기의 배경을 확인하며 듣는다			
相手の理解を確認しながら話す 상대의 이해를 확인하며 말한다	1.おＶです 2.Ⅴたつもりだ 3.～ほど～ない 4.～たと思う	何かお困りですか？ 乗るときに、ちゃんと行き先を確かめて乗ったつもりなんですけどね。 日本の電車ほど正確じゃないんですよ。 この週末は、ピカデリー線は工事してるので、動いてなかったと思いますよ。	文章全体のイントネーション(1)
経験や背景知識からことばの意味を推測する 경험이나 배경지식으로부터 말의 의미를 추측한다	1.一方（で）／～一方（で） 2.Ｎによって 3.とてもＶ（られ）ない 4.Ⅴ（ら）れる：受身形	……。一方で、「正確すぎて違和感がある」という人も。 日本人の健康を心配する意見もある一方、……という人も…… 反応は国によっていろいろでした。 安心して寝られるなんて、とても信じられない！ 隣の人にいびきをかかれてイライラ	停車、位置、遅れる、押し込む、反応、整列乗車、割り込む、降りる、公共、不快 ・否定の漢字が付く語
いろいろなストラテジーを使う 다양한 전략을 사용한다			
発言権を取る 발언권을 얻는다	1.～わけ（が）ない 2.～じゃない（ですか） 3.～って、～ 4.～とはかぎらない	忍者が今の日本に本当にいるわけないでしょう。 忍術道場なら、アメリカにだってたくさんあるじゃない。 今でも忍者がいるって、本当ですか？ まったく嘘だとはかぎらないよ。	文章全体のイントネーション(2)
キーワードだけ辞書で調べる 키워드만 사전에서 찾는다	1.Ｎにおいて 2.Ｎであろう 3.～からといって、～ない 4.Ｎにとって	勝負において、信玄は、……おごりが出てくるのでよくないと考えていたという。 自分に厳しく強い向上心を持った人物だったのであろう。 謙信は相手が弱ったからといって、そこを攻めることはしなかった。 時代は違っても、人間にとって大切なものは変わらないのかもしれない。	戦う、残す、戦、言葉、完全、常に、亡くなる、周辺国、困る、戦乱 ・読み方が多様な漢字

どんな人？

● 친구들과 다른 사람에 대한 이야기를 하는 경우가 있습니까?

● 예를 들어 누구에 대해, 어떤 것을 이야기합니까?

◉ 準 備

1 친구 혹은 직장 동료, 가족들과 다른 사람에 대하여 이야기하는 장면입니다. ①-⑥은 누구에 대해서 어떠한 이야기를 하는 것일까요? 사진을 보며 자유롭게 생각해 보세요.

①

これ、うちの孫…

②

○○先生ってさあ…

③

聞いてよ、うちのダンナ…

④

会ってもらいたい人がいるんだけど…

⑤

今日、○○ちゃんがね…

⑥

知ってますか？ ○○さんが…

> **문화** 여러분의 나라에서는 타인의 소문을 이야기 하는 것에 대해 어떤 이미지가 있습니까?

2 ( ) 안에 들어갈 말을 a~e에서 고르세요. 1_03-07

> 今日は、どなたとごいっしょですか？ どんな人か、ちょっと紹介してください。
> しょうかい

  母です。いつもきちんとしていて、几帳面です。ただ、小さいことを気にし過ぎるというか、
きちょうめん　　　　　　　　　　　　　　　　　　　す
ちょっと（① d. 神経質 ）なところがあるのが気になりますけど…。
しんけいしつ

  息子です。小さいときは本当に手がかかりましたけど、今ではいろいろと相談にのってくれて、
むすこ　　　　　　　　ほんとう　　　　　　　　　　　　　　　　　　　　　　　　そうだん
夫よりも（② 　　　　　）って感じです。ただ、ちょっと頑固ですけど。
おっと　　　　　　　　　　　　　かん　　　　　　　　　　がんこ

  彼女です。う～ん、明るくて、気さくで（③ 　　　　　）で、いっしょにいて楽ですね。
かのじょ　　　　　あか　　　　　　　　　　　　　　　　　　　　　　　らく

  ダンナです。なんでもよく知ってて、いっしょにいて飽きないですね。でも、ちょっと
し　　　　　　　　　　　　　　　　あ
（④ 　　　　　）なところがあって、なんでも一人で決めちゃうんです。
ひとり　き

  大学のサークルの友達です。すごくおもしろくて、のりがよくて。ただ、気が短くてちょっと
ともだち　　　　　　　　　　　　　　　　　　　　　　　　　　　みじか
（⑤ 　　　　　）ところがあるかな。

---

a. おおらか	b. 怒りっぽい	c. 自分勝手	d. 神経質	e. 頼りになる
	おこ	じぶんかって	しんけいしつ	たよ

◆ a~e의 말과 붉은색 글자의 말은 성격을 나타내는 표현입니다. (A)「긍정적인 평가」의 말은 어느 것입니까? (B)「부정적인 평가」의 말은 어느 것입니까?

1

3 설문을 통해「이상적인 상사」로 뽑힌 사람과 그 이유입니다. 여러분이라면 어떤 상사가 좋습니까?

イチロー（プロ野球選手）
やきゅうせんしゅ

結果を出す
けっか
存在感がある
そんざいかん
才能がある
さいのう
リーダーシップがある

強そう
つよ

所ジョージ（タレント）
ところ

兄貴みたい
あにき
話しやすい

ユーモアがある

うるさいことを言わない

励ましてくれそう
はげ

天海祐希（女優）
あまみゆうき　じょゆう

仕事ができそう
しごと
頼りになる
たよ
リーダーシップがある

てきぱきしている

パワフル

PART 1 結婚することになりました
けっこん

聞いてわかる　　Can-do 01　　그 자리에 없는 사람에 대한 이야기를 듣고, 그 사람의 인품이나 성격, 이야기하는 사람이 그 사람을 어떻게 생각하는지 파악할 수 있다.

● 파트너로 삼는다면 어떤 사람이 좋습니까?

ある国（日本以外の国）のカフェで、友達同士が
いがい　　　　　　　　　　　　ともだちどうし
話しています。

1 네 사람이 자신의 파트너에 대해 어떻게
생각하고 있는지 들어 봅시다.

（1） 네 사람은 자신과 상대와의 관계에 만족하고 있는 편입니까? 불만을 가지고 있는 편입니까?

또, 상대와의 관계에 대해 어떻게 말하고 있습니까? 🔊 1_09-12

① はるな　　　　　　② アンディ　　　　　③ ゆうすけ　　　　　④ えみ

☑ 満足 □ 不満足　　□ 満足 □ 不満足　　□ 満足 □ 不満足　　□ 満足 □ 不満足
　まんぞく　ふまんぞく　　まんぞく　ふまんぞく　　まんぞく　ふまんぞく　　まんぞく　ふまんぞく

（ いっしょにいて気が楽 ）（　　　　　　　）（　　　　　　　）（　　　　　　　）
　　　　　　　　　　らく

（2） 다시 한 번 듣고 상대의 성격이나 인품에 대해 어떻게 말하고 있는지 아래의 말에서 고르세요.

🔊 1_09-12

①	②	③	④
子どもみたい だらしない ルーズ			

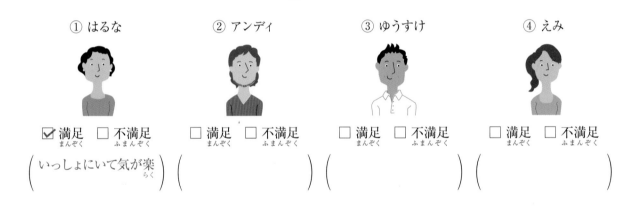

明るくて元気　　おおらか　　怒りっぽい　　きれい好き　　子どもみたい　　神経質　　几帳面
あか　　げんき　　　　　　　おこ　　　　　ず　　　　　　　　　　　　しんけいしつ　きちょうめん
だらしない　　ちょっと怖い　根はいい人　ハキハキしている　　パワフル　　マイペース　　ルーズ
　　　　　　　　　　こわ　　ね

◆ (1)과 (2)의 메모를 보고 네 사람의 파트너가 어떤 사람인지 말해 봅시다. 그 밖에도 알게 된 것이 있습니까?

（3） 다시 한 번 듣고 네 사람이 상대를 어떻게 부르는지 메모해 봅시다. 🔊 1_09-12

①（　　彼　　）　②（　　　　　）　③（　　　　　）　④（　　　　　）
　　　　かれ

◆ 그 밖에도 알고 있는 호칭이 있습니까?

2 듣기 전략

구체적인 설명을 요구한다

(1) 대화의 일부분을 다시 한 번 들어 봅시다. 이야기하는 사람은 아래의 발언에 대해 어떤 예를 들어 설명하고 있습니까?

	① はるな	② アンディ
発言 はつげん	ちょっとだらしなくて、ルーズな感じ かん	趣味とか好みもけっこう合う しゅみ　この　あ
具体例 ぐたいれい	あまり部屋を片付けられない へ や　かたづ 同じ服を1週間着ている おな　ふく　　しゅうかんき	

(2) 다시 한 번 들어 봅시다. 듣는 사람은 발언의 내용에 대해 구체적으로 설명을 듣고 싶을 때, 뭐라고 말했습니까?

① （え、たとえば　　　　　　　　？）　　② （　　　　　　　　　　　　　　？）

(3) 붉은색 글자의 내용에 대해 좀 더 구체적인 설명을 들어 봅시다. 일시 정지(★) 부분에서 질문해 보세요. 그리고 ゆう

すけ 씨와 えみ 씨가 어떤 예를 들며 설명했는지 들어 보세요.

③ ゆうすけ：まあ、二人ともマイペースな性格だから、もし好みが合わないことがあっても、それはそれで
　　　　　　ふたり　　　　　　　　　　　せいかく　　　　　　　　　　　この　　あ
　　　　　　いいっていうか…。（★　　　　？）……

④ えみ　　　：うちのダンナ、最近仕事変わったんだけど、それがストレスになってるみたいで、なんかすごく
　　　　　　　　　　　　　　さいきんしごと か
　　　　　　怒りっぽいんだよね。（★　　　　？）……
　　　　　　おこ

◆ 듣고 알게 된 내용을 다른 사람과 이야기해 보세요.

3 여러분 주변에 여기에서 화제가 된 사람과 비슷한 타입의 사람이 있습니까?

■ 네 사람의 이야기를 정리합시다.（　　　）안에 들어갈 말을 골라 적절한 형태로 바꾸어 주세요.

(1) はるなさんの結婚相手は、（① 子どもみたい）なところがある。ちょっと（②　　　　　）て、ルーズな
　　けっこんあいて
感じだ。でも、いっしょにいて（③　　　　　）
かん
なところがいいと、はるなさんは思っている。

| 気が楽　　子どもみたい　　だらしない |
| らく |

(2) アンディさんの奥さんは、掃除が好きで（④　　　　　）だ。（⑤　　　　　）していて、
　　　　　　　おく　　　　　そうじ
パワフルで、ちょっと怖いけど、明るくて元気
　　　　　　　　　　　こわ　　　　あか　　　げんき
だ。二人は趣味や（⑥　　　　　）。
ふたり　しゅみ

| ハキハキ　　きれい好き　　好みが合う |
| ず　　　　この　あ |

(3) ゆうすけさんは、相手と20年もいっしょに住んでいるので、お互いに家族というか（⑦　　　　　）
　　　　　　あいて　　　　　　　　　　　　す　　　　　たが　　かぞく
な存在になっている。二人とも（⑧　　　　　）
そんざい　　　　　　ふたり
な性格で、好みが合わなくても気にならない。
せいかく　この　あ

| マイペース　　空気みたい |
| くうき |

(4) えみさんの夫は、最近仕事が変わったストレスで（⑨　　　　　）。もともと（⑩　　　　　）な
　　　　おっと　さいきんしごと か
ところがあって、自分の気に入らないことがあるとすぐ（⑪　　　　　）する。
じぶん　き い
でも、（⑫　　　　　）だ。

| イライラ　　怒りっぽい　　神経質　　根はいい人 |
| おこ　　　　しんけいしつ　　ね |

PART 2 厳しいけど学生思いなんですね

会話する

Can-do 02 공통으로 아는 사람에 대해 구체적인 에피소드를 주고받으며 여러 시점에서 서로 코멘트를 할 수 있다.

● 여러분은 지금까지 어떤 선생님에게 배웠습니까? 좋아했던 선생님이나
싫어했던 선생님이 있습니까?

ジェーン（カナダ）
トロントの大学で日本語を勉強している
3年生。

ひろ子さんとジェーンさんは、トロントの大学の先輩・後輩です。
ジェーンさんは、大学でひろ子さんに話しかけました。

ひろ子（日本）
ジェーンさんと同じ大学で、日本語教育
を研究している大学院生。

1 두 사람의 대화를 들어 봅시다. 스크립트를 보지 않고 다음 사항에

주의하며 들어 봅시다. 🔊 1_22

① ジェーンさんは飯塚先生について、どのようなうわさを聞いていましたか。
② ひろ子さんは、飯塚先生のことをどう思っていますか。

2 스크립트를 보면서 들어 봅시다. 🔊 1_22

（1） 두 사람은 보통체와 정중체 중 어느 쪽을 사용하여
말하고 있습니까? 또 그 이유는 무엇입니까?

飯塚先生　奥村先生

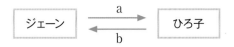

（2）（　　　）안에 들어갈 말을 쓰세요.

◆ 어떤 의미와 기능이 있다고 생각합니까?

ジェーン：ひろ子さん、ちょっと聞きたいことがあるんですが…。

ひろ子　：何？

ジェーン：飯塚先生（①　　　　　　　　　　　）、よく知ってますか？

ひろ子　：うん、授業いくつか取ってるから、知ってるけど、なんで？

ジェーン：今度3年生になるから、日本語の担当が奥村先生から飯塚先生になるんですよ。飯塚先生って、

怖い（②　　　　　　　　）、難しい（③　　　　　　　　　　）、そんな話を聞いたんで…。

ひろ子　：ああ、たしかに奥村先生とはぜんぜんタイプが違うかもね。

ジェーン：ええ、奥村先生（④　　　　　　　　）、どっちかというと、先生（⑤　　　　　　　　）は、頼りに

なる先輩って雰囲気じゃないですか。話しやすくて、いつも笑ってる感じで。

ひろ子　：そうだよね。歳も近いし、気さくだよね。それに比べたら、飯塚先生は、ちょっと話しにくい雰囲気

あるかもね。

ジェーン：あと、すごい厳しいって聞きました。レポートの締め切りに遅れたら、ぜったい受け取ってくれない

とか、授業を始めるときにドアに鍵を掛けるから、先生より遅く来たらもう教室に入れないとか…。

ひろ子　：あー。

ジェーン：飯塚先生に単位もらえなくて、泣いた人もけっこういるみたいなんですよ。

ひろ子　：たしかに飯塚先生って、そういう厳しい（⑥　　　　　　　　　）があるよね。でも、それって学生の

　　　　　指導にすごく一生懸命だからなのかもしれないよ。私、前の学期に、飯塚先生の授業取って、

　　　　　レポート出したけど、本当に細かく読んでくれて、丁寧に

　　　　　コメントくれたんだ。あのときはけっこう感動したな。

ジェーン：へー、そうなんですか。

ひろ子　：あと、学生が成績悪くなったり、出席率が落ちたりすると、

　　　　　心配して、すぐに声をかけてくれるんだって。個人指導して

　　　　　もらった人もいるみたい。

ジェーン：そうなんですか。厳しいけど、学生思いなんですね。

ひろ子　：まあ、いろいろな面がある（⑦　　　　　　）だよね。

ジェーン：はい、いろいろな先生がいるんですね。

3　대화에 도움이 되는 문법·문형

이야기의 주제를 나타낸다

　　　飯塚先生って、よく知ってますか？ → ❶　　　奥村先生って、どっちかというと、…… → ❶

보다 의미가 가까운 말을 찾으며 말한다

　　　怖いっていうか、難しいっていうか、そんな話を聞いたんで…。 → ❷

　　　先生っていうよりは、頼りになる先輩って雰囲気じゃないですか。 → ❷

사람의 성격에 대해 말한다

　　　たしかに飯塚先生って、そういう厳しいところがあるよね。 → ❸

결론을 정리해 말한다

　　　いろいろな面があるってことだよね。 → ❹

---

❶　| Ｎって | 飯塚先生って、よく知ってますか？
奥村先生って、どっちかというと、……

「～って」를 사용해 질문이나 코멘트를 해 봅시다. 🔊 1_23-27

① 【田中先生】 … どんな先生？

　　→ 田中先生って、どんな先生ですか？

② 【中級クラス】 … どの先生？

③ 【チャーリー先生のレポート】 … 締め切りはいつ？

④ 【飯塚先生の授業】 … 難しいけどおもしろい！

⑤ 【奥村先生の授業で使っている教科書】 … 写真が多くて楽しい！

田中先生

❷

～っていうか

<u>怖いっていうか</u>、<u>難しいっていうか</u>、そんな話を聞いたんで…。
（こわ）　　　　（むずか）

～っていうより（は）

<u>先生っていうよりは</u>、頼りになる先輩って雰囲気じゃないですか。
（たよ）　　（せんぱい）　　（ふんいき）

＊정중한 표현으로는 「～というか」「～というよりは」가 사용된다.

（1）「～っていうか」를 사용해 말해 봅시다. 1_28-30

① 飯塚先生　　　　　　② 奥村先生　　　　　　③ ひろ子さん
（いいづか）　　　　　　　（おくむら）

厳しい？（きび）
怖い？（こわ）

頼りになる？（たよ）
なんでも相談できる？（そうだん）

頭がいい？（あたま）
知らないものはない？（し）

→ 飯塚先生って、厳しいっていうか、
（いいづか）　　　　（きび）
怖いっていうか…。
（こわ）

（2）「～っていうより（は）」를 사용해 말해 봅시다. 1_31-33

④ ユキさん　　　　　　⑤ チャーリー先生　　　　⑥ たかゆき

マイペース？
自分勝手！（じぶんかって）

大学の先生？
タレントって感じ！（かん）

若い？（わか）
子どもっぽい！

→ ユキさんって、マイペースっていうよりは、
自分勝手だよね。
（じぶんかって）

❸

～ところ（がある）

たしかに飯塚先生って、そういう<u>厳しいところがある</u>よね。
（いいづか）　　　　　（きび）

ナAな
イAい　　　 ┐
　　　　　　├　ところ（がある）
V（보통체）

「～ところがあります」를 사용해 어떤 사람인지 말해 봅시다. 1_34-38

① 奥村先生は、意外に（クールです → クールなところがあります）。
（おくむら）　　（いがい）
② 飯塚先生は、実はとても（やさしいです →　　　　　　　　　　　）。
（いいづか）　　（じつ）
③ たかゆきは、おもしろい人だけど、ちょっと（意地悪です →　　　　　　　　）。
（いじわる）
④ 奥村先生と飯塚先生は、けっこう（似ています →　　　　　　　　）。
（おくむら）　　（いいづか）　　　　（に）
⑤ ひろ子さんはまじめすぎて、（冗談が通じません →　　　　　　　　　）。
（じょうだん　つう）

④ 〔 **～ってことだ** 〕　いろいろな面があるってことだよね。
　　　　　　　　　　　　　めん

＊정중한 표현으로는 「～ということだ／ことです」가 사용된다.

ジェーン 씨가 ひろ子 씨와 이야기하고 있습니다. ジェーン 씨가 이 다음에 뭐라고 말할지 골라 보세요.

① a　　　　　　② 　　　　　　③

④　　　　　　⑤

◆　대화를 듣고 확인해 봅시다.　

> a. 先生もいろいろな人がいるってことですね。
>
> b. 人によって意見が違うってことですね。
>   　　　　いけん　ちが
>
> c. じゃあ、もう何をしてもダメってことですね。
>
> d. 悪い人じゃないってことですね。
>   わる
>
> e. 最初からやる気がなかったってことですね。
>   さいしょ

4 ▶ 말하기 전략

글을 중간까지 이야기하고 상대의 반응을 기대한다

(1) 30쪽 대화의 스크립트를 보세요. ジェーン씨가 ひろ子씨에게 다음과 같이 말했습니다. 그 뒤에 어떤 말이 생략되었을까요?

　　① 「ちょっと聞きたいことがあるんですが…。」

　　② 「飯塚先生って、怖いっていうか、難しいっていうか、そんな話を聞いたんで…。」
　　　　いいづか　　　こわ　　　　　　むずか

(2) 다른 표현도 들어 봅시다. 그 뒤에 어떤 말이 생략되어 있을까 생각해 봅시다.

　　① 実はちょっとお願いしたいことがあって…。　　② この文の意味がよくわからないんですけど…。　
　　　じつ　　　　ねが　　　　　　　　　　　　　　　　ぶん　い み
　　③ ごめん、聞いてなかったから…。

발음

형용사의 악센트　Accent in adjectives

(1) 악센트에 주의하며 들어 봅시다.　1_50-51

　　a문장과 b문장의 발음이 어떻게 다른가요?

　　a. こわいところがあります。　　　　b. やさしいところがあります。

　　　きびしいところがあります。　　　　むずかしいところがあります。

　　　おもしろいところがあります。　　　つめたいところがあります。

　　　クールなところがあります。　　　　きさくなところがあります。

　　　いじわるなところがあります。　　　まじめなところがあります。

　　　じぶんかってなところがあります。

　　형용사에도 하강하는 형용사와 하강하지 않는 형용사가 있습니다.

　　a. 기복형(起伏型)：하강하는 형용사　b. 평판형(平板型)：하강하지 않는 형용사
　　　　き ふくがた　　　　　　　　　　　　　　　　へいばんがた

(2) 악센트의 차이에 주의하면서 발음해 봅시다.

5 롤 플레이를 통해 회화 연습을 합시다.

(1) 롤 플레이에 앞서 다시 한 번 스크립트를 보며 생각해 봅시다. 회화 속에서 두 사람이 飯塚先生에 대해 이야기하는 부
분을 보세요. 그 중, 다음의 Ⓐ - Ⓒ 에 해당하는 부분은 어디입니까?
① ジェーンさん, ② ひろ子さん으로 나누어 표시해 보세요.

Ⓐ ほかの人から聞いた話を伝えている。

Ⓑ 自分が体験したエピソードを話している。

Ⓒ 自分の考えや判断を述べている。

◆ 각 부분에서 어떤 표현을 사용하고 있나요?

(2) 카드를 보고 연습합시다.

① 다음 장면에서 이어질 예문을 생각해 봅시다. 그 때 (1)에서 본 것처럼 다른 사람에게 들은 이야기나 자신의 체험을 섞으며
대화해 보세요. 상대가 말한 것에 대해 나는 어떻게 생각하는 지도 말해 보세요. 30-31쪽 대화 내용을 떠올리며 자유롭게
이야기해 보세요.

あなたはジェーンさん、ひ
ろ子さんと同じ大学で勉強
している学生です。クラス
の友達と、日本語の奥村
先生について話していま
す。奥村先生がどんな人か、
二人で話しましょう。

(例) A： 奥村先生って、いい先生だよね。授業が楽
しくて。

B： そうだね。

……

◆ 대화의 예를 들어 봅시다.  1_52

② 여러분이 알고 있는 선생님이나 학교 사무직원, 반 친구 등 공통으로 아는 사람에 대해, 어떤 사람인지 다른 사람과
자유롭게 대화해 보세요. 공통으로 아는 사람이 없을 경우에는 유명인에 대해 이야기해도 괜찮습니다.

明るい　気さく
おおらか　ルーズ

几帳面　まじめ
クール　神経質

おもしろい　のりがいい
子どもっぽい　マイペース

厳しい　こわい
頼りになる　頑固

⭐ Can-do를 체크하세요

PART **3** すごくおもしろい人ですよ

長く話す **Can-do 03** 자신이 잘 알고 있는 사람에 대해 구체적인 에피소드를 주고받으며, 그 사람의 인품을 어느 정도 자세하게 설명할 수 있다.

● 여러분 주변에 재미있는 사람/멋진 사람/골치 아픈 사람이
있습니까? 어떤 사람입니까?

旅行会社で働いている渡辺さんとベリンダさんが、
オフィスで話しています。

1 두 사람의 대화를 들어 봅시다. 🔊 **1_54**

渡辺

> ベリンダさん、レナさんって知ってますか?
> 来週から、うちのチームに入ることになった…。

> ああ、よく知ってますよ。まえに、いっしょに仕事したことがあるから。

> どんな人ですか?

> んー、ひとことで言うと、すごくおもしろい人ですよ。
> ……………………………………………………………。

> そうですか。いっしょに仕事をするのが楽しみです。

レナ

ベリンダ

レナ씨는 어떤 사람입니까?

① いいところはどんなところですか。
② 困るところや、気をつけたほうがいいところがありますか。それは、どんなところですか。
③ ベリンダさんがレナさんといっしょに仕事をしたとき、どんなことがありましたか。

2 다시 한 번 듣고 ( ) 안에 적절한 말을 써 넣으세요. 🔊 **1_54**

성격 인품에 대해 말한다

・ひとことで言うと、すごく（①　　　　　）人ですよ。発想が（②　　　　　）で、彼女が考えたツアーは、
いつも人気があるんです。
・（③　　　　　）て、日本語も上手だし、彼女を訪ねてくるお客さんも多いんです。ただ、ちょっと、
（④　　　　　）で難しいところがあるかな。
・なにしろアイディアがたくさん（⑤　　　　　）、話していると（⑥　　　　　）、私は好きですよ。

에피소드를 이야기한다

・8月のツアーを企画したときなんですけど、たまたま、彼女の企画が通らなくて…。（⑦　　　　　）、急に
やる気が（⑧　　　　　）みたいなんです。「ほかの人の企画だけど、みんなで協力してやっていこうよ」
って言ったんですけど、（⑨　　　　　）は、なかなかわかって（⑩　　　　　）て、ちょっと大変でした。
（⑪　　　　　）は、やる気になって（⑫　　　　　）んですけどね。

3 스크립트를 보면서 다시 한 번 들어 봅시다. 1_55

んー、ひとことで言うと、すごくおもしろい人ですよ。発想がユニークで、彼女が考えたツアーは、いつも

人気があるんです。普通の人が思いつかないような、おもしろいプランが入ってて。明るくて、日本語も

上手だし、彼女を訪ねてくるお客さんも多いんです。

ただ、ちょっと、頑固で難しいところがあるかな。えっと…8月のツアーを企画したときなんですけど、

たまたま、彼女の企画が通らなくて…。そうしたら、急にやる気がなくなっちゃったみたいなんです。

「ほかの人の企画だけど、みんなで協力してやっていこうよ」って言ったんですけど、んー、はじめは、

なかなかわかってくれなくて、ちょっと大変でした。まあ、最後は、やる気になってくれたんですけどね。

でも、なにしろアイデアがたくさんあるし、話していると楽しいし、私は好きですよ、彼女のこと。

★

◆ 스크립트의 ★ 부분을 쉐도잉해 봅시다. 1_56

4 사람을 소개하는 연습을 합시다. 대화에 나왔던 ① 「레나 씨」가 어떤 사람인지

아래의 메모를 보면서 스스로 문장을 만들어 이어서 말해 보세요.

名前： レナさん（職場の同僚）

① 좋은 점	■ 에피소드
・すごくおもしろい ・発想がユニーク ・明るい、日本語が上手	⇒ 彼女のツアーは人気がある 　　普通の人が思いつかないようなおもしろいプラン ⇒ お客さんが多い

② 곤란한 점	■ 에피소드
・ちょっと頑固で難しい?	⇒ 8月のツアーを企画したとき 　　彼女の企画が通らない → やる気がなくなった 　　「みんなで協力してやっていこうよ」 　　はじめ … なかなかわかってくれない → 大変! 　　最後 …… やる気になってくれた

③ 전체적인 코멘트
アイデアがたくさんある、話していると楽しい、好き

◆ 에피소드를 말할 때 **2** 의 표현을 사용해 보았나요?

5 여러분이 잘 알고 있는 사람에 대해 다른 사람에게 소개해 봅시다.

(1) 그 사람의 성격, 인품을 정리해 봅시다. ① 좋은 점, ② 곤란한 점을 나타내는 구체적인 에피소드를 넣어 주세요.

이름 :   (여러분과의 관계 :   )

| ① 좋은 점 | ■ 에피소드
それがよくわかるような具体的なエピソードがありますか?
_{ぐたいてき} |

| ② 곤란한 점 | ■ 에피소드
たとえば、いつ、どんなことがありましたか? |

③ 전체적인 코멘트
あなたは、その人のことをどう思っていますか?

(2) 반 친구와 이야기해 봅시다.

○○さんって、どんな人ですか?

⭐ Can-do를 체크하세요

PART **4** 書道でコミュニケーションを
しょどう

読んでわかる Can-do 04 인터뷰 기사를 읽고 그 사람이 어떤 인물인지 어느 정도 자세하게 이해할 수 있다.

● 여러분의 지인 중에 일본인이 있나요? 무슨 일을 하는 사람인가요?

1 커뮤니티 잡지의 인터뷰 기사를 읽어 봅시다. 1_58

(1) 林 由香 씨는 어디서 무엇을 하는 사람인가요? 또한 이 기사를 쓴 사람은 林 씨를 어떤 사람이라고 생각하나요?
はやし ゆ か   はやし

メルボルンで暮らす
インタビュー

「書道でコミュニケーションを」 書道教師 林由香さん

プロフィール
林由香 Hayashi Yuka
長野県出身。 小学校1年生のとき書道を始め、 師範の資格を取得。 夫の転勤に伴い、
メルボルンに来て6年目。 書道の魅力を伝えたいと、 4年前に自宅で書道教室を開く。

留学での経験から書道教室を

林さんが書道教室を開こうと思ったの
は、高校時代に短期留学したアメリカ
での経験からだった。子どものころか
ら書道を習っていた林さんは、留学先
にも書道道具を持って行き、ホストフ
ァミリーに筆で文字を書いて見せた。
そのとき、すごい芸術だと喜ばれたこ
とが印象的だったそうだ。

「海外では、書道がこんなふうに受け入
れられるんだって、うれしかったです
ね。それで、夫の転勤が決まって、私
はオーストラリアで何をしようかなっ
て思ったとき、書道が浮かんだんです
よね。」

とまどいから始まった書道教室

書道歴は長く、師範の資格も持っていた
林さんだったが、本格的に書道を教える
のは初めて。しかも相手は外国人。教室
を始めたばかりのころは、わいわいおし
ゃべりをしながら筆を持つ生徒や、気分
次第で来たり来なかったりする生徒にと
まどったという。

「はじめは、緊張感とか集中力とか、そ
ういう書道の精神みたいなものを伝えた

いって思ってたんですけど、なかなか
うまくいかなくて…。でも、こっちの
人って日本人よりもずっと自由で大胆
な字を書くんですよね。そこを大切に、
難しいことは抜きにして、まずは筆を
持ったら迷わずダイナミックに、自分
の気持ちを表現するんだよって伝える
ようにしたんです。」

書道を通じた交流

4年経った今、日本の文化を見直した
いとやってくる日本人や、日本文化や
アートに興味のあるオーストラリア人
など、生徒はさまざま。最近は、地元
の小中学校から出張授業も頼まれるよ
うになったという。

「一文字書いただけで、もう大盛り上
がりです(笑)。質問もいろいろ出るし、
そこから日本についての話も広がる。
書道ってコミュニケーションツールに
なるんですよね。」

自宅にずらりと並んだ生徒たちの作品
をうれしそうに紹介してくれる姿から
は、優しくあたたかい人柄が感じられ
た。書道には、まだまだできることが
あると意欲的だ。これからの活躍も期
待される。

（2） 林 씨는 서예 교실을 열기까지 어떤 경험을 했습니까? a - d를 순서대로 나열하세요. 그리고 그것은 언제의
　　　 はやし
　　　경험인가요?

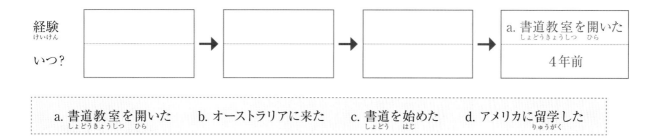

経験
けいけん
いつ?

| | | | a. 書道教室を開いた
しょどうきょうしつ　ひら

4年前 |

a. 書道教室を開いた　　　b. オーストラリアに来た　　　c. 書道を始めた　　　d. アメリカに留学した
　しょどうきょうしつ　ひら　　　　　　　　　　　　　　　　　　しょどう　はじ　　　　　　　　　りゅうがく

（3） 林 씨가 멜버른에서 서예 교실을 열려고 한 이유는 무엇인가요?
　　　 はやし

（4） 서예 교실을 연지 얼마 되지 않았을 때, 林 씨는 어떤 일로 당황했나요?
　　　　　　　　　　　　　　　　　　　　はやし

（5） 그 후, 林 씨가 서예를 가르치는 방식은 어떻게 바뀌었나요? (　　　) 안에 넣을 말을 본문에서 골라 보세요.
　　　 はやし

はじめは、（a.　　　　　　　） を伝えたいと思っていたが、（b.　　　　　　　） を表現することが大切だと
　　　　　　　　　　　　　　つた　　　　　　　　　　　　　　　　　　　　　　　　ひょうげん　　　　　　　　　たいせつ
伝えるようになった。
つた

（6） 지금 林 씨는 서예의 매력은 어떤 것이라고 생각하나요?
　　　　はやし

1

2 읽기 전략

폰트 글씨체의 차이에 주목한다

記事には、いろいろなフォントが使われている…。
きじ
どうしてかな?

ちょっと字が小さいところ はプロフィールだ。
　　　　じ
斜体 は見出しだな。
しゃたい　　みだ
明朝 の部分は、記事を書いた人がまとめた文章？
みんちょう　ぶぶん　　きじ　　　　　　　　　　　　ぶんしょう
ゴシック の部分は、インタビューで話したことがそのまま書かれているのかな。
　　　　　ぶぶん

フォントの違いは、記事の構成にも関係しているんだ！
　　　　ちが　　　きじ　こうせい　　　かんけい

3 여러분은 외국에 간다면 가르치고 싶은 것이 있나요? 어떤 교실로 만들고 싶나요?

4　읽기에 도움이 되는 문법 문형

다른 사람이 말하거나 생각한 것을 전한다

❶　～と、～　　書道の魅力を<u>伝えたいと</u>、4年前に自宅で書道教室を開く。

・筆で文字を書いて見せたら、すごい<u>芸術だと</u>喜ばれた。
・日本の文化を<u>見直したいと</u>、書道教室にやってくる日本人も多い。
・あの人は、（　　　　　　　　　）と、日本への留学を決めた。

❷　～という　　最近は、地元の小中学校から出張授業も頼まれるようになった<u>という</u>。

・国際交流に興味を持ったきっかけは、高校時代にアメリカに留学したこと<u>だという</u>。
・今はオーストラリアで人生を楽しんでいる林さんも、はじめは（　　　　　　　　）という。

무엇인가를 한 직후라는 것을 나타낸다

❸　V たばかりだ　　教室を<u>始めたばかり</u>のころは、……来たり来なかったりする生徒にとまどったという。

・書道教室には若い人もいますよ。大学を<u>卒業したばかり</u>の人とか。
・日本語を始めたばかりのころは、（　　　　　　　　　）。

자연히 그렇게 되는 것을 나타낸다

❹　V（ら）れる　　生徒たちの作品をうれしそうに紹介してくれる姿からは、優しくあたたかい人柄が<u>感じられた</u>。

＊수동형과 같은 형태

・意欲的な林さんの姿を見ていると、これからの活躍が<u>期待される</u>。
・4年前に教えた生徒から久しぶりにメールが来た。それを読んでいたら、昔のことが<u>思い出された</u>。
・これからの時代はグローバル化がさらに進み、（　　　　　　　　　）と思われる。

한자어

읽는 법과 뜻을 확인하세요. 키보드나 스마트폰을 이용해 입력해 봅시다.

取得　　自宅　　短期　　経験　　印象的　　交流　　見直す　　並ぶ
しゅとく　じたく　たんき　けいけん　いんしょうてき　こうりゅう　みなお　なら

優しい　　　意欲的
やさ　　　　いよくてき

◆ 「印象的」「意欲的」と같이 뒤에 「的」가 붙는 말은 또 무엇이 있습니까?
　いんしょうてき　いよくてき　　　　　てき

⭐ Can-do를 체크하세요

Can-do **05** 지인에게 자기 친구의 인품이나 취향 등을 어느 정도 자세하게 소개하는 메일을 쓸 수 있다.

1 일본인 친구에게 여러분의 친구를 소개해 봅시다.

(1) 다음 메일은 ローラ 씨가 友美 씨에게 자신의 친구를 소개하는 메일입니다. 읽어 보세요. 1_60
ともみ

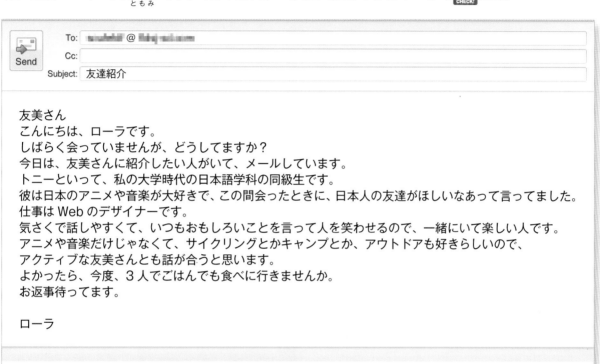

To: ‱‱‱ @ ‱‱‱‱‱
Cc:
Subject: 友達紹介

Send

友美さん
こんにちは、ローラです。
しばらく会っていませんが、どうしてますか？
今日は、友美さんに紹介したい人がいて、メールしています。
トニーといって、私の大学時代の日本語学科の同級生です。
彼は日本のアニメや音楽が大好きで、この間会ったときに、日本人の友達がほしいなあって言ってました。
仕事は Web のデザイナーです。
気さくで話しやすくて、いつもおもしろいことを言って人を笑わせるので、一緒にいて楽しい人です。
アニメや音楽だけじゃなくて、サイクリングとかキャンプとか、アウトドアも好きらしいので、
アクティブな友美さんとも話が合うと思います。
よかったら、今度、３人でごはんでも食べに行きませんか。
お返事待ってます。

ローラ

(2) 여러분도 위의 예문처럼 일본인 친구에게 자신의 친구를 소개해 보세요.

To: ‱‱‱ @ ‱‱‱‱‱
Cc:
Subject: 友達紹介

Send

2 메일을 받았다고 가정하고 다른 사람의 메일을 읽어 봅시다. 소개된 사람은 어떤 사람인지 잘 아시겠습니까?

 Can-do를 체크하세요

教室の外へ

わたし だけ の フレーズ

토픽에 관련해 일본어로 말해 보고 싶은 것은 무엇입니까?

나에게만 필요한 일본어 표현을 메모해 봅시다.

（例）うちの息子はわがままで、言うことを聞かないので困ります。
　　　むすこ　　　　　　　　　　　　　　　　　こま

---

①

인터넷에서 성격진단을 해 봅시다.

− 「性格診断」이라고 검색해 봅시다.
　　せいかくしんだん

− 질문에 답하며 자신의 성격을 조사해 봅시다. 여러 사이트에서 시험해 봅시다.

● 결과가 맞습니까? 결과를 친구와 비교해 봅시다.

②

이상적인 상사, 이상적인 동료에 대해 조사해 봅시다.

− 인터넷에서 「理想の上司／同僚／夫…」로 검색해 봅시다.
　　　　　　りそう　じょうし　どうりょう　おっと

− 아는 일본인에게도 물어 봅시다.

● 여러분의 나라에도 비슷한 설문 조사가 있습니까?

[性格診断サイト]

저작권상의 제약으로 게재가 불가능한 이미지입니다.

③

Wikipedia에서 좋아하는 **映画／小説／アニメ／テレビ番組**의 기사를 봅시다.
　　　　　　　　　　しょうせつ
　　　　　　　　　　　　　ばんぐみ

− 작품 속의 등장인물은 어떻게 소개되어 있습니까?

− 성격에 대해 어떻게 쓰여 있습니까?

④

신문이나 일본인을 위한 커뮤니티 잡지 등에서 「人物紹介」 인터뷰 기사를 찾아 봅시다.
　　　　　　　　　　　　　　　　　じんぶつ
しょうかい

− 무엇을 하는 사람입니까?

− 어떤 인품의 사람인 것 같습니까?

● 가까운 일본인을 인터뷰해서 그 사람의 소개 기사를 써 봅시다.

⭐ 일본어·일본 문화 관련 체험을 기록해 봅시다.

富士登山
ふ じ と ざん

● 여러분은 자연을 좋아합니까? 어떤 곳을 좋아합니까? (예: 산, 바다, 숲…).

● 등산이나 캠프 등, 자연 속에서 활동하는 체험을 해 본 적이 있습니까?

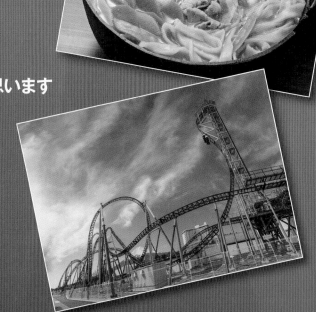

◉ 準 備

1 일본의 자연을 봅시다. ① – ⑤에서는 어떤 것을 할 수 있습니까? a – h에서 고르세요.

또, 그곳에서는 그 밖에 어떤 것이 가능합니까?

① 山

（北アルプス）

② 川

（天竜峡）
てんりゅうきょう

③ 森
もり

（屋久島）
やくしま

④ 海
うみ

（竹富島）
たけとみじま

⑤ 湖
みずうみ

（白樺湖）
しらかばこ

a. 泳ぐ
およ
b. 景色を楽しむ
けしき　たの
c. 新鮮な空気を吸う
しんせん　くうき　す
d. 釣りをする
つ
e. 潜る
もぐ
f. 鳥や動物を見る
とり　どうぶつ
g. ボートに乗る
の
h. 花や木を見る

（文化）　여러분의 나라에는 어떤 자연이 있습니까? 여러분 나라의 사람들은 거기에 어떻게 접하고 있습니까?

2 ( ) 안에 들어갈 말을 a – f에서 고르세요. 2_02-06

> 海と山なら、どちらが好きですか？
> うみ

 海も山も、大好きですよ。（① d. 日常生活 ）を離れて、自然の中にいると、落ち着くんです。
うみ　　だいす　　　　　　　にちじょうせいかつ　　はな　　　　しぜん　　　　　　　　お　つ

 私はどっちかというと海かなあ。白い砂浜のビーチで、何もしないで一日中ごろごろすると、心から
　　　　　　　　　　　うみ　　　　すなはま　　　　　　　　　　　　いちにちじゅう　　　　　　　こころ
（②　　　　　　　　　）できます。

 私は山派ですね。毎年、夏休みには必ず、どこか 3,000m 級の山に登るようにしています。頂上に
　　は　　　まいとし　なつやす　　かなら　　　　　　　　きゅう　　のぼ　　　　　　　　　　　　ちょうじょう
着いたときの（③　　　　　　　）と、そこから見る（④　　　　　　　）が最高ですね。
つ　　　　　　　　　　　　　　　　　　　　　　　　　　　　さいこう

 私は、山道や山小屋で、知らない人と気軽に話せるような、あの雰囲気が好きで山に登っています。人と
　　　　やまみち　やまごや　　し　　　　きがる　　　　　　　　　　ふんいき　　　　　　　　のぼ
人との（⑤　　　　　　　）は、山ならではですね。

 最近は仕事が忙しくて、どちらもほとんど行かなくなりましたねえ。無理して休みを取って行っても、
さいきん　しごと　いそが　　　　　　　　　　　　　　　　　　　　　　　　　むり　　　　　と
（⑥　　　　　　　）がよくないとがっかりしますしね。

a. 達成感	b. 出会い	c. リラックス	d. 日常生活	e. 天気	f. 眺め
たっせいかん	で あ		にちじょうせいかつ		なが

◆ 붉은색 글자의 표현에 주목합시다. (A) '두 가지에 대해서 말하는' 표현은 어느 것입니까?

　(B) '한 가지에 대해서만 말하는' 표현은 어느 것입니까?

3 후지산 등산 투어의 전단지를 봅시다. 이 투어에서는 어떤 일을 하나요?

新宿発 富士登山
一泊二日

出発日	7月5日 から 8月31日 までの毎日
募集人数	2 名様より催行
旅行代金	（大人1名様）24,980円

安心・ゆったりの山小屋泊

		食事
1	新宿駅南口発（8:00）〜富士スバルライン〜富士五合目→（登山：5 - 6 時間）→本八合目山小屋到着（17:30 頃）：夕食・仮眠	朝× 昼× 夜○
2	山小屋発（2:00）→（登山：約 2 時間）→富士山頂着：ご来光・弁当朝食→（下山：4 - 5 時間）→五合目〜温泉入浴：富士山を見ながらの露天風呂〜昼食：山梨名物ほうとう〜新宿着（17:00 頃）	朝○ 昼○ 夜×

山頂で見るご来光

一面に広がる雲海

国際交流観光　さいたま支店
☎ 048-834-■■■■

● 일본에 가면 후지산에 올라 보고
싶나요?

富士山に登りたいなって思ってるんですけど…。
ふ じ さん のぼ

② 田村
たむら

① 木下
きのした

③ アニタ

④ 加藤
か とう

夏休みに日本へ行く予定の人が、富士山について質問しています。
なつやす　　　にほん　　い　　よ てい　ひと　　ふ じ さん　　　　　しつもん

1 네 사람의 이야기를 듣고, 후지산에 가면 무엇을 하고 싶은지 생각해 봅시다.

（１） 네 사람은 후지산에 오른 적이 있습니까? 언제의 경험에 대해 이야기하고
있습니까? 🔊 2_08-11

	① 木下 きのした	② 田村 たむら	③ アニタ	④ 加藤 かとう
登ったこと のぼ	☑ある □ない	□ある □ない	□ある □ない	□ある □ない
いつ	（　言っていない　）	（　　　　　　　）	（　　　　　　　）	（　　　　　　　）

（２） 다시 한 번 들어 봅시다. 네 사람은 무엇에 대해 이야기하고 있습니까? 연관된 것을 아래에서 고르세요.
같은 단어를 중복해서 골라도 괜찮습니다. 🔊 2_08-11

	① 木下 きのした	② 田村 たむら	③ アニタ	④ 加藤 かとう
眺め なが 山頂／頂上 さんちょう　ちょうじょう				

混雑 こんざつ	服装 ふくそう	眺め なが
展望台 てんぼうだい	樹海 じゅかい	天気 てんき
温泉 おんせん	山小屋 やまご や	
食べ物 た　もの	山頂／頂上 さんちょう　ちょうじょう	

◆ 다시 한 번 듣고, 그것에 대해 어떻게 말하는지 알게 된 것을 다른 사람과 이야기 해 봅시다.

（３） 다시 한 번 들어 봅시다. 네 사람의 이야기에서 후지산을 오를 때 권장하는 것, 조심할 것에 대해 어떤 내용을 알 수
있었나요? 🔊 2_08-11

	① 木下 きのした	② 田村 たむら	③ アニタ	④ 加藤 かとう
本当の頂上（剣ヶ峰） ほんとう　ちょうじょう　けんがみね まで行く い				

2 듣기 전략

표현의 의미에 대한 설명을 듣는다

(1) 대화의 일부를 다시 한 번 들어 봅시다. 말하는 사람은 아래 표현의 의미를 어떻게 설명하고 있습니까? 🔊 2_12-13

	① 木下（きのした）	② 田村（たむら）
表現（ひょうげん）	眺めに関しては、富士山に勝る山はない	寝返りも打てなくて
意味（いみ）	富士山に勝つ山はない、富士山から見る眺めが一番	

(2) 다시 한 번 들어 봅시다. 듣는 사람은 위 표현의 의미를 모를 때, 어떻게 질문했습니까? 🔊 2_12-13

① (えっ、それって、どういう意味ですか?)　　② (　　　　　　　　　　　　　　　　　　　　　?)

(3) 붉은색 글자의 의미에 대해서 설명을 들어 봅시다. 일시 정지(★) 부분에서 질문하세요. 🔊 2_12-13

③ アニタ : …富士山の麓（ふもと）にも、いくつか温泉（おんせん）があって、お湯にゆっくり浸かってリラックス
すると、登山（とざん）の疲（つか）れがとれて、ああ、極楽（ごくらく）って思うんですよね。(★　　　?) ……

④ 加藤（かとう） : …富士山のある景色（けしき）って、浮世絵（うきよえ）にもなるぐらいだからね。
(★　　　?) ……

◆ 예를 들어 봅시다. 듣는 사람은 어떻게 질문했습니까? アニタ 씨와 加藤（かとう） 씨는

어떻게 대답했습니까? 🔊 CHECK! 2_16-17

3 여러분이라면 후지산에 오르겠습니까? 그리고 후지산에 갔다면 무엇을 하고 싶습니까?

■ 네 사람의 이야기를 정리합시다. (　) 안에 들어갈 말을 골라 적절한 형태로 바꾸세요. 🔊 CHECK! 2_18-21

(1) 山頂（さんちょう）からの (① 眺め（ながめ）) に関しては、富士山に (②　　　　) 山はない。富士山の頂上（ちょうじょう）は、
山頂の火口（かこう）にある神社（じんじゃ）ではなくて、「剣ヶ峰（けんがみね）」というところだ。
もし (③　　　　) なら、「剣ヶ峰（けんがみね）」まで行くべきだ。

> | 眺め（なが） | 登る（のぼ） | 勝る（まさ） |
> |---|---|---|

(2) 田村（たむら）さんは学生のときに登（のぼ）ったが、(④　　　　) という思（おも）い出（で）しかない。とても混んでいて、
山小屋（やまごや）は人でいっぱいだった。山頂（さんちょう）はとても寒（さむ）くて、Tシャツと短（たん）パンで来た人が (⑤　　　　)
になっていた。天気がよかったら、(⑥　　　　) のかも
しれない。

> | 死ぬ（し） | 違う（ちが） | 疲れる（つか） |
> |---|---|---|

(3) 日本の登山（とざん）は、山を (⑦　　　　) からの楽（たの）しみがいろいろある。たとえば、麓（ふもと）の温泉（おんせん）に入って、
お湯にゆっくり (⑧　　　　) リラックスすると疲れがとれる。露天風呂（ろてんぶろ）から、さっきまで
(⑨　　　　) 富士山（ふじさん）が見られる。山梨名物（やまなしめいぶつ）の「ほうとう」も
おすすめだ。

> | 下りる（お） | 登る（のぼ） | 浸かる（つ） |
> |---|---|---|

(4) 富士山（ふじさん）は登（のぼ）るより下から (⑩　　　　) のがいい。とくに、「紅葉台（こうようだい）」という展望台（てんぼうだい）から見る
富士山（ふじさん）は感動的（かんどうてき）だ。富士山（ふじさん）がとても大きく (⑪　　　　)、
その下に、樹海（じゅかい）が一面（いちめん）に (⑫　　　　) のも見える。

> | 広がる（ひろ） | 見る | 見える |
> |---|---|---|

⭐ Can-do를 체크하세요

PART 2 ご来光はやっぱり見たいしね
らいこう

会話する

Can-do 07 친구와 여행 계획을 세우기 위해 자신의 희망을 말하거나 상대의 의견을 듣고 조정할 수 있다.

● 여러분은 여행을 가면 어떤 활동을 하는 것을 좋아하나요?
　(예: 자연을 느낀다, 맛있는 것을 먹는다, 쇼핑한다…)

夏休み、キムさんとパクさんは日本に旅行に行き、山崎さんは一時帰国
なつやす　　　　　　　　　　　　　　　　りょこう　　　　　　やまざき　　　　　　いちじきこく
します。そのとき、3人でいっしょに富士山に行く予定です。
　　　　　　　　　　　　　　　　　ふじさん　　　　よてい

キム（韓国）
かんこく
ソウルの会社で働く会社員。学生時代に
かいしゃ　はたら　かいしゃいん　がくせいじだい
日本語を専攻した。留学経験もある。
にほんご　せんこう　りゅうがくけいけん

山崎（日本）
やまざき　にほん
キムさんの学生時代からの友人。ソウル
がくせいじだい　ゆうじん
に駐在している。
ちゅうざい

パク（韓国）
かんこく
キムさんの会社の後輩。日本語学習中。
かいしゃ　こうはい　にほんごがくしゅうちゅう

1 세 사람의 대화를 들어 봅시다. 스크립트를 보지 않고 다음 사항에
주의하며 들어 봅시다. 🔊 2_23

① 3人は、どのようなスケジュールで富士山に登ることにしましたか。
　　ふじさん　のぼ
② 3人は、山から下りたあと、何をすることにしましたか。
　　　　　　お

2 스크립트를 보면서 들어 봅시다. 🔊 2_23

(1) 세 사람은 보통체와 정중체 중 어느 쪽을 사용하고 있습니까?
이유는 무엇입니까?

キム（　　　　　　　）　　　　山崎（　　　　　　　　）
　　　　　　　　　　　　　　　　やまざき
パク（　　　　　　　）

(2) （　　）안에 들어갈 말을 써 넣으세요.

◆ 어떤 의미와 기능이 있습니까?

山崎：じゃあ、どういうスケジュールで登る？頑張れば、1日で登れ（①　　　　　　）みたいだけど。 A
やまざき　　　　　　　　　　　　　　　　のぼ　がんば　　　　　　　のぼ

キム：コースタイムは上り下り合わせて約10時間か。うん、それぐらいなら、1日で登ろうか。そうしたら
　　　　　　　　　のぼ　くだ　あ　　やく　　　　　　　　　　　　　　　　　　　　　のぼ
　　　次の日、いろいろ遊べるし。 B
　　　つぎ　　　　　あそ

パク：でも…知り合いが前にそれやって、疲れて死にそうになったって
　　　　　　し　あ　　まえ　　　　　　つか　し
　　　言ってました。山小屋に泊まるコースにしませんか？ C
　　　　　　　　やまごや　と

山崎：山小屋泊まりなら、よくあるパターンは、昼過ぎに登りはじめて、
やまざき　やまごやど　　　　　　　　　　　　　　　ひるす　のぼ
　　　8合目の山小屋で寝て、夜中に起きて登りはじめて、山頂で
　　　ごうめ　やまごや　ね　よなか　お　のぼ　　　　　さんちょう
　　　ご来光を見るってコースだけど、そうする？ D
　　　らいこう

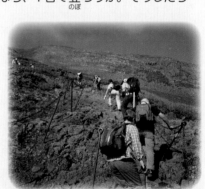

パク：いいと思います。 E

キム：じゃあ、そのスケジュールで行こうか。ご来光は、やっぱり見たいしね。 F
　　　　　　　　　　　　　　　　　　　　らいこう

山崎：じゃ、山小屋泊コースで決定ね。あとで予約入れとくよ。 G
やまざき　　やまごやはく　　けってい　　　　よやく

パク：あ、あと、「剣ヶ峰」にはぜったい行きましょう。富士山に登ったら、日本最高点まで
　　　　　　　けんがみね　　　　　　　　　　　　ふじさん　のぼ　　　　さいこうてん
　　　行か（②　　　　　　　）ですよね？ H

キム：もちろん。それは、行く（③   ）よね。□I

山崎：そうだね。せっかく登るんだし。そうしたら、このスケジュールだと、たぶん、午前中には下山できるん
  だけど、そのあとはどうする？□J

キム：レンタカー借りて、麓の観光地をまわる（④   ）？　下山後はすぐ温泉にも入りたいし。□K

パク：いいですね。□L

山崎：OK。じゃあ、レンタカー借りて、温泉入って、観光地
  まわって…。えっと、新宿行きの終バスが、河口湖8時
  過ぎだから、まあ半日ぐらいは遊べるね。□M

キム：んー、行きたいところはいろいろあるんだよねえ。

  温泉にゆっくり入って、ほうとう食べて、あと

  「風穴」や「氷穴」の観光地も見たいし、「紅葉台」

  とか展望台も行きたいし…。すぐ帰るのはもったいないから、やっぱりもう1泊しない？□N

パク：賛成。泊まったほうがゆっくり遊べますしね。近くに、すごい絶叫マシンがたくさんある遊園地が
  あるって聞いたんですけど、どうですか？　行きましょうよ。□O

キム・山崎：え〜。□P

---

3 ▶ 대화에 도움이 되는 문법 문형

가능성이 있음을 나타낸다

  1日で登れないこともないみたいだけど。 → ❶

하는 것이 당연함을 나타낸다

  富士山に登ったら、日本最高点まで行かないわけにはいかないですよね？ → ❷

다른 선택지가 없음을 나타낸다

  それは、行くしかないよね。 → ❸

제안한다

  レンタカー借りて、麓の観光地をまわるのはどう？ → ❹

  山小屋に泊まるコースにしませんか？ → （入門）12課

  「剣ヶ峰」にはぜったい行きましょう。 → （入門）12課

---

❶ [V ないこともない]　1日で登れないこともないみたいだけど。

「〜ないこともない」를 사용해 말해 봅시다. 🔊 2_24-28

 ① キム　：「紅葉台」まで、車で行けるのかな？

  山崎：（ 行けないこともない ）けど、道がかなり悪いって。

 ② パク　：ここから「氷穴」まで、歩けるんですか？

  山崎：（   ）けど、30分ぐらいかかるから、バスで行こう。

③ 山崎：この 湖 で釣った魚って、食べられるのかな？
　　キム：（　　　　　　　　　　　）けど、あんまりおいしくないみたいだよ。

④ 山崎：「風穴」と「氷穴」と「紅葉台」と「白糸の滝」、1日で全部まわれるかな？
　　パク：（　　　　　　　　　　　）ですけど、ちょっと大変そうですね。

⑤ 山崎：美術館、5時までだって。間に合うかな？
　　キム：（　　　　　　　　　　　）けど、ゆっくり見られないね。やめようか。

❷ | V ないわけにはいかない | 　富士山に登ったら、日本最高点まで行かないわけにはいかないですよね？

여행 계획을 의논하고 있습니다. ① – ⑤의 관광지에서 무엇을 하고 싶습니까? 「～ないわけにはいかない」를
사용해 말해 봅시다. 🔊 CHECK! 2_29-33

① 北海道
【カニを食べる】
→ 北海道に行ったら、カニを
　食べないわけにはいかない
　ですよね？

② 東京
【スカイツリーに登る】
→

③ 金沢
【兼六園に行く】
→

④ 京都
【舞妓体験か 侍 体験をする】
→

⑤ 九州
【温泉に入る】
→

◆ 그 밖에 다른 것도 스스로 다양하게 생각해 말해 봅시다.

❸ | V しかない | 　それは、行くしかないよね。

V（사전형 辞書形）＋ しかない

그림을 보며 음성을 들어 봅시다. 이 다음에 어떻게 대답하면 좋을지 a – e에서 골라 「～しかない」의 형태로 대답해
봅시다. 🔊 2_34-38

①

天気も悪くなってきたし、危ないから
(a.あきらめるしかない) か…。

②

どこも同じだよ。ここに
(　　　　　　　　　　) よ。

③

まあ、山の上ですからね。
(　　　　　　　　　　) でしょう。

④
もう、両方（　　　　　）
でしょう！
りょうほう

⑤
もちろん。このためにここまで来たんだ
から（　　　　　　　）でしょう！

a. あきらめます
b. 頼みます
   たの
c. 乗ります
   の
d. 払います
   はら
e. 泊まります
   と

◆ 대화를 듣고 확인해 봅시다. 🔊 2_39-43

❹　V のはどう（ですか）？　　レンタカー借りて、麓の観光地をまわるのはどう？
　　　　　　　　　　　　　　　　　　　　か　　ふもと　かんこうち

V（사전형 **辞書形**）＋ のはどう（ですか）？
　　　　　 じしょけい

「～のはどう？」의 형태로 바꿔서 말해 봅시다. 🔊 2_44-48

① 山中湖でボートに乗ろうよ。 → 山中湖でボートに乗るのはどう？
　 やまなかこ　　　　　の　　　　　　やまなかこ　　　　　　　の
② ホテルじゃなくて、民宿に泊まろうよ。 →
　　　　　　　　　 みんしゅく　と
③ 下山後はすぐ温泉に行って、そこでご飯も食べようよ。 →
　 げざんご　　　　おんせん　　　　　　　　　はん
④ いろいろな種類のほうとうを頼んで、みんなで分けようよ。 →
　　　　　 しゅるい　　　　　　　たの　　　　　　　　わ
⑤ 帰りにアウトレットモールに寄っていこうよ。 →
　 かえ　　　　　　　　　　　　よ

4　말하기 전략

찬성인지 반대인지 나타낸다

오른쪽 표현이 48-49쪽 대화의 어디에서 사용되었는지 체크해

봅시다. 🔊 2_49-50

◆ 그 밖에 어떤 표현이 있습니까?

いいと思います。
いいですね。

もちろん。
そうだね。
OK。
賛成。
さんせい

でも…
んー、
え～。

2

발음

「ない」의 악센트

（1） 악센트의 차이에 주의하며 들어 봅시다. 🔊 2_51-57

「ある／ない」의 「ない」와 동사의 「ない」형의 악센트의 차이에 주의합시다.

1.「ある／ない」의「ない」	2a. 기복형(하강) 동사 ＋ ない	2b. 평판형(하강하지 않음) 동사 ＋ ない
な￢い（「な」の後ろで下がる）	～￢ない（「ない」の前で下がる）	～ない￣（下がらない）
うし　さ	さ	

（例）おかね￣ が な￢い
　　　行く￢しか な￢い

（例）およ￢ぐ → およが￢ない
　　　食べ￢る → 食べ￢ない
　　　見られ￢る → 見られ￢ない

（例）行く￣ → 行かない￣
　　　のぼる￣ → のぼらない￣
　　　する￣ → しない￣

　　見られ￢ないこと￢も な￢い。　　　　行けない￣こと￢も な￢い。

　　あるけ￢ないこと￢も な￢い。　　　　まわれない￣こと￢も な￢い。

（2） 악센트의 차이에 주의하며 발음해 봅시다.

5 롤 플레이를 통해 회화 연습을 합시다.

(1) 롤 플레이에 앞서 다시 한 번 스크립트를 보고 생각해 봅시다. 세 사람이 말한 [A] – [P]는 아래의 어느 쪽에
해당될까요? (   ) 안에 적어 봅시다(답이 두 개 이상인 경우도 있습니다)

登山のスケジュール　　下山後のスケジュール
とざん　　　　　　　　げざんご

[A] (提   )　　　[K] (   )
[B] (   )　　　[L] (   )
[C] (   )　　　[M] (   )
[D] (   )　　　[N] (   )
[E] (   )　　　[O] (   )
[F] (   )　　　[P] (   )
[G] (   )
[H] (   )
[I] (   )
[J] (   )

（提）：提案している
　　　　ていあん
（賛）：提案に賛成している
　　　　ていあん　さんせい
（反）：提案に反対している／ほかの案を出している
　　　　ていあん　はんたい　　　　　　あん
（確）：それまでの話を確認している／まとめている
　　　　　　　　　　　　かくにん

※ (   ) 안에 들어갈 기호는 자유롭게 생각해도 좋습니다.

◆ (提) (賛) (反) (確) 부분에서 각각 어떤 표현을 사용했습니까?

(2) 카드를 보고 연습합시다.

① (a)의 장면에서 (例) 뒤에 이어질 내용을 생각해 봅시다. 제안을 하거나 그에 찬성 혹은 반대를 하며 이야기해 봅시다.

(a) 友達と二人で、夏休みに
ともだち　ふたり　　なつやす
富士山に登ることにしまし
ふ じ さん　のぼ
た。登山のスケジュールや、
とざん
下山したあとの観光など、話
げざん　　　　　　かんこう　　　はな
し合ってください。
あ

(例) A：じゃあ、何時から登りはじめようか？
　　　　　　　　　　　　　のぼ
　　　B：朝早く登りはじめて、夜までには下山しようよ。
　　　　あさはや　のぼ　　　　　　よる　　　　　げざん
　　　　……

◆ 대화 예를 들어 봅시다. 2_58

② (b) 의 장면에서 롤 플레이를 합시다.

(b) あなたは、友達と３人で旅行することになりました。
　　　　　　ともだち　　　　りょこう
旅行先を決めてから、
りょこうさき　き
そこでの計画を話し
けいかく　はな
合ってください。日本
あ
の旅行でも、あなた
りょこう
の国の旅行でも、ど
りょこう
こでもいいです。

⭐ Can-do를 체크하세요

PART 3 誰でも楽しめるんじゃないかと思います
だれ たの

● 여러분의 나라에서 인기 있는 관광지는 어디입니까?

マレーシアの日本センターの図書館で、佐々木さんが「タマン・ネガラ」
としょかん　　ささき
（マレーシアのジャングルで、国立公園になっている）のガイドを読んでいます。
こくりつこうえん
知り合いのウィラさんが話しかけました。
し あ

1 두 사람의 대화를 들어 봅시다. 🔊 2_60

> 佐々木さん、どこかいらっしゃるんですか？
> ささき

> ええ、「タマン・ネガラ」に行ってみたいって思ってるんですけど、どうでしょうか？

> ああ、「タマン・ネガラ」ですか。いらっしゃったことがないなら、
> 一度行ってみてもいいんじゃないでしょうか。
> いちど
> ‥‥‥‥‥‥‥‥‥‥‥‥‥‥‥‥‥‥‥‥‥‥‥‥‥‥‥‥‥‥‥‥‥‥‥。

ウィラ

佐々木
ささき

> そうですか。でも、そういう体験もおもしろそうですね。
> たいけん

「タマン・ネガラ」를 어떻게 설명하고 있습니까?

① 이야기의 순서대로 번호를 적으세요.

a. (　　　)　　b. (　　　)　　c. (　　　)　　d. (　　　)　　e. (　　　)

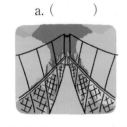　　　　

② 동물을 보고 싶어하는 사람이 주의해야 할 점은 무엇입니까?

2 다시 한 번 듣고 (　　　)에 알맞은 말을 써 봅시다. 🔊 2_60

조건에 맞는 어드바이스를 한다

・自然が（①　　　　　　　）、いいところだと思いますよ。
　しぜん

・もし虎とか、象とか、ジャングルに住む動物が（②　　　　　　　）、あまり期待しないほうがいいでしょうね。
　　とら　　ぞう　　　　　　　　　　　す　どうぶつ　　　　　　　　　　　　　　　　　　　きたい

자신의 생각을 완곡하게 전한다

・いらっしゃったことがないなら、一度行ってみてもいい（③　　　　　　）。
　　　　　　　　　　　　　　　いちど

・ジャングルに行くときに乗るボートからの眺めとか、高い木の上のつり橋を歩くキャノピーウォークとかは、
　　　　　　　　　　　の　　　　　　　　　ながめ　　　　　　　　　　　　　　ばし　ある

　誰でも楽しめる（④　　　　　　）。
　だれ　たの

・動物を見るためには、夜、ガイドさんといっしょに出かけて、ジャングルの中にある小屋でじっと待つんですよ。
　どうぶつ　　　　　　よる　　　　　　　　　　　　　　　　　　　　　　　　　　　　　こや　　　　ま

　ただ、そこは電気もないし、……慣れてない人には、ちょっと厳しい（⑤　　　　　　）。
　　　　　　　でんき　　　　　　な　　　　　　　　　　きび

3 스크립트를 보면서 다시 한 번 들어 봅시다. 🔊 2_61

ああ、「タマン・ネガラ」ですか。いらっしゃったことがないなら、一度行ってみてもいいんじゃないでしょうか。

んー、なにしろ、世界一古いジャングルの一つですからね。

自然が好きなら、いいところだと思いますよ。ジャングルに行くときに乗るボートからの眺めとか、

あと…高い木の上のつり橋を歩くキャノピーウォークとかは、誰でも楽しめるんじゃないかと思います。

鳥の声を聞いたり、珍しい植物を見たり、んー、「自然の中にいる」って気がします。でも、もし虎

とか、象とか、ジャングルに住む動物が見たいんだったら、まあ、あまり期待しないほうがいい

でしょうね。いつも、出てくるわけじゃないので。

★

それに、動物を見るためには、夜、ガイドさんといっしょに出かけて、えっと…ジャングルの中にある小屋で

じっと待つんですよ。ただ、そこは電気もないし、それに、虫もいっぱいいるので、慣れてない人には、

ちょっと厳しいかもしれません。

◆ 스크립트의 ★ 부분을 쉐도잉해 봅시다. 🔊 2_62

4 관광지를 소개하는 연습을 해 봅시다. 대화에 나오는 「タマン・ネガラ」에 대해, 아래의 메모를 보면서 스스로 문장을 만들어 말해 보세요.

관광지 이름 : タマン・ネガラ

① 전체적인 코멘트, 특색
- 一度行ってみてもいい … 世界一古いジャングルの一つ

② 볼거리, 추천 포인트
　自然が好き → いいところ
- ジャングルに行くときに乗るボートからの眺め
　高い木の上のつり橋を歩くキャノピーウォーク
　→ 誰でも楽しめる
- 鳥の声、珍しい植物 →「自然の中にいる」

③ 주의할 점
- 虎、象、ジャングルに住む動物が見たい
　→ あまり期待しないほうがいい、いつも出てくるわけじゃない
- 動物を見る… 夜、ガイドといっしょ
　ジャングルの中にある小屋で待つ
　電気がない、虫がいっぱい
　→ 慣れてない人にはちょっと厳しい

◆ 말할 때 **2** 의 표현을 사용해 보았나요?

5 여러분 나라의 관광지에 대해 설명해 봅시다.

(1) 일본인이 질문할 법한 관광지를 하나 골라 메모를 만들어 봅시다.

관광지 이름 :

① 전체적인 코멘트, 특색

行くことをすすめますか？ また、その理由は？
りゅう

② 볼거리, 추천 포인트

そこに行ったら、したほうがいいことを教えてください。
おし

2

③ 주의할 점

気をつけたほうがいいことや、前もって知っておいたほうがいいことが何かありますか？
し

(2) 반 친구와 이야기해 봅시다.

○○に行ってみたいって思ってるんですけど、どうでしょうか？

Can-do를 체크하세요

PART**4** 四季折々に楽しめる富士五湖
しきおりおり　たの　　　　　　　　　ふじごこ

読んでわかる　**Can-do 09**　여행 가이드북 등의 관광 안내를 읽고 거기에서 어떤 것을 할 수 있는지 등, 관광지의 특색을 이해할 수 있다.

● 아래 ① – ④의 사진은 후지산 주변의 추천 장소입니다. 어떤 곳이라고 생각합니까?

① 　② 　③ 　④

1　여행 가이드북을 읽어 봅시다.　🔊 2_64-67 CHECK!

（1）　위 ①–④의 사진은 **A** – **D** 어디에 들어갈까요?

● こうようだい
紅葉台

> 富士山を見るなら
> ここ

☎ 0555-85-2252（レストハウス）
MAP P17 C-2

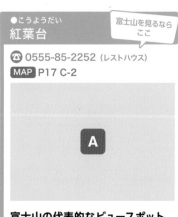

A

富士山の代表的なビュースポット。1164mのレストハウス展望台からは、360度の大パノラマが広がる。富士山を見ながら新鮮な空気を吸い込めば、身も心もリフレッシュできるに違いない。「紅葉台」という名のとおり、秋には美しく紅葉した樹海が見られる。麓のバス停から展望台までは徒歩25分ほどのコース。夏はハイキングを楽しむ人が多い。展望台へは車でも行けるが、道幅が狭いので運転には注意。

🏠 山梨県南都留郡鳴沢村 🎫 レストハウス展望台　大人150円　小人100円（降雪時は休業）

● やまなかこ はなのみやここうえん
山中湖 花の都公園

> 富士山を背景に
> 広がる高原の花畑

☎ 0555-62-5587　**MAP** P20 A-1

C

約30万㎡もの広さを誇る公園。花畑には、春はチューリップ、夏はひまわり、秋はコスモスと、富士山を背景に四季折々の花が咲く。開花状況をチェックしてから訪れたい。有料エリアの温室では、珍しい熱帯の植物やさまざまな花が一年中見られる。花を楽しむだけでなく、夏季は、遊具を使った水遊びも楽しめる。冬季はイルミネーションも美しい。

🏠 山梨県南都留郡山中湖村山中1650 🎫 花畑は無料、それ以外は季節による

● ふじてんリゾート

> 富士山を見ながら
> スポーツを満喫

☎ 0555-85-2000　（代表）
MAP P18 D-2

B

富士山を望む本格スキー場。ゆったり滑れるファミリーコースや最大斜度32度のダウンヒルコースなど、初心者から上級者までOK。スキーやウェアなどはレンタル可。雪がない夏季は、サマーゲレンデでスキー、スノーボードができるほか、マウンテンバイクなどのアウトドアレジャーが楽しめる。富士山が見えるセンターハウス2階では、バーベキューも可能（要予約）。

🏠 山梨県南都留郡鳴沢村字富士山8545－1
🕐 冬季12月5日〜4月2日 夏季5月3日〜10月20日

四季折々に楽しめる

富士五湖
おすすめスポット特集

> 自然の中で
> 遊ぼう！

● なるさわひょうけつ
鳴沢氷穴

> 神秘の世界で
> ひんやり体験

☎ 0555-85-2301
MAP P16 A-3

D

火山の噴火でできた竪穴式洞窟。溶岩トンネルを抜けて、地下21mまで下ると、氷柱が見られる。白く輝く氷柱が林立する様子は幻想的。氷柱はほぼ一年中見られるが、最も大きくなるのは、意外なことに、冬ではなく春から夏。洞窟内は一年中0〜3度に保たれているため、冷蔵庫代わりに使われていた時代もある。夏でも上着が必要だ。滑りやすいので、歩きやすい靴があると安心。

🏠 山梨県南都留郡鳴沢村8533 🎫 280円

（2）각각의 장소에서 즐길 수 있는 것을 키워드를 사용하여 아래의 표에 정리해 봅시다.

	春 はる 3月　4月　5月	夏 なつ 6月　7月　8月	秋 あき 9月　10月　11月	冬 ふゆ 12月　1月　2月
紅葉台 こうようだい	大パノラマ だい　ハイキング		紅葉 こうよう	
ふじてん リゾート				
花の都 みやこ 公園 こうえん				
鳴沢氷穴 なるさわひょうけつ				

紅葉 こうよう	水遊び みずあそび
ひまわり	大パノラマ だい
氷柱 ひょうちゅう	大きな氷柱 ひょうちゅう
熱帯の植物 ねったい　しょくぶつ	溶岩トンネル ようがん
ハイキング	イルミネーション
スキー	チューリップ
バーベキュー	マウンテンバイク
コスモス	

◆ 위의 표를 보면서 가이드북으로 알게 된 정보를 다른 사람과 이야기해 봅시다.

（3）각각의 장소에 갈 때 주의할 점이나 사전에 준비할 것은 무엇입니까?

紅葉台 こうようだい	・車で行くときは運転に注意する うんてん　ちゅうい	ふじてん リゾート	
花の都 みやこ 公園 こうえん		鳴沢氷穴 なるさわひょうけつ	

2　읽기 전략

한자에서 말의 뜻을 추측한다

「火山」は何？「ひやま」？「かさん」？ どんな意味…？
い み

「氷柱」って、何のこと？

「火」は 🔥　「山」は ⛰

じゃあ、「火山」は 🌋 ってこと？

「氷」は ❄　「柱」は

「氷柱」って みたいな感じ？
かん

漢字のことばは、読み方がわからなくても、その漢字から意味がわかるんだ！
かんじ　　　　　　　　　　　　　　　　　　　かんじ　い み

그 밖에도 모르는 말이 있다면 비슷한 한자로 뜻을 추측해 봅시다.

　（例）四季、上着、花畑、温室…

3　네 곳의 장소 중에서 가 보고 싶은 곳은 어디입니까?

4 읽기에 도움이 되는 문법·문형

틀림없이 그렇다고 생각하는 것을 말한다

❶ ~に違いない｜新鮮な空気を吸い込めば、身も心もリフレッシュできるに違いない。

- はじめて本物の富士山を近くで見たら、その美しさに感動するに違いない。
- 疲れたあとに温泉に入ったら、気持ちがいいに違いない。
- 富士山に登ったら、（　　　　　　　　　　　　　）に違いない。

그뿐만이 아니라는 것을 나타낸다

❷ V ほか｜夏季は、サマーゲレンデでスキー、スノーボードができるほか、マウンテンバイクなどのアウトドアレジャーが楽しめる。

- このウェブサイトは、富士登山に必要な情報が見られるほか、近くの温泉やレジャー施設についても調べられる。
- 最近のキャンプ場は、電気やガスが使えるほか、必要なものはすべて貸してくれる。
- 北海道は、冬にスキーが楽しめるほか、（　　　　　　　　　　　　　）ので、旅行先として人気がある。

자신의 감상을 더한다

❸ ~ことに｜（氷柱が）最も大きくなるのは、意外なことに、冬ではなく春から夏。

- 2月23日は富士山の日。うれしいことに、富士山周辺の観光施設に無料で入れることもある。
- 驚いたことに、山小屋に泊まっていたのは外国人がほとんどだった。
- 有名なほうとうのお店に行ってみたら、（　　　　　　　　　　　　　）ことに、定休日だった。

원인을 말한다

❹ ~ため｜洞窟内は一年中0～3度に保たれているため、冷蔵庫代わりに使われていた時代もある。

- 高い山は気圧が下がるため、酸素が薄くなり、登山中に高山病になる場合もある。
- ふじてんリゾートは、東京から日帰りでスキーが楽しめるため、週末には多くの人が訪れる。
- 山中湖に遊びに行ったが、連休中だったため、（　　　　　　　　　　　）。

한자어

읽는 법과 뜻을 확인하세요. 키보드나 스마트폰을 이용해 입력해 봅시다.

吸い込む　　紅葉（する）　　可能　　花畑　　背景　　熱帯　　植物
す　こ　　　こうよう　　　　か のう　はなばたけ　はいけい　ねったい　しょくぶつ

遊具　　氷柱　　冷蔵庫
ゆうぐ　ひょうちゅう　れいぞうこ

◆ 오른쪽 예와 같이 위의 한자를 나누어 봅시다.

본문에 있는 다른 한자도 생각해 봅시다.

紅	花	込	庫
↓	↓	↓	↓

⭐ Can-do를 체크하세요

Can-do 10　친구에게 자기 나라의 관광지 등을 어느 정도 자세하게 소개하는 메일을 쓸 수 있다.

---

1 일본인 친구에게 자기 나라의 추천 장소를 소개하는 메일을 써 봅시다.

(1)　일본인 친구에게 다음과 같은 메일을 받았습니다. 읽어 봅시다. 2_69

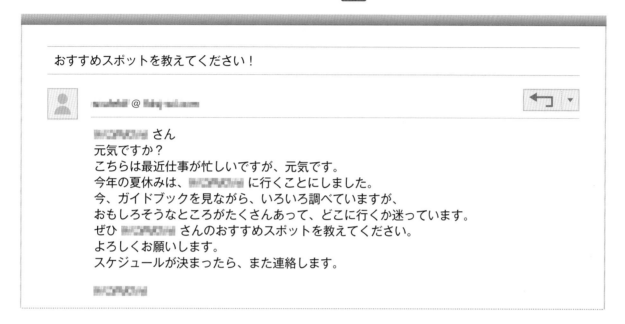

おすすめスポットを教えてください！

■■■■■■■■■■ @ ■■■■■■■■

■■■■■■■■ さん
元気ですか？
こちらは最近仕事が忙しいですが、元気です。
今年の夏休みは、■■■■■■■■ に行くことにしました。
今、ガイドブックを見ながら、いろいろ調べていますが、
おもしろそうなところがたくさんあって、どこに行くか迷っています。
ぜひ ■■■■■■■■ さんのおすすめスポットを教えてください。
よろしくお願いします。
スケジュールが決まったら、また連絡します。

■■■■■■■

(2)　추천 장소를 골라 그곳이 어떤 곳인지 그곳에서 무엇을 할 수 있는지 그리고 그곳을 추천하는 이유 등을 친구가 이해할 수 있도록 답장 메일을 써 봅시다.

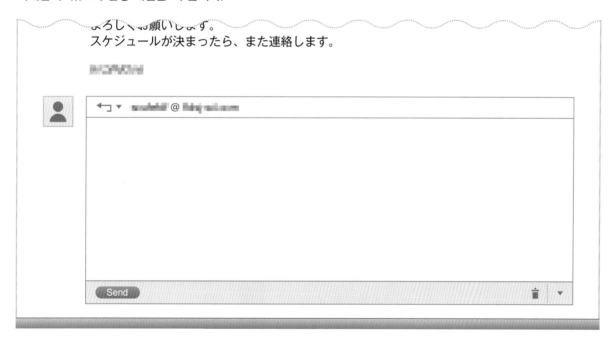

よろしくお願いします。
スケジュールが決まったら、また連絡します。

■■■■■■■

■ ▼　■■■■■■ @ ■■■■■■■

Send

---

2 다른 사람이 쓴 것을 읽어 봅시다. 가 보고 싶은 곳이 있나요? 또, 같은 곳을 소개한 사람이 있다면 비교해 봅시다.

Can-do をチェックしましょう

教室の外へ

わたし
だけの
フレーズ

토픽과 관련해 일본어로 말해 보고 싶은 것은 무엇입니까?
나에게만 필요한 일본어 표현을 메모해 봅시다.

（例）このほうとうは豚肉が入っていますか？ 入っていないメニューを教えてください。
　　　　 ぶたにく　　　　　　　　　　　　　　　　　　　　　　　　　　おし

1

후지산의 사진이나 그림을 봅시다.

－「富士山」「富士山 浮世絵」「富士山 絵画」 등의
　 ふじさん　 ふじさん うきよえ　 ふじさん かいが
　단어로 이미지를 검색해 봅시다.

● 마음에 드는 이미지를 친구에게 소개해 봅시다.

2

후지산 등산 모습을 봅시다.

－「富士登山」「富士山 山頂」「富士山 ご来光」「富士山 剣ヶ峰」 등의
　 ふじとざん　ふじさん さんちょう　ふじさん　 らいこう　ふじさん けんがみね
　단어로 검색하여 동영상을 봅시다.

－ Google Map의 스트리트뷰로 등산로를 걸어 봅시다.

3

이 토픽에 소개된 후지산 주변의 관광지를 조사해 봅시다.

－ 도서관 등에 가이드북이 있다면 봅시다.

－ 인터넷에서 「富士山周辺　観光地」「花の都公園」「氷穴」 등의
　 　　　　　　 ふじさんしゅうへん かんこうち 　みやここうえん ひょうけつ
　단어로 검색해 봅시다.

● 재미있어 보이는 장소가 있다면 교실에서 소개해 봅시다.

4

4. 여러분 나라의 자연과 관광지가 일본어로
어떻게 소개되는지 조사해 봅시다.

－ 인터넷에서 「(국가명) 観光」로 검색해
　　　　　　　　　　　　　 かんこう
　봅시다.

（예）政府観光局の公式サイト、日本の
　　　 せいふかんこうきょく　 こうしき
　　　 旅行社のツアー案内、トリップアドバ
　　　 りょこうしゃ 　　　　 あんない
　　　 イザー等 여행 사이트의 리뷰(평판)

★ 일본어·일본 문화 관련 체험을 기록해 봅시다.

健康的な生活
けんこうてき　　せいかつ

● 건강을 위해 일상생활에서 조심하는 것이 있습니까?

● 지금까지 다이어트를 하거나 특별한 건강 관리법을 시도해 본 적이 있습니까?

聞いてわかる

PART 1

ウォーキングがいいんじゃないですか

会話する

PART 2

どんなダイエットしてるの?

長く話す

PART 3

病気の原因を消してくれるんです
びょうき　げんいん　け

読んでわかる

PART 4

本当に効くのかな?
ほんとう　き

書く

PART 5

世界の健康法
せかい　けんこうほう

1 다음은 건강에 대한 포스터입니다. 관련 있는 것을 아래의 a-f에서 골라 봅시다. 각각의 포스터에는 건강을 위해 어떤 것이 필요하다고 적혀 있습니까?

①

②

③

④

⑤

⑥

---

a. 食生活
しょくせいかつ

b. 運動習慣
うんどうしゅうかん

c. メンタルヘルス

d. 睡眠
すいみん

e. 衛生
えいせい

f. 健康診断
けんこうしんだん

문화 여러분의 나라에서는 '건강한 사람'이라고 하면 어떤 사람의 이미지를 떠올리나요?

健康について、注意していることがありますか？

 やっぱり、（① a. 栄養 ）のバランスがとれた食事をすることが一番だと思うので、なるべく自分で料理するようにしています。1日の（② ）にも気をつけています。

 運動不足にならないように、週3回必ずスポーツクラブで泳いでます。あと、ウェイトトレーニングもしています。できれば、もっと（③ ）をつけたいですから。

 なんといっても、（④ ）をためないことですね。心が健康じゃないと、体がいくら健康でもダメですからね。そのためには、できるだけ毎日楽しく生活するようにしてます。

 定期的に、健康診断を受けています。病気になってからではなく、病気にならないように（⑤ ）するのが大切ですよね。

 特別なことは何もしていませんが、毎日、朝早く起きて、散歩をして、決まった時間に食事をして、夜更かしをしない…。規則正しい（⑥ ）が健康の秘訣だと思います。

> a. 栄養　　b. 生活習慣　　c. 筋肉　　d. 予防　　e. ストレス　　f. カロリー

◆ 붉은색 글자의 표현에 주목합시다. '항상은 아니지만 그렇게 하고 있다'는 것을 나타내는 표현은 어떤 것입니까?

3 다음 건강식품 광고를 봐 주세요. 어떤 효과가 있다고 적혀 있습니까?

◆ 이 광고의 상품을 구입하고 싶습니까?

3

PART **1** ウォーキングがいいんじゃないですか

聞いてわかる

Can-do 11 건강 유지를 위해, 하고 있는 운동 이야기를 듣고 그 운동의 특징과 좋은 점을 이해할 수 있다.

「日本語おしゃべりサークル」で話しています。

● 사진을 보며 각각의 운동의 특징을 생각해 봅시다.

何か運動を始めたいって
思ってるんですけど…。

② 清水
しみず

① 平野
ひらの

③ 大西
おおにし

④ ミン

ボディコンバット

ラジオ体操
たいそう

腹筋ローラー
ふっきん

ウォーキング

1 네 사람이 하는 운동 이야기를 듣고 어떤 사람에게 적합한지 생각해 봅시다.

(1) 네 사람은 무엇을 추천하고 있습니까? 위의 사진에서 고르세요.

또, 그 사람이 어디에서 운동하는지 적어 보세요. 🔊 **3_08-11**

	① 平野 ひらの	② 清水 しみず	③ 大西 おおにし	④ ミン
何を?	ボディコンバット			
どこで?	駅前のジム			

(2) 다시 한 번 들어 봅시다. 각각의 운동의 장점을 아래 a – i에서 고르세요. 🔊 **3_08-11**

① (f, d)　　② (　　　　)　　③ (　　　　)　　④ (　　　　)

a. 腹筋に効く　b. ストレス解消にいい　c. 手軽にできる　d. たくさん運動できる　e. 短い時間でできる
　ふっきん　き　　　　　かいしょう　　　　　てがる　　　　　　　　うんどう　　　　　　　みじか
f. 楽しい　g. 誰でもできる　h. 全身がバランスよく鍛えられる　i. けがのリスクが少ない
　たの　　　だれ　　　　　　ぜんしん　　　　　　きた

(3) 다시 한 번 듣고, 각각의 운동과 관계가 있는 말을 아래에서 고르세요. 🔊 **3_08-11**

① 音楽　気合い 　おんがく　き　あ	②	③	④

友達　　気合い　　学校　　音楽　　有酸素運動　　四つんばい　　ストレッチ　　コロコロ
ともだち　き　あ　　　　　　　　　　　ゆうさんそうんどう　　よ

◆ (3)에서 고른 말을 사용하여 각각의 운동이 가진 특징에 대해 알게 된 점을 다른 사람과 이야기해 보세요.

2 듣기 전략

상대의 이야기에 코멘트를 하며 듣는다

(1) 대화의 일부를 다시 한 번 들어 봅시다. 듣는 사람은 어떻게 코멘트했습니까? 🔊 3_12-13

① 平野 ：普通のエアロと違って気合いが入るから、1時間あっという間に経っちゃって。で、終わったら
汗ダラダラで、たくさん運動したんだなって思います。(へー、それはおもしろそうですね)。

② 清水 ：…あと、外を歩くのは、ストレス解消にもいいんですよ。朝、近くの公園をウォーキングした日は、
気分がすっきりします。(　　　　　　　　　　　　　　　　)。

(2) 여러분이라면 어떻게 코멘트하겠습니까? ★ 부분을 자유롭게 말해 보세요. 🔊 3_14-15

③ 大西 ：体操には第1と第2があるんですが、両方やっても、たった6分半で終わるので、毎日続けるのに
もいいんですよ。(★　　　　　　　　　)。

④ ミン ：…最初やったとき、3回ぐらいしかできなかったんですけど、次の日、腹筋がものすごく痛くなって、
笑っただけで、死にそうになりました。(★　　　　　　　　　)。

◆ 예를 들어 봅시다. 🔊 3_16-17 CHECK!

(3) ① – ④의 스크립트를 참고하여, 짝을 이루어 자유롭게 코멘트해 봅시다.

3 네 가지 중에서 어떤 운동이 여러분에게 적합한 것 같습니까?

■ 네 사람의 이야기를 정리합시다. (　　) 안에 들어갈 말을 골라 적절한 형태로 바꾸세요. 🔊 3_18-21 CHECK!

(1) スポーツをするなら、スポーツクラブに入るのがいい。おすすめは「ボディコンバット」だ。キック
ボクシングや空手の(① 動き) をしながら、音楽に合わせて(②　　　　) を動かす。
(③　　　　) のエアロと違って気合いが入るから、あっという間に
時間が経ち、たくさん運動できる。

普通	体	動き
ふつう	からだ	うご

(2) ウォーキングは、運動神経に(④　　　　) なく誰でもできる有酸素運動だ。けがの(⑤　　　　)
も少ない。外を歩くのはストレス(⑥　　　　) にもいい。
朝、近くの公園をウォーキングした日は、気分がすっきりする。

解消	関係	リスク
かいしょう	かんけい	

(3) ラジオ体操は、いろいろな動きが取り入れてあるので、(⑦　　　　) がバランスよく鍛えられる。
ストレッチの(⑧　　　　) も入っているから、体が柔らかくなる。体操には第1と第2があるが、
(⑨　　　　) やっても、すぐに終わるので、毎日続けるのにも
いい。

両方	全身	要素
りょうほう	ぜんしん	ようそ

(4) 家でできる運動なら、腹筋ローラーだ。(⑩　　　　) は簡単そうだが、腹筋によく効く。
数回これを使って運動するだけで(⑪　　　　) がある。
(⑫　　　　) も取らないから部屋ででき、手軽だ。

場所	効果	見た目
ばしょ	こうか	

⭐ Can-do를 체크하세요

PART 2 どんなダイエットしてるの？

Can-do 12　건강 관리법 등에 대해 자신의 생각을 말하거나 상대에게 조언할 수 있다.

● 여러분 나라에서는 다이어트를 하는 사람이 있습니까? 있다면 그것은 어떤 다이어트입니까?

会社の昼休みに、サウレさんとまどかさんが話しています。
（ひるやす）

サウレ（カザフスタン）
カザフスタンのアルマティにある
日系企業で働いている。
（にっけいきぎょう）（はたら）

まどか（日本）
サウレさんの会社の同僚。10 年前に
（どうりょう）
現地の人と結婚して、カザフスタンに
（げんち）（けっこん）
移住した。
（いじゅう）

1　두 사람의 대화를 들어 봅시다. 스크립트를 보지 않고 다음 사항에

주의하며 들어 봅시다. 🔊 3_23

　① まどかさんは、どんなダイエットをしていますか。
　② サウレさんは、まどかさんにどんなアドバイスをしましたか。

2　스크립트를 보면서 들어 봅시다. 🔊 3_23

（1）두 사람은 보통체와 정중체 중 어느 쪽을 사용합니까?
　　그리고 그 이유는 무엇입니까?

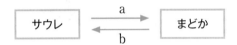

```
┌────────┐   a →   ┌────────┐
│ サウレ  │         │ まどか  │
└────────┘   ← b    └────────┘
```

（2）（　　）안에 들어갈 말을 쓰세요.

　◆ 어떤 의미와 기능이 있습니까?

サウレ　：あれ、まどか、お昼ご飯それだけ？ どうしたの？
　　　　　　　　　　　（ひる）（はん）

まどか　：あ、うん、実は、今ちょっとダイエットしてて…。
　　　　　　　　　　（じつ）（いま）

サウレ　：ダイエット？ どうして？

まどか　：うん、もうすぐ夏だし、これから薄着になるでしょう？ だから、今のうちに、ちょっと痩せようかなって思って。
　　　　　　　　　　　（なつ）　　　　　（うすぎ）　　　　　　　　　　（いま）　　　　　　　（や）

サウレ　：へー、で、どんなダイエットしてるの？

まどか　：えっと、朝ご飯は抜いて、昼ご飯はリンゴだけ。で、夕ご飯はサラダを少しとか、そんな感じ。
　　　　　　　（あさ）（はん）（ぬ）（ひる）（はん）　　　　　（ゆう）（はん）　　　　　　　　　　（かん）

サウレ　：えー、それはよくないよ。とくに、朝ご飯を食べない（①　　　　　　　　　）、ダメ。
　　　　　　　　　　　　　　　　　　　　　（あさ）（はん）

　　　　　　健康になる（②　　　　　　　　　）、体壊しちゃうよ。
　　　　　　（けんこう）　　　　　　　　　　（からだこわ）

まどか　：え、そう？

サウレ　：それに、野菜と果物だけとかも、体によくないよ。ちゃんと食べなきゃ。パンとか、ご飯とかの、
　　　　　　　　　　（やさい）（くだもの）　　　　　（からだ）　　　　　　　　　　　　　　　　　（はん）

　　　　　　なんとか物？
　　　　　　　　　（ぶつ）

まどか　：炭水化物？
　　　　　（たんすいかぶつ）

サウレ　：そう、炭水化物。あと、卵とか、牛乳とかの、タンパク質も。
　　　　　　　　（たんすいかぶつ）　（たまご）　（ぎゅうにゅう）　　　　　（しつ）

まどか　：でも、そんなに食べたら、ダイエットにならないでしょう？

サウレ　：大切なのは、栄養のバランスを考えながら、少しずつカロリーを減らす（③　　　　　　　）よ。
　　　　　あと、運動はしてるの？

まどか　：ううん、べつに…。

サウレ　：運動もしなくちゃ。水泳とか、ウォーキングとか、有なんとか運動。

まどか　：有酸素運動？　うん、本当は、運動もしなくちゃって思ってるんだけどね、なんか時間がないし、
　　　　　始めるきっかけもないし。

サウレ　：でも、まどかって、ぜんぜん太ってないし、ダイエット（④　　　　　　　）必要ないんじゃない？
　　　　　どうして日本の女の人って、そんなに体重減らしたいと
　　　　　思う人が多いのかな。こっちだと、あんまり痩せてない
　　　　　ほうが、健康的でイメージいいんだけどね。

まどか　：そう？　実は、ダイエット始めて3日目なんだけど、もう
　　　　　お腹がすいて…。ぜんぜん頭も回らないし、そろそろ
　　　　　限界かも。よーし、パン買ってこよう。

3　대화에 도움이 되는 문법·문형

놀라움을 나타낸다
　　　朝ご飯を<u>食べないなんて</u>、ダメ。　→ ❶

반대의 것을 말한다
　　　健康に<u>なるどころか</u>、体壊しちゃうよ。　→ ❷

판단이나 의견을 말한다
　　　<u>大切なのは</u>、栄養のバランスを考えながら、少しずつカロリーを<u>減らすことだ</u>よ。　→ ❸

강하게 부정한다
　　　ダイエット<u>なんか</u>必要ないんじゃない？　→ ❹

강하게 조언한다
　　　ちゃんと<u>食べなきゃ</u>。　→　初中級　トピック1

---

❶　　| Ｖ なんて |　　朝ご飯を<u>食べないなんて</u>、ダメ。

Ｖ（사전형／ない형）＋ なんて

음성을 듣고 그에 대해 코멘트를 달아 봅시다. a－e에서 문장을 골라
「～なんて」의 형태로 바꿔 말해 봅시다. 🔊 3_24-28

① え、a. 野菜しか食べないなんて、体によくないよ。

② へー、＿＿＿＿＿＿＿＿＿＿＿、すごいね。

③ ふーん、＿＿＿＿＿＿＿＿＿＿＿、馬鹿馬鹿しい気がするけどな。

④ そんなに＿＿＿＿＿＿＿＿＿＿＿、うらやましいなあ。

⑤ えっ、＿＿＿＿＿＿＿＿＿＿＿、危ないんじゃない？

> a. 野菜しか食べません　　b. 毎日走ります　　c. 1か月に10kgも痩せました
> d. 長く休みが取れます　　e. お金を払って運動します

◆ 대화를 듣고 확인해 봅시다. 🔊 3_29-33 CHECK!

❷ 〜どころか　　健康になるどころか、体壊しちゃうよ。

「〜どころか」를 사용해 대답해 봅시다. 🔊 3_34-38 CHECK!

① A：リンゴダイエットって、痩せるのかな？

　　B：(痩せるどころか)、体を壊しちゃうよ。

② A：昨日市場で買ったメロン、おいしかった？

　　B：ううん、(　　　　　　　　　　)、家に帰って切ってみたら、腐ってた！

③ A：入院、大変だったね。でもゆっくり休めたんじゃない？

　　B：あはは、(　　　　　　　　　　)、病院のベッドの上でずっと仕事してたよ。

④ A：駅前のジム、オープンして3か月だね。そろそろすいてきた？

　　B：ぜんぜん。(　　　　　　　　　　)、最近もっと混んできた気がする。

⑤ A：ホットヨガって、どう？ リラックスできそうだよね。

　　B：いや、(　　　　　　　　　　)、すごく体力を使うから、大変だよ。

❸ 〜（の）は、〜ことだ　　大切なのは、栄養のバランスを考えながら、
　　少しずつカロリーを減らすことだよ。

N は、	
イA いのは、	〜ことだ
ナA なのは、	
V（보통체）のは、	

「〜（の）は、〜ことだ」의 형태를 사용해 조언을 해 봅시다. 🔊 3_39-43 CHECK!

①【栄養のバランスをよく考えることが大切です。】

→ 大切なのは、栄養のバランスをよく考えることです。

②【自分のペースで無理しないで運動することが、いちばん大事です。】→

③【ダイエットのあと、その体重をキープすることが難しい。】→

④【記録を毎日つけることが、運動を長く続けるポイントです。】→

⑤【筋力トレーニングは毎日 行ってはいけないということに、注意しなければなりません。】→

❹ 　N なんか（〜ない）　　ダイエット<u>なんか</u><u>必要</u>ないんじゃない？
　　　　　　　　　　　　　　　　　　　　　ひつよう

무엇에 대해 이야기하고 있습니까? 그림을 고르세요. 3_44-48

① e　　　　　② 　　　　　③ 　　　　　④ 　　　　　⑤

a. ✕　　　　　b. ✕　　　　　c. ✕　　　　　d. ✕　　　　　e. ✕

◆　그림을 보면서 「〜なんか」를 사용해 자유롭게 말해 보세요.

4 　말하기 전략

떠오르지 않는 말을 불완전하게 말하여 듣는 사람에게 보완 받는다

（1）　66-67쪽 대화의 스크립트를 보세요. サウレ 씨는 다음 말이 떠오르지
　　　않을 때, 어떻게 말했습니까?

　　　　①「炭水化物」　　　②「有酸素運動」
　　　　　たんすいかぶつ　　　　ゆうさんそうんどう

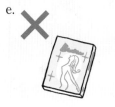

（2）　＿＿의 말이 떠오르지 않을 때, 다음 문장은 어떻게 말하면 좋을까요?

　　　① 筋肉をつけるのに必要なのは、卵や肉などの<u>タンパク質</u>ですよ。
　　　　きんにく　　　　　ひつよう　　　たまご　にく　　　　　　　しつ
　　　② 家では、ときどき寝るまえに一人で、<u>腕立て伏せ</u>をしています。
　　　　いえ　　　　　　　　ね　　　　　ひとり　　うでた　ふ
　　　③ こんな暑い日に運動したら、<u>熱中症</u>で倒れちゃいますよ。
　　　　　　あつ　ひ　うんどう　　　　ねっちゅうしょう　たお

◆　예를 들어 봅시다.  3_49-51
　　CHECK!

발음

　모음의 무성화

（1）　발음의 차이에 주의하며 들어 봅시다. 3_52-60

　　　다음 말에서, ＿＿와 ＿＿의 발음을 비교해 봅시다. 어떻게 다릅니까?

　　（ ダイエット<u>し</u>てます　　　　（ 減ら<u>す</u>ことです　　　　（ <u>ふ</u>とってないです
　　　 ダイエット<u>し</u>ます　　　　　　 減ら<u>す</u>だけです　　　　　 <u>ふ</u>るくないです

　　　キ・ク・シ・ス・チ・ツ・ヒ・フ・ピ・プ는 カ・サ・タ・ハ・パ 행의 앞에 올 경우, 소리를 내지 않고 발음합니다(모음의 무성화)

　　　体、こわ<u>し</u>ちゃうよ。　　　　**脂肪**がつきやすい**体**になる。　　　ちゃんと食べなく<u>ち</u>ゃ。
　　　　からだ　　　　　　　　　　　　　しぼう　　　　　からだ

　　　<u>す</u>こしずつ減らすことだよ。　　**運動**は<u>し</u>てるの？
　　　　　　　　　　　　　　　　　　　うんどう

　　　ぜんぜん<u>ふ</u>とってないし、ダイエットなんか<u>ひ</u>つようない。

（2）　모음의 무성화에 주의하며 발음해 봅시다.

5 롤 플레이를 통해 회화 연습을 합시다.

(1) 롤 플레이에 앞서 다시 한 번 스크립트를 보며 생각해 봅시다. 대화 속 サウレ 씨의 대사를 보세요.

① サウレ 씨는 まどか 씨에게 어떤 순서로 조언을 하고 있습니까?

A (　　　　)
B (　　　　)
C (　　　　)
D (　　　　)

a. 運動の必要性
　　うんどう　　ひつようせい
b. 食事を抜くことのよくない点
　　しょくじ　ぬ　　　　　　　てん
c. 栄養のバランスの大切さ
　　えいよう　　　　　　　たいせつ
d. ダイエットが必要かどうか
　　　　　　　　　ひつよう

② サウレ 씨의 대사 속에서 위의 A – D에 해당하는 부분은 각각 어디입니까? 표시해 보세요.

◆ 각각의 부분에서 어떤 표현을 사용하고 있나요?

(2) 카드를 보고 연습합시다.

① (a)의 장면에서 (例) 뒤에 이어질 내용을 생각해 봅시다. 친구끼리 대화하는 것처럼 보통체로 이야기해 봅시다.

(a) 友達が、野菜と果物しか食べないダイエットを始め
　　ともだち　　やさい　くだもの　　　　　　　　　　　はじ
ました。しかし、あなたはそれをよくないと思って
います。あなたの考え
を言って、健康的なダ
　　　　　　けんこうてき
イエット方法について、
　　　　　ほうほう
アドバイスしてください。

(例) A：最近、ダイエットを始めたんだ。
　　　　さいきん　　　　　　　　はじ
　　　B：えっ？ どんなダイエット？
　　　　　……

◆ 대화 예를 들어 봅시다. 🔊 **3_61** CHECK!

② (b)의 장면에서 롤 플레이를 합시다.

(b) あなたは、友達から、健康のことで相談されました
　　　　　　　　　ともだち　　　けんこう　　　　そうだん
（例：体重を落としたい、
　　　たいじゅう　お
運動を始めたい、よく眠れな
うんどう　はじ　　　　　　　ねむ
い、肌をきれいにしたい…）。
　　はだ
それを聞いて、アドバイスし
てください。

⭐ **Can-do**를 체크하세요

PART 3 病気の原因を消してくれるんです
びょうき　げんいん　け

長く話す　**Can-do 13**　자신이 알고 있는 건강 관리법의 방식과 효능, 그에 관한 경험을 구체적으로 설명할 수 있다.

● 여러분이 알고 있는 건강 관리법에는 어떤 것이
있습니까?

岡本さんとカモーラさんはウズベキスタンの同じ会社で働いています。
おかもと
今、二人は、出張で飛行機に乗っています。
いま　ふたり　しゅっちょう　ひこうき　の

1 두 사람의 대화를 들어 봅시다. 🔊 3_63

> 岡本さん、何してるんですか？
> おかもと

> 青竹踏みです。こうやって踏むと、血行がよくなって、足の疲れがとれるんですよ。
> あおだけふ　ふ　けっこう　あし　つか

> へー、はじめて見ました。持ってきたんですか？
> み　も

> そうなんですよ。カモーラさんは、何かいい健康法、知ってますか？
> けんこうほう　し

カモーラ

> そうですねえ…ウズベキスタンには、煙を浴びる健康法があります。
> けむり　あ　けんこうほう
> …………………………………………………………………。

岡本
おかもと

> へー、おもしろいですね。

어떤 건강법입니까?

① 何をどう使いますか。　② 健康にどんな効果がありますか。
　なに　つか　　けんこう　こうか
③ ほかに、どんな使い方がありますか。
　つか　かた

2 다시 한 번 듣고 (　) 안에 알맞은 말을 써 보세요. 🔊 3_63

사용 방법을 설명한다
・「イスリック」っていう草を使うんですけど、えー、砂漠に生えている薬草です。（①　　　　）を、ちょっと
　くさ　つか　　さばく　は　やくそう
干してから燃やして、（②　　　　）煙を浴びるんです。
ほ　も　　けむり　あ

효능을 설명한다
・風邪の（③　　　　）にもなるし、病気に（④　　　　）、この煙を（⑤　　　　）、病気の原因を
かぜ　　びょうき　　けむり　　びょうき　げんいん
消してくれるんです。
け
・それから、イスリックは病気のとき（⑥　　　　）、お守りとして使われることもあります。
びょうき　　まも

구체적인 예를 든다
・私は臭いが苦手なので、あまりしないんですけど、夫の母は、冬に（⑦　　　　）、よくイスリックを家で
にお　にがて　　おっと　ふゆ
燃やしてます。私が子どもを（⑧　　　　）、病気に（⑨　　　　）ように、いつも子どもに煙をかけて
も　　　　びょうき　　けむり
くれるんですよ。
・夫が新しい車を（⑩　　　　）、事故に（⑪　　　　）ように、母がイスリックを小さな袋に入れて、車の
おっと　　じこ　　ふくろ
中にぶら下げてくれました。
さ

3 스크립트를 보면서 다시 한 번 들어 봅시다. 🔊 3_64

そうですねえ…ウズベキスタンには、煙を浴びる健康法があります。「イスリック」っていう草を使うんですけど、

えー、砂漠に生えている薬草です。それを、ちょっと干してから燃やして、その煙を浴びるんです。

えっと…この煙が、とても体にいいんですよ。風邪の予防にもなるし、病気になってしまったとき、

この煙を吸うと、病気の原因を消してくれるんです。実は、私は臭いが苦手なので、あまりしない

んですけど、あー、夫の母は、冬になると、よくイスリックを家で燃やしてます。私が子どもを連れて

行くと、病気にならないように、いつも子どもに煙をかけてくれるんですよ。

それから、イスリックは病気のときだけじゃなくて、えっと…お守りとして使われることもあります。

夫が新しい車を買ったとき、事故にあわないように、母がイスリックを小さな袋に入れて、車の中に

ぶら下げてくれました。

最近は、こういう古いことはしない人もいますけどね。

◆ 스크립트의 ★ 부분을 쉐도잉해 봅시다. 🔊 3_65

4 건강 관리법을 소개하는 연습을 합시다. 대화에 나오는 우즈베키스탄의 건강법에 대해, 아래의 메모를 보면서

스스로 문장을 만들어 말해 보세요.

건강 관리법 : 연기를 쏘인다

① 방법

イスリック…草（砂漠に生えている薬草）
→ 干す → 燃やす → 煙を浴びる

② 효능

（1）煙が体にいい
・風邪 → 予防
・病気 → 病気の原因を消す

（2）お守りとして使う

③ 구체적인 예

（1）私…臭いが苦手 → あまりしない
夫の母…冬、よくイスリックを家で燃やす
→ 病気にならないように、子どもに
煙をかける

（2）夫が新しい車を買った
夫の母…夫が事故にあわないように
→ イスリックの袋、車の中

④ 그 밖의 정보나 코멘트

最近…こういう古いことはしない人もいる

◆ 말할 때 **2** 의 표현을 사용해 보았습니까?

5 여러분이 알고 있는 건강 관리법을 설명해 봅시다.

(1) 알고 있는 건강 관리법 하나를 골라 메모를 만들어 봅시다. 여러분 나라의 전통적인 건강 관리법이어도 좋고, 자신이 평소에 하는 건강 관리법이어도 좋습니다. 어떤 부분을 자세히 말하면 상대가 쉽게 이해할 수 있을지 생각해 보세요.

건강 관리법 :

① 방법

どんな健康法ですか?
けんこうほう

② 효능

何に効きますか?／どんな効果がありますか?
き　　　　　　　　　　　こうか

③ 구체적인 예

実際に、どのようにその健康法を行っていますか?
じっさい　　　　　　　　　　　けんこうほう　おこな

④ 그 밖의 정보나 코멘트

(2) 반 친구와 이야기해 봅시다.

何かいい健康法、知っていますか?
けんこうほう　し

⭐ Can-do를 체크하세요

PART 4 本当に効くのかな？
ほんとう き

読んでわかる　　**Can-do 14**　인터넷 게시판 등에서 건강식품에 대한 코멘트를 읽고 작성자의 의견을 대부분 이해할 수 있다.

● 여러분 나라에서는 건강식품을 팔고 있습니까? 어떤 건강식품입니까?

1　인터넷 게시판을 읽어 봅시다.　🔊 CHECK! 3_67

（1）　먼저, 아래 1의 댓글을 읽어 봅시다. 이것을 쓴 사람은 어떤 것을 알고 싶습니까?

ゲンキニールって効くの？

1：名無しさん@健康生活：20■■/02/23（日）9:37:13
最近疲れがとれなくて、なんだか体調がよくない
と友人に話したところ、某研究所のゲンキニール
という健康食品をすすめられた。
体にいいって言われたんだが、まとまった量を
買って飲み続けないとダメらしい。
こういうのって本当に効くのかな？結構高くて
迷ってる。

2：名無しさん@健康生活：20■■/02/23（日）10:45:11
「ちょっと楽になったかな」と感じることはある
かもしれないな
でも、「これ飲んでるから大丈夫」っていう精神
的な面が大きい気がする

3：名無しさん@健康生活：20■■/02/23（日）10:59:23
ゲンキニール知ってます！
飲んでみたら、すごく体調がよくなりました。
ぜひおすすめします！

4：名無しさん@健康生活：20■■/02/23（日）11:13:02
>>3
業者ｷﾀ━━━━━━（ﾟ∀ﾟ）━━━━━━!!!!!

5：名無しさん@健康生活：20■■/02/23（日）12:56:01
それ、マルチ商法っぽいね
お前がその商品を買ったら、その友人のところに
金が入るシステム
昔、俺の知り合いもやってて、すごい高い商品を
しつこくすすめられたなー

6：名無しさん@健康生活：20■■/02/23（日）13:03:29
前に飲んでたことあるけど、ちっとも効かなかっ
た。あんなの金のムダwwww

7：名無しさん@健康生活：20■■/02/23（日）14:25:03
体にいいとか聞くと、すぐに飛びつくのは
日本人の悪い癖。
テレビで「納豆が健康にいい」と放送されると、
次の日にはスーパーから納豆が消えるとか
ありえない。

8：名無しさん@健康生活：20■■/02/23（日）14:46:54
健康食品ブームといえば、
紅茶キノコってはやったよな～。
母親に飲まされた謎の飲み物・・・。

9：名無しさん@健康生活：20■■/02/23（日）14:59:12
>>8
昭和生まれﾊｹ─ﾝ！

10：名無しさん@健康生活：20■■/02/23（日）15:48:35
マルチ商法っていえば
確かに健康食品って
そういう怪しいのが多いよね

ガンとか大きな病気の人に
「これを飲めば治る」って弱みにつけこんで
高い商品を売りつけたりとか

11：名無しさん@健康生活：20■■/02/23（日）16:01:15
そもそも健康食品に頼ろうってのが間違い。
そんなの飲むくらいなら、その分いいメシを食え。

12：名無しさん@健康生活：20■■/02/23（日）17:32:12
成分見ればわかると思うけど、これって要する
に単なるビタミン剤だよ。効き目がないわけじゃ
ないけど、ほんとに体調悪い原因があるかもし
れないから、一度医者に診てもらうことをおす
すめする。

13：名無しさん@健康生活：20■■/02/23（日）18:57:53
>>12

```
   ／＾へ
  ／ ／_／ ＼   健康診断に行ったら、糖尿病と診断
  ｜       ／      された俺が通りますよ
  ｜／｜ ｜
 ／／ ｜｜
 Ｕ  .Ｕ
```

14：名無しさん@健康生活：20■■/02/23（日）19:25:03

（2） 다음에는 2-13의 댓글을 읽어 봅시다. 여기서는 어떤 화제를 다루고 있습니까? 다음의 A-D에 정리합시다.

    A. ゲンキニールが効くか効かないかについて （ 2.   ）
    B. 販売方法について （   ）
    C. その他、健康食品について （   ）
    D. それ以外 （   ）

（3） 1-13을 다시 한 번 읽고 의견의 연관성을 생각해 봅시다. 각각의 댓글은 어떤 댓글에 대한 의견입니까?

아래의 ☐ 부분을 완성하여 정리합시다.

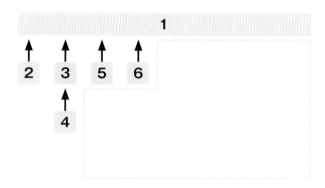

◆ 여러분은 이 건강식품을 어떻게 생각합니까?

2 읽기 전략

중요하지 않은 부분을 건너뛰고 읽는다

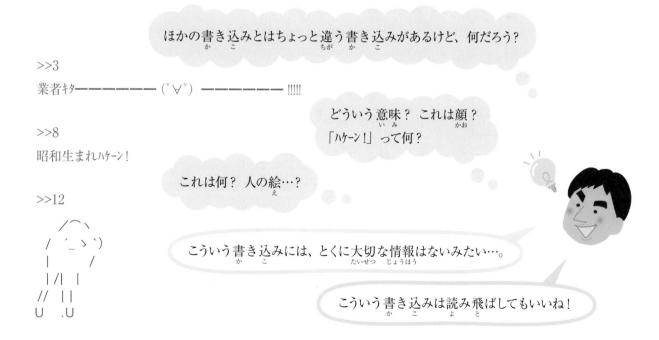

3 여러분 나라에도 이처럼 인터넷 익명 게시판이 있습니까? 여러분은 그것에 대해 어떻게 생각합니까?

4 읽기에 도움이 되는 문법·문형

계기를 나타낸다

❶ | Ｖ たところ |　なんだか体調がよくないと友人に話したところ、……健康食品をすすめられた。

・家族に言われてタバコをやめたところ、肌の調子がよくなってきた。
・健康診断に行ったところ、高血圧と診断された。
・朝のウォーキングを始めたところ、（　　　　　　　　　　）。

상황을 통해 판단할 때 말한다

❷ | ～っぽい |　それ、マルチ商法っぽいね。

＊「～みたいだ」と同じ意味。非常にインフォーマルな言い方。
Used to mean the same as " ～みたいだ ". Very informal way of speaking.

・疲れたし、眠いし…、今日はもうダメっぽい。
・この薬、ぜんぜん効かない。なんか、だまされたっぽい。
・（　　　　　　　　）なんて、無理っぽい。

가볍게 부정한다

❸ | ～わけじゃない |　（ゲンキニールは）効き目がないわけじゃないけど、……

・テニスは、もう20年くらいやっています。上手なわけじゃないですけど。
・心配事があるわけじゃないが、最近、眠れない日が続いている。
・（　　　　　　　　）わけじゃないけど、甘いものはあまり食べません。

나쁘다고 생각하는 것을 다른 것과 비교한다

❹ | Ｖ くらいなら、～ |　そんなの飲むくらいなら、その分いいメシを食え。

・食べたいものを我慢するくらいなら、死んだほうがマシだ。
・「歯医者に行くくらいなら、虫歯のままでいい」と思うほど、歯医者が嫌いだ。
・仕事のストレスで体を壊すくらいなら、（　　　　　　　　）と思う。

▶ **한자어**

읽는 법과 뜻을 확인하세요. 키보드나 스마트폰을 이용해 입력해 봅시다.

効く　疲れ　研究所　本当　迷う　治る　頼る　成分　原因　医者
き　　つか　けんきゅうじょ　ほんとう　まよ　なお　たよ　せいぶん　げんいん　いしゃ

◆ 「医者」의 「～者」처럼 사람을 표현하는 한자에는 그밖에 「～師」「～家」「～手」「～士」등이 있습니다. 이런 한자
いしゃ　　しゃ　　　　　　　　　　　　　　し　　か　　しゅ　し
가 붙는 단어를 생각해 봅시다.

⭐ Can-do를 체크하세요

Can-do **15**　건강 관리법에 대해 구체적으로 소개하겠 기사를 인터넷 게시판 등에 쓸 수 있다.

1　인터넷 질문 사이트에 여러분이 알고 있는 건강 관리법을 써 봅시다.

（1）　질문 사이트에 투고된 질문을 읽어 봅시다. 3_69

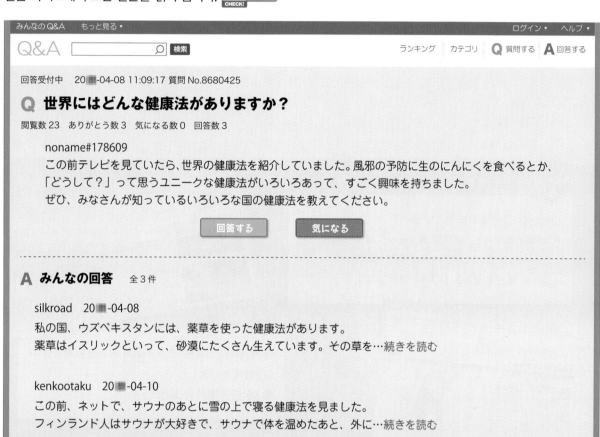

（2）　위 질문에 답변을 써 봅시다.

2　다른 사람의 글을 읽어 봅시다. 어떤 건강 관리법인지 이해하겠습니까?

 Can-do를 체크하세요

教室の外へ

わたしだけの
フレーズ

토픽과 관련해 일본어로 말해 보고 싶은 것은 무엇입니까?
나에게만 필요한 일본어 표현을 메모해 봅시다.

（例） 毎朝、血圧を下げる薬を飲んでいます。尿酸値と血糖値も高めです。
　　　 まいあさ　けつあつ　さ　くすり　　　　　　　にょうさんち　けっとうち

❶

인터넷에서 건강 상태를 체크해 봅시다.

－「健康診断サイト」「健康診断 チェック」로 검색해서,
　けんこうしんだん　　けんこうしんだん
건강 체크를 할 수 있는 사이트를 찾아 봅시다.

－ 실제로 해 보고 결과를 친구와 비교해 봅시다.

karadakara.com

erin.ne.jp

❷

이 토픽에서 소개된 「ラジオ体操」의 모습을 동영상 사
　　　　　　　　　　　たいそう
이트에서 봅시다.

● 여러분도 함께 해 보세요.

❸

여러 나라의 건강 관리법을 조사해 봅시다.

－「エリンが挑戦！ にほんごできます。」(erin.ne.jp)
　　　　　　ちょうせん
16과의 「見てみよう」에서 일본의 건강 관리법을 봅시다.

－ 인터넷에서 「世界の健康法」라고 검색해서 동영상을 봅
　　　　　　　　せかい　けんこうほう
시다.

－ 가까운 사람에게 그 나라의 건강법이나 경험한 다이어
트에 대하여 인터뷰해 봅시다.

❹

인터넷 게시판에서 쓰이는 이모티콘과 아스키 아트의 예
시를 봅시다.

－「顔文字」「アスキーアート」라고 검색해서 이미지를
　かおもじ
봅시다.

⭐ 일본어·일본 문화 관련 체험을 기록해 봅시다.

舞台を見るなら
ぶたい

● 무대 공연(연극, 가극, 춤, 인형극…)을 보러 간 적이 있습니까?

● 지금까지 본 것 중에 좋았던 것이 있습니까?

 PART 1
聞いてわかる
歌舞伎、いいですねえ
かぶき

 PART 2
会話する
楽しめると思いますよ
たの

 PART 3
長く話す
市内の劇場で見ることができます
しない げきじょう

 PART 4
読んでわかる
とっても厳しい世界なんですよ
きび せかい

 PART 5
書く
ぜひご参加ください！
さんか

◉ 準備

1 일본에서 상연되고 있는 다양한 공연 무대 모습입니다. 무슨 공연인지 a-f에서 고르세요. 각각 어떤 특징이 있는지 생각해 봅시다 (예: 기모노를 입었다, 인형을 사용한다…).

①

②

③

④

⑤

⑥

a. 歌舞伎
かぶき
b. 落語
らくご
c. 宝塚
たからづか
d. 文楽
ぶんらく
e. 新喜劇
しんきげき
f. オペラ

> **문화** 여러분 나라에서는 어떤 무대 예술이 인기가 있습니까? 어떤 사람들이 보러 갑니까?
> 세대에 따라 차이가 있습니까?

2 ( ) 안에 들어갈 말을 a－g에서 고르세요. 4_02-06

舞台を見るなら、何がいちばん好きですか？
ぶたい

 私はお芝居をよく見に行きます。映画もいいですけど、やっぱり、役者さんの生の（① c.演技 ）を劇場
　　　　しばい　　　　　　　　　　　　　　　　　　　　　　やくしゃ　　　なま　　　　　えんぎ　　　げきじょう
で見るのがいちばんですね。

 バレエやダンスが好きですね。ダンサーの踊りの（②　　　　　　　）の高さや、情熱、エネルギーなど、
　　　　　　　　　　　　　　　　　　　　　　おど　　　　　　　　　　　　　じょうねつ
いつも感心させられます。
　　かんしん

 月に一度は落語を聞きに行きますよ。落語って、（③　　　　　　　）の言い方だけじゃなくて、身振りや
　　いちど　らくご　　　　　　　　　　　　らくご　　　　　　　　　　　　　　　　　　　　　　　　みぶ
（④　　　　　　　）も大事で、そういうのは、小さな寄席で見るとよくわかるんですよ。イマイチな人もいるけどね。
　　　　　　　　　だいじ　　　　　　　　　　よせ

 歌舞伎や文楽などの（⑤　　　　　　　）的なものが好きです。実は、昔から海老蔵のファンなんですよ。
　　かぶき　ぶんらく　　　　　　　　てき　　　　　　　　　　じつ　むかし　えびぞう

 オペラが好きです。最近は、海外の一流のオペラも日本で見られていいんですが、チケットの（⑥　　　　）は
　　　　　　　　　　さいきん　かいがい　いちりゅう
どうにかしてほしいですね。ちょっといい（⑦　　　　　　）で見たら、もう数万円ですからね。
　　　　　　　　　　　　　　　　　　　　　　　　　　　　　すうまんえん

> a. 技術　　b. 伝統　　c. 演技　　d. 値段　　e. 席　　f. 表情　　g. セリフ
> 　　ぎじゅつ　　　でんとう　　えんぎ　　　ねだん　　せき　　ひょうじょう

◆ 붉은색 글자의 표현에 주목합시다. (A) '긍정적인 것을 말하는' 표현은 어느 것입니까?

(B) '부정적인 것을 말하는' 표현은 어느 것입니까?

3 무대에는 여러 가지 요소가 있습니다. ①-⑥에 대해 코멘트할 때, a-k 중에 어떤 표현을 사용할 수 있나요?

골라 보세요. 그 밖에 알고 있는 표현이 있다면 메모하세요.

① 役者、出演者　やくしゃ しゅつえんしゃ
② 衣装　いしょう
③ 舞台設備、セット　ぶたいせつび
④ 演出　えんしゅつ
⑤ 音楽　おんがく
⑥ ストーリー

> a. うまい　　b. 豪華な　　c. 現代的な　　d. 派手な　　e. おもしろい　　f. 迫力がある
> 　　　　　　ごうか　　　げんだいてき　　　はで　　　　　　　　　　　　　　はくりょく
> g. わかりにくい　　h. きれいな　　i. かっこいい　　j. シンプルな　　k. 泣ける
> 　　　　　　　　　　　　　　　　　　　　　　　　　　　　　　　　　　　　な

PART 1 歌舞伎、いいですねえ
（かぶき）

● 여러분은 가부키에 대해 어떤 이미지를 가지고 있습니까?

ある国（日本以外の国）で、友人同士が
（いがい）　　　　　　（ゆうじんどうし）
部屋に集まって話しています。
（へや　あつ）

歌舞伎を見てみようかなって
（かぶき）
思ってるんですけど…。

① 北村
（きたむら）
② 野口
（のぐち）
③ 杉本
（すぎもと）
④ 高木
（たかぎ）

1 네 사람의 이야기를 듣고, 여러분
이라면 무엇을 보러 갈 것인지 생각해 봅시다.

（1） 네 사람은 전통적인 가부키에 대하여 어떻게 말하고 있습니까? a–c에서 고르세요. 🔊 4_08-11

① 北村 （ a ）　　② 野口 （ 　 ）　　③ 杉本 （ 　 ）　　④ 高木 （ 　 ）
（きたむら）　　　　（のぐち）　　　　　（すぎもと）　　　　（たかぎ）

> a. すすめている　　　b. すすめていない　　　c. ほかのものをすすめている

（2） ① 北村 씨, ② 野口 씨의 이야기를 다시 한 번 들어 봅시다. 두 사람은 가부키의 어떤 점에 대해 코멘트하고
（きたむら）　　（のぐち）
있습니까? 해당하는 것을 체크합시다. 🔊 4_08-09

① 北村（きたむら）		② 野口（のぐち）	
□ セリフ	□ 舞台の仕掛け（ぶたい　しか）	□ セリフ	□ 舞台の仕掛け（ぶたい　しか）
□ 役者の演技（やくしゃ　えんぎ）	□ 衣装や化粧（いしょう　けしょう）	□ 役者の演技（やくしゃ　えんぎ）	□ 衣装や化粧（いしょう　けしょう）
□ 音楽	□ 時間の長さ	□ 音楽	□ 時間の長さ
□ 踊り（おど）		□ 踊り（おど）	

◆ 다시 한 번 듣고 체크한 포인트에 대해 두 사람이 어떻게 말하는지, 알게 된 것을 다른 사람과 이야기해 봅시다.

（3） ② 野口 씨, ③ 杉本 씨 ④ 高木 씨의 이야기를 다시 한 번 들어 봅시다. 세 사람은 무엇을 추천하고 있습니까?
（のぐち）　　（すぎもと）　（たかぎ）
그것은 어떤 것이라고 설명하고 있습니까? 또 추천하는 이유를 아래에서 고르세요. 🔊 4_09-11

	② 野口（のぐち）	③ 杉本（すぎもと）	④ 高木（たかぎ）
すすめているもの（ 説明（せつめい） ）	スーパー歌舞伎（かぶき） （ 新しい歌舞伎（かぶき） ）	（ 　 ）	（ 　 ）
理由（りゆう）	b, d		

> a. ストーリーがドラマチックで退屈しない（たいくつ）　　b. 動きがあって演出が派手（うご　えんしゅつ　はで）　　c. 歌や踊りが豪華できれい（うた　おど　ごうか）
> d. セリフがわかりやすい　　e. 笑いも涙もある（わら　なみだ）　　f. 本当に楽しい（ほんとう　たの）　　g. 役者がかっこよくてすてき（やくしゃ）

2 듣기 전략

상대의 이야기에 관심이 있는지 없는지를 나타낸다

（1） 대화의 일부를 다시 한 번 들어 봅시다. 듣는 사람은 이야기를 듣고 뭐라고 말했습니까? 🔊 4_12-13

③ 杉本　…宝塚は逆に、役者さんが全員女性で、男性の役も全部女性が演じるんですよ。（★ a. へー　）。
すぎもと　たからづか　ぎゃく　やくしゃ　ぜんいんじょせい　だんせい　やく　ぜんぶじょせい　えん

…1回見たらぜったい、すぐにファンになりますよ。（★ b.　　　）。
かい

…歌や踊りもあって、それが豪華できれいで。（★ c.　　　）。
うた　おど　　ごうか

これも日本が誇れる舞台芸術だなあって思いますね。（★ d.　　　）。
ほこ　ぶたいげいじゅつ

④ 高木　：…関西っていえば、お笑いなんですよ。（★ e.　　　）。
たかぎ　かんさい　わら

…大阪なんばの劇場に行けば、毎日やってるんですよ。本当に、楽しいですよ。（★ f.　　　）。
おおさか　げきじょう　ほんとう　たの

毎回、必ずちょっと泣かせるプロットが入ってて、まさに笑いあり、涙ありなんです。（★ g.　　　）。
まいかい　かなら　な　わら　なみだ

◆ ③과 ④를 비교하여 듣는 사람의 감정의 차이를 생각해 봅시다. 또, 말투를 확인해 봅시다. 🔊 4_14-15

> ③ へー　　そうなんですか　　そうですかあ

> ④ はあ　　ふーん　　ああ、そうですか…

（2） 위에 ③ 杉本씨의 이야기에 관심이 없는 경우 어떻게 말합니까? 또 ④ 高木씨이 이야기에 흥미가 있는 경우 어떻게 말
すぎもと　　　　　　　　　　　　　　　　　　　たかぎ

합니까? ★ 부분을 자유롭게 말해 봅시다. 🔊 4_16-17

3 소개된 것 중에서, 보러 가고 싶은 것이 있습니까?

■ 네 사람의 이야기를 정리합시다 . （　） 안에 들어갈 말을 골라 적절한 형태로 바꾸세요 . 🔊 CHECK! 4_18-21

（1）歌舞伎には、いろいろな（① 楽しみ ）方がある。衣装や化粧がきれいで、舞台の仕掛けも
かぶき　　　　　　　　たの　　　かた　　いしょう　けしょう　　　ぶたい　しか

おもしろい。いろいろな日本の楽器を使い、雪の音まで太鼓で（②　　　　）。役者の演技にも、
がっき　つか　ゆき　おと　たいこ　　　　　やくしゃ　えんぎ

（③　　　　）の動きがあって、おもしろい。
うご

| 独特 | 楽しむ | 表現する |
| どくとく | たの | ひょうげん |

（2）野口さんは、歌舞伎を一度（④　　　　）ことがあるが、長くて、動きがあまりなく、セリフばかり
のぐち　かぶき　いちど　　　　　　　　　　　うご

だったので、眠くなってしまった。イヤホンガイドを（⑤　　　　）が、よくわからなかった。一方、
ねむ　　　　　　　　　　　　　　　　　　　　　　　いっぽう

スーパー歌舞伎は、動きもあるし、演出が（⑥　　　　）で、
かぶき　うご　　えんしゅつ

セリフもわかりやすいらしい。

| 派手 | 借りる | 見に行く |
| はで | か | |

（3）宝塚は、役者が全員女性で、女性が（⑦　　　　）男性が、かっこよくてすてきだ。ストーリーも
たからづか　やくしゃ　ぜんいんじょせい　じょせい　　　　　　だんせい

ドラマチックだから（⑧　　　　）し、歌や踊りもあって、（⑨　　　　）できれいだ。歌舞伎と
うた　おど　　　　　　　　　　　かぶき

比べても、ぜんぜん負けていない。
くら　　　　　　　ま

| 豪華 | 演じる | 退屈する |
| ごうか | えん | たいくつ |

（4）関西といえば、お笑いだ。高木さんのおすすめは、新喜劇だ。ギャグが（⑩　　　　）のお芝居で、
かんさい　わら　たかぎ　　　　　　　しんきげき　　　　　　　　　　しばい

本当に楽しい。毎回、必ずちょっと（⑪　　　　）プロットが
ほんとう　たの　まいかい　かなら

（⑫　　　　）いて、笑いあり涙ありだ。
わら　なみだ

| 中心 | 入る | 泣く |
| ちゅうしん | | な |

⭐ Can-do를 체크하세요

PART **2** 楽しめると思いますよ
たの

会話する

Can-do 17 연극 등의 상연 목록, 티켓 예약 방법, 관람 매너와 즐기는 법 등, 질문에 답하여 자세하게 정보를 제공할 수 있다.

● 여러분은 오페라 등의 무대를 보러 간 적이 있습니까. 그 때 티켓은 어떻게 구매했습니까?.

ドイツの大学の研究室で、カタリーナさんと今井教授が話しています。
けんきゅうしつ　　　　　　　　　　　　　　　　　　いまいきょうじゅ

カタリーナ（ドイツ）
ケルンの大学の講師。日本語を教えて
こうし
いる。クラシック音楽が趣味。
しゅみ

今井（日本）
いまい
日本の大学の教授。1年間のサバティ
きょうじゅ
カル（研究休暇）でドイツに来て、ケ
けんきゅうきゅうか
ルンの大学で研究している。
けんきゅう

1 두 사람의 대화를 들어 봅시다. 스크립트를 보지 않고 다음 사항에

주의하며 들어 봅시다. 🔊 4_23

① 今井教授はドイツでオペラを見に行ったことがありますか。
いまいきょうじゅ

② 今井教授はカタリーナさんに、どんなことを質問しましたか。
いまいきょうじゅ　　　　　　　　　　　　　　　　　　　　しつもん

2 스크립트를 보면서 들어 봅시다. 🔊 4_23

（1）두 사람은 보통체와 정중체 중 어느 쪽을 사용하고 있습니까? 그리고,

누가 누구에게 경어를 사용하고 있습니까? 그 이유는 무엇입니까?

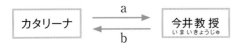

```
          a
カタリーナ ─────→ 今井教授
          b       いまいきょうじゅ
      ←─────
```

（2）（　　）안에 들어갈 말을 써 넣으세요.

◆ 어떤 의미와 기능이 있다고 생각합니까?

今井	：カタリーナさん、カタリーナさんって、けっこうクラシック音楽、お好きだそうですね？
カタリーナ	：ええ。どうしてですか？
今井	：実は、ドイツにいる間に、1回、本場のオペラに行ってみたくて。 じつ　　　　　　　　あいだ　　かい　ほんば
カタリーナ	：ああ、いいですねえ。
今井	：それで、いろいろ教えていただきたいんですけど。 おし
カタリーナ	：どうぞどうぞ、なんでもおっしゃってください。
今井	：えっと、オペラのチケットって、どうやって買うんですか？ 劇場の窓口に行って買うのがいいんですかね？ げきじょう　まどぐち
カタリーナ	：チケットの買い方ですか？ そうですねえ、劇場で買えば簡単で早いですけど、インターネットでも げきじょう　　かんたん　はや 買えますよ。席も選べますし。 せき
今井	：そうですか。でも、演目とかも、あまりよくわからなくて…。 えんもく
カタリーナ	：演目も、ホームページを見ればわかりますよ。ちょっとお調べしましょうか？ えーと、今月は、 えんもく　　　　　　　　　　　　　　　　　　　　　　　しら 前半が『カルメン』、後半がワーグナーの『ワルキューレ』ですね。 ぜんはん　　　　　　　こうはん
今井	：あ、『カルメン』は知ってます。有名ですよね。でも、（①　　　　　　　　　　）ドイツに来てるんだから、 し　　　　　　ゆうめい ドイツのオペラのほうがいいかなあ。

カタリーナ：そうですよね、こういうのはやっぱり地元のものを見る（②　　　　　　　　）よね。

『ワルキューレ』ならちょっと長いけど、音楽もすごくドラマチックだし、いいと思いますよ。

ただ、ストーリーがちょっと複雑なので、まえもって予習されるといいかもしれません。

今井　　：そうですか。で、チケットは、インターネットで予約したら、劇場の窓口で受け取れるんですか?

カタリーナ：それでもいいですけど、紙のチケットを受け取る（③　　　　　　　　）、自宅でバーコードを

印刷して持って行けば、そのままチケットとして使えるんですよ。

今井　　：へー、便利なんですね。あ、それから、オペラに行くときって、

みんなちゃんとした格好をして行かないといけないんですかね?

カタリーナ：服装ですか? そうですねえ、まあ、土地によっては、みんな

ドレス着たり礼服着たりするところもありますけど、ケルンは

もう少しカジュアルな感じですね。若い人（④　　　　　　　）、

けっこうラフな格好の人もいますよ。でもまあ、

（⑤　　　　　　　）、ネクタイぐらいして行かれれば、

まわりの雰囲気に溶け込めて、楽しめると思いますよ。

今井　　：そうですか、ありがとうございます。じゃあ、ネクタイ、

買わないと。

3 ▶ 회화에 도움이 되는 문법·문형

기회를 살리는 것을 말한다

　　<u>せっかく</u>ドイツに来てるんだから、ドイツのオペラのほうがいいかなあ。　→ ❶

　　<u>せっかくだから</u>、ネクタイぐらいして行かれれば、……楽しめると思いますよ。　→ ❶

가장 좋다고 생각하는 것을 말한다

　　こういうのはやっぱり地元のものを<u>見るにかぎります</u>よね。　→ ❷

다른 선택지를 제시한다

　　紙のチケットを<u>受け取るかわりに</u>、……印刷して持って行けば、そのまま使えるんですよ。　→ ❸

예를 든다

　　若い人<u>なんか</u>、けっこうラフな格好の人もいますよ。　→ ❹

---

❶　｜　せっかく（～ん）だから　｜　<u>せっかく</u>ドイツに来てるんだから、ドイツのオペラのほうがいいかなあ。

　　　　　　　　　　　　　　　　　<u>せっかくだから</u>、ネクタイぐらいして行かれれば、……楽しめると思いますよ。

（　　）안에 들어갈 말을 고르세요. 🔊 CHECK! 4_24-28

① A：オペラのまえに、ロビーでミニコンサートがあるみたいですね。

　　B：そうですか。じゃあ、せっかくだから、早めに行って（　　a. 聞きましょう　　）か。

85

② A：オペラのプログラム、けっこう高いですね。

B：うん、でも、せっかく来たんだから、（　　　　　　　　　）。

③ A：あ、あそこで劇場のポストカード、配ってるみたいですね。

B：せっかくだから、（　　　　　　　　　）。

④ A：この芝居、ちょっと長いですね。もう帰りませんか？

B：ええ？ せっかくお金を払ったんだから、最後まで
（　　　　　　　　　）よ。

⑤ A：お腹がすきましたね。もう遅いし、夕食は、ファストフードでいいですか？

B：え、でもせっかくおしゃれして来たんだから、ちゃんとしたレストランに（　　　　　　　　　）よ。

> a. 聞きましょう　　b. 入りましょう　　c. もらってきましょう　　d. 買っていきましょう　　e. 見ていきましょう

❷ | ～にかぎる | こういうのはやっぱり地元のものを<u>見るにかぎり</u>ますよね。

N ／ V (사전형) **にかぎる**

「～にかぎる」를 사용해 말해 봅시다. 🔊 4_29-33

① オペラは、3階席で見るのがいちばんいい。

→ オペラは、3階席にかぎりますね。／3階席で見るにかぎりますね。

② バレエはチャイコフスキーがいちばんいい。

③ お笑いは大阪がいちばんいい。　→

④ 歌舞伎は、歌舞伎座で見るのがいちばんいい。　→

⑤ 疲れたときは、モーツァルトを聞くのがいちばんいい。　→

❸ | ～（の）かわりに | 紙のチケットを<u>受け取るかわりに</u>、……印刷して持って行けば、そのまま使えるんですよ。

N の ／ V (사전형) **かわりに**

「～かわりに」를 사용해 말해 봅시다. 🔊 4_34-38

① ケルンではスケジュールが合わなかったので、オペラは見に行きませんでしたが、コンサートに行きました。

→ ケルンではスケジュールが合わなかったので、<u>オペラを見に行くかわりに</u>コンサートに行きました。

② オペラのあと、レストランには行きませんでした。テイクアウトを買って帰りました。

→ オペラのあと、＿＿＿＿＿＿＿＿＿＿＿テイクアウトを買って帰りました。

③ チケットは劇場の窓口で買わなくてもいいです。インターネットで予約できます。

→ チケットは、＿＿＿＿＿＿＿＿＿＿＿インターネットで予約できます。

④ 今日は劇場まで車で来たから、ワインじゃなくて、ジュースにしました。

→ 今日は劇場まで車で来たから、＿＿＿＿＿＿＿＿＿＿＿ジュースにしました。

⑤ 昨日のコンサートでは、パイプオルガンを使わないで、電子オルガンで演奏していました。

→ 昨日のコンサートでは、＿＿＿＿＿＿＿＿＿＿＿電子オルガンで演奏していました。

❹ N なんか　　若い人なんか、けっこうラフな格好の人もいますよ。
わか　　　　　　　　　　　　　　　　かっこう

무엇에 대하여 말하고 있는지 그림을 고르세요. 🔊 4_39-43

① a　　　　　② 　　　　　③ 　　　　　④ 　　　　　⑤

a.　　　　　b.　　　　　c.　　　　　d.　　　　　e.

◆ 그림을 보며 대화를 해 봅시다.

4 말하기 전략

상대의 질문을 확인한다

(1) 84-85쪽 대화의 스크립트를 보세요. 今井교수가 다음 질문을 한 뒤, カタリーナ 씨는 어떻게 말했습니까?

　① 「えっと、オペラのチケットって、どうやって買うんですか？　劇場の窓口に行って買うのがいいんですかね？」
　　　　　　　　　　　　　　　　　　　　　　　　　　　　げきじょう　まどぐち
　② 「あ、それから、オペラに行くときって、みんなちゃんとした格好をして行かないといけないんですかね？」
　　　　　　　　　　　　　　　　　　　　　　　　　　　かっこう

(2) 다음과 같은 질문을 받으면 어떻게 말하여 확인하겠습니까? 🔊 4_44-46

　① オペラって、いくらぐらいするんですか？

　② オペラを見るときって、みなさんいつ夕食をとるんでしょうか？
　　　　　　　　　　　　　　　　　　ゆうしょく

　③ ××さんは、どんなオペラがお好きなんですか？

발음

인토네이션의 기능

(1) 다음 ___의 말은 어떤 인토네이션으로 발음됩니까? 🔊 4_47

　　カタリーナ：インターネットでも買えますよ。席も選べますし。
　　　　　　　　　　　　　　　　　　　　せき

　　今井　　　：そうですか。
　　いまい

(2) 다음 ___의 말은 어떤 의미입니까? (1)과 어떤 차이가 있는지 듣고 생각해 봅시다. 🔊 4_48-50

　　a. カタリーナ：席はもう全部売り切れですね。
　　　　　　　　　せき　　ぜんぶう　き

　　　今井　　　：そうですか…。

　　b. カタリーナ：今日の演奏、あまりよくなかったですね。
　　　　　　　　　　　えんそう

　　　今井　　　：そうですか？　私は楽しめましたよ。
　　　　　　　　　　　　　　　　　たの

　　c. カタリーナ：このオペラハウスは、250年前に建てられたんですよ。
　　　　　　　　　　　　　　　　　　　　　　た

　　　今井　　　：そうですか、すごいですね。

　　イントネーションは、疑問を表したり、感情を表したりするいろいろな働きがあります。
　　　　　　　　　　ぎもん　あらわ　　　かんじょう　あらわ　　　　　　　　はたら

(3) 인토네이션에 주의하며 발음해 봅시다.

5 롤 플레이를 통해 회화 연습을 합시다.

(1) 롤 플레이에 앞서 다시 한 번 스크립트를 보고 생각해 봅시다. カタリーナ 씨가 다음과 같은 이야기를 하는 것은 어느 부분입니까? 각각 표시를 해 보세요.

[A] オペラのチケットの買い方や受け取り方について、説明している。

[B] オペラの演目について、説明している。

[C] オペラに行くときの服装について、説明している。

◆ 어떤 표현을 사용하고 있습니까?

(2) 카드를 보고 연습합시다.

① (a)의 장면에서 (例) 뒤에 이어질 내용을 생각해 봅시다.

(a) 職場の同僚がオペラを見に行きたいそうです。演目やチケットの買い方、着ていく服、その日の夕食などについて、同僚の質問に答えていろいろ教えてあげましょう。

(例) A：今度、オペラに行ってみようと思うんですけど、ちょっと質問してもいいですか?

B：どうぞどうぞ。どんなことですか?
……

◆ 대화 예를 들어 봅시다. 🔊 4_51 CHECK!

② (b)의 장면에서 롤 플레이를 합시다.

(b) あなたの国にいる日本人が、あなたの国の演劇／音楽／伝統芸能／ショー…を見に行きたいと言っています。質問に答えながら、演目、チケットの買い方や、マナー、楽しみ方などを教えてあげてください。

⭐ **Can-do**를 체크하세요

長く話す

Can-do 18　자기 나라의 전통 예능과 무대, 쇼 등에 대하여 특징과 볼거리 등을 어느 정도 자세하게 설명할 수 있다.

● 여러분 나라에는 외국인 관광객이 자주 보러 가는
전통 예술이나 무대, 쇼 등이 있습니까?

出張でベトナムに来た小野さんに、ナムさんが
しゅっちょう　　　　　　　　おの
ホテルのロビーでスケジュールを説明しています。
　　　　　　　　　　　　　　　　せつめい

1 두 사람의 대화를 들어 봅시다. 🔊 4_53

> 金曜日の夜は、仕事のあとで「水上人形劇」にお連れしますね。
> きんようび　よる　　しごと　　　　すいじょうにんぎょうげき　　　つ

水上人形劇ですか？
すいじょうにんぎょうげき

> ええ、水の上を舞台にして、そこでする人形劇です。
> 　　　　　　　ぶたい　　　　　　　　　　にんぎょうげき
> ……………………………………………………………………。

ナム

小野
おの

> へー、それは楽しみです。
> 　　　　　　たの

수상 인형극(水上人形劇)은 어떤 것이라고 설명하고 있습니까?
　　　　　すいじょうにんぎょうげき

① どうやって人形を動かしていますか。
　　　　　　にんぎょう　うご
② いつごろ、どこで始まったものですか。
　　　　　　　　　はじ
③ 現在は、どこで見られますか。
　げんざい
④ すすめる理由は何ですか。
　　　　りゆう

2 다시 한 번 듣고 (　　)에 알맞은 말을 쓰세요. 🔊 4_53

어떤 것인지 설명한다

・水の上を舞台にして、（①　　　　　　　）人形劇です。
　　みず　うえ　ぶたい　　　　　　　　　　　にんぎょうげき
・実は、舞台の後ろに人がいて、（②　　　　　　　）が腰まで水に浸かって、人形を動かしているんです。
　じつ　ぶたい　うし　　　　　　　　　　　　　　　　　　　こし　　みず　つ　　　にんぎょう　うご

유래와 역사를 설명한다

・今から1000年以上も（③　　　　　　　）、ベトナム北部の農村で（④　　　　　　　）んですけど、
　いま　　　　　ねんいじょう　　　　　　　　　　　　　　　ほくぶ　のうそん
　（⑤　　　　　　　）は、豊作を祈る意味があったらしいです。（⑥　　　　　　　）、田舎のお祭りでしか見られ
　　　　　　　　　　ほうさく　いの　いみ　　　　　　　　　　　　　　　　　　　　　いなか　まつ
　なかったんですけど、（⑦　　　　　　　）、市内に劇場があって、（⑧　　　　　　　）見ることができます。
　　　　　　　　　　　　　　　しない　げきじょう

추천하는 이유를 말한다

・ストーリーは、ベトナムの民話や農村の生活が（⑨　　　　　　　）になってて、素朴でわかりやすいです。
　　　　　　　　　　　みんわ　のうそん　せいかつ　　　　　　　　　　　　　　そぼく
・1時間で、短い話が10以上（⑩　　　　　　　）、バラエティがあって飽きないですし…。
　じかん　みじか　　　いじょう　　　　　　　　　　　　　　　　　　　あ
・それに、セリフが（⑪　　　　　　　）、ベトナム語がわからなくても楽しめると思います。
　　　　　　　　　　　　　　　　　　　　　　　　たの
・楽器の演奏を聞きながら人形の動きを見ている（⑫　　　　　　　）、楽しいですよ。
　がっき　えんそう　き　　　にんぎょう　うご　み　　　　　　　　　　　　たの

3 스크립트를 보면서 다시 한 번 들어 봅시다. 4_54

水の上を舞台にして、そこでする人形劇です。小さい人形がきれいな衣装を着て踊ったり、亀とか竜が水の中から出てきたりするんですよ。実は、舞台の後ろに人がいて、その人達が腰まで水に浸かって、人形を動かしているんです。今から1000年以上も前に、ベトナム北部の農村で始まったんですけど、えー、もともとは、豊作を祈る意味があったらしいです。昔は、田舎のお祭りでしか見られなかったんですけど、今は、市内に劇場があって、そこで見ることができるんですよ。

えっと…ストーリーは、ベトナムの民話や農村の生活がもとになってて、なんていうのかなあ…素朴で、わかりやすいです。1時間で、短い話が10以上あるので、バラエティがあって飽きないですし…。それに、セリフが少ないから、ベトナム語がわからなくても楽しめると思います。楽器の演奏を聞きながら人形の動きを見ているだけでも、楽しいですよ。　★

◆ 스크립트의 ★ 부분을 쉐도잉해 봅시다. 4_55

4 전통 예능이나 무대, 쇼에 대해 말하는 연습을 합시다. 대화에 나오는 수상 인형극(水上人形劇)에 대해, 아래의 메모를 보면서 스스로 문장을 만들어 말해 보세요.

소개하는 것 : 水上人形劇

① 어떤 것인가

・水の上、舞台 → 人形劇をする
・小さい人形…きれいな衣装、踊る
　亀や竜…水の中から出てくる
・舞台の後ろ、人…人形を動かす

② 유래와 역사

・1000年以上前…ベトナム北部の農村で始まる
　もともと…豊作を祈る
・昔、田舎のお祭り → 今、市内に劇場

③ 추천하는 이유와 볼거리

・ストーリー…ベトナムの民話や農村の生活がもと
　　　　→ 素朴、わかりやすい
・1時間、短い話、10以上 → バラエティ、飽きない
・セリフが少ない → ベトナム語がわからなくても楽しめる
・楽器の演奏、人形の動き…楽しい

◆ 이야기할 때 **2** 의 표현을 사용해 보았습니까?

5 여러분 나라의 전통 예능이나 무대, 쇼 등에 대해 설명해 보세요.

(1) 일본인을 안내하거나 일본인에게 소개하고 싶은 것 등, 하고 싶은 것을 하나 골라 메모를 만듭시다.

소개하는 것 :

① 어떤 것인가

簡単に説明してください。
かんたん　せつめい

② 유래와 역사

いつごろ始まったものですか？　もともとの意味などがありますか？
はじ　　　　　　　　　　　　　　　　　　　　い み

③ 추천하는 이유와 볼거리

どんなところがいいですか？　どんなところを見てもらいたいですか？

(2) 반 친구와 이야기해 봅시다.

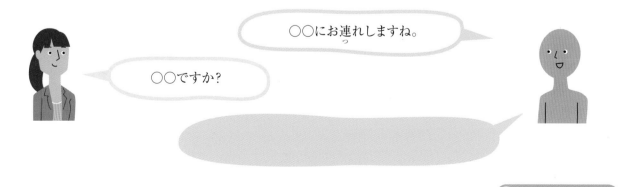

○○にお連れしますね。
つ

○○ですか？

⭐ Can-do를 체크하세요

91

読んでわかる　Can-do **19**　예능 세계를 다룬, 어느 정도 긴 문장을 읽고 내용을 이해할 수 있다.

● 다카라즈카(宝塚)에 대해 알고 있습니까?
たからづか

1 인터넷의 질문 사이트를 읽어 봅시다. 🔊 4_57

(1) 'sochan27221'님이 알고 싶은 것은 어떤 것입니까? 그에 대해 'y2etmics2'님은 어떤 정보를 제공했습니까? 중요하다고 생각되는 부분에 밑줄을 그어 보세요.

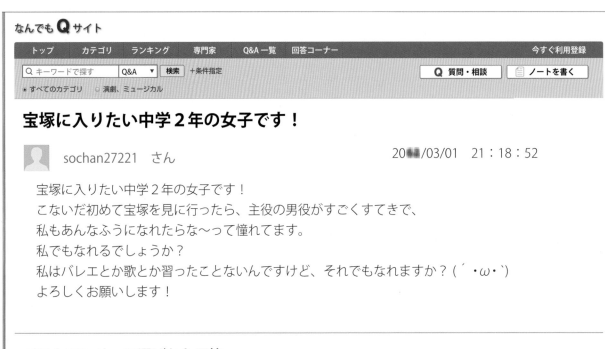

なんでも **Q** サイト

| トップ | カテゴリ | ランキング | 専門家 | Q&A 一覧 | 回答コーナー | | 今すぐ利用登録 |

🔍 キーワードで探す　| Q&A ▼ | 検索 | +条件指定　　　　　　　　　　　　　Q 質問・相談　　📄 ノートを書く
● すべてのカテゴリ　○ 演劇、ミュージカル

宝塚に入りたい中学2年の女子です！

👤 sochan27221　さん　　　　　　　　　20■■/03/01　21：18：52

宝塚に入りたい中学2年の女子です！
こないだ初めて宝塚を見に行ったら、主役の男役がすごくすてきで、
私もあんなふうになれたらな～って憧れてます。
私でもなれるでしょうか？
私はバレエとか歌とか習ったことないんですけど、それでもなれますか？（´・ω・｀）
よろしくお願いします！

ベストアンサーに選ばれた回答

👤 y2etmics2　さん　　　　　　　　　20■■/03/02　13：11：28

タカラジェンヌ（宝塚の人のことです）になれるのは、宝塚音楽学校の卒業生だけです。宝塚音楽学校の入試は毎年3月にありますが、応募資格があるのは、中学卒業後の15歳から18歳までだけです。競争率20倍以上、「東の東大、西の宝塚」と言われるほどの超難関です。合格するには、専門のスクールに通って、バレエとか歌とかやらないと、まず無理ですね。
そして、ここで2年間、厳しいレッスンを受けて卒業した人だけが、宝塚の舞台に立てるのです。　**A**

主役をやっている男役はトップスターと呼ばれます。トップスターになるって本当に大変なんですよ。宝塚には5つの組があって、組ごとに公演がありますが、トップスターは各組に一人しかいません。普通、芝居とかミュージカルとかは、まず演目があって、それに合わせて配役をしますよね？でも、宝塚は違います。トップスターに合わせて上演する演目を選んで、トップスターが輝けるように演出をするんです。宝塚の魅力はトップスターの魅力と言ってもいいと思います。
でも、女性が男性を演じるって難しいし、ほとんどのトップスターは宝塚音楽学校に入学してからトップスターになるまでに10数年はかかっています。才能や容姿に恵まれて、若いうちに将来有望と注目された人が、長い間努力してやっとなれるのがトップスターなんです。　**B**

> タカラジェンヌは長い長い道を経て、ようやく舞台で輝けるんです。しかも、トップスターになれるのは本当に一握りの人だけです。とっても厳しい世界なんですよ。
>
> あなたがトップスターになれるかどうかなんて、誰にもわかりません。本気でなりたいんだったら、こんなところで質問している場合じゃないと思います。 **C**

（2）**A** 와 **B** 를 읽어 봅시다, 각각의 부분에서 'y2etmics2'님이 전하고 싶은 것은 어떤 것입니까? a-f에서 하나씩 고르세요.

> a. 女性が男性を演じる難しさ　　b. タカラジェンヌになるためのシステム　　c. 宝塚音楽学校の生活
> d. トップスターになる大変さ　　e. トップスターの魅力　　f. 宝塚音楽学校の入学試験の内容

내용과 맞는 것에는 ○, 다른 것에는 ✕를 쓰세요.

① 大学を卒業してからでも、宝塚音楽学校に入れる。　　　　　　　（　　　）
② 宝塚音楽学校の入試には、バレエや歌の試験がある。　　　　　　（　　　）
③ どんな演目でも、主役はトップスターが演じる。　　　　　　　　（　　　）
④ 才能があれば、宝塚音楽学校を卒業してすぐにトップスターになれる。（　　　）
⑤ 宝塚には、5人のトップスターがいる。　　　　　　　　　　　　　（　　　）

（3）**C** 부분에서 'y2etmics2'님이 'sochan27221'님에게 말하고자 하는것은 어떤 것입니까?

2 읽기 전략

사용된 말에서 글쓴이의 태도를 추측한다

……<u>超難関</u>です。………<u>まず無理</u>ですね。……<u>厳しい</u>レッスンを受けて卒業した<u>人だけ</u>が……
……<u>やっとなれる</u>のがトップスターなんです。

……<u>ようやく</u>舞台で輝けるんです。……<u>本当に一握りの人だけ</u>です。<u>とっても厳しい</u>世界なんですよ。
あなたがトップスターになれるかどうか<u>なんて</u>、<u>誰にもわかりません</u>。

> ずいぶん強い表現がたくさんある…。どうしてこの人はこんな言い方をするのかな。

本気でなりたいんだったら、こんなところで質問している場合じゃないと思います。

> 自分で何も調べないで、「なれるでしょうか?」と安易に質問しているような人を、批判してるんだろうなあ。

> 使われている表現やことばには、その人の気持ちや態度が表れているんだね！

3 여러분 나라의 전통 예능이나 무대 예술은 어떤 식으로 사람을 육성합니까? 「宝塚」와 비슷한 점이나 다른 점이 있습니까?

4 읽기에 도움이 되는 문법·문형

목적을 나타낸다

❶ | V には |

合格_{ごうかく}するには、専門_{せんもん}のスクールに通_{かよ}って、バレエとか歌_{うた}とかやらないと、まず無理_{むり}ですね。

・歌舞伎_{かぶき}のチケットを<u>買_かうには</u>、どうすればいいでしょうか。
・宝塚大劇場_{たからづかだいげきじょう}に<u>行_いくには</u>、宝塚駅_{たからづか}で電車_{でんしゃ}を降_おりて、そこから10分_{ぷん}ぐらい歩_{ある}く。
・役者_{やくしゃ}として成功_{せいこう}するには、（　　　　　　）だけでなく、（　　　　　　　）も重要_{じゅうよう}だ。

'그 상태 중에'라는 의미를 나타낸다

❷ | ～うちに |

若_{わか}いうちに将来有望_{しょうらいゆうぼう}と注目_{ちゅうもく}された人が、長_{なが}い間努力_{あいだどりょく}してやっとなれるのがトップスターなんです。

・「元気_{げんき}なうちにたくさん歌舞伎_{かぶき}を見_みたい」という祖母_{そぼ}を連_つれて、歌舞伎座_{かぶきざ}に行_いってきた。
・<u>日本_{にほん}に住_すんでいるうちに</u>、日本の伝統芸能_{でんとうげいのう}をいろいろ見_みてみたいと思_{おも}っています。
・（　　　　　　　　）うちに、ぜひ（　　　　　　　　）たい。

긍정인지 부정인지 나타낸다

❸ | ～かどうか |

あなたがトップスターに<u>なれるかどうか</u>なんて、誰_{だれ}にもわかりません。

・演劇_{えんげき}は、脚本_{きゃくほん}が<u>いいかどうか</u>がとても大切_{たいせつ}だ。
・俳優_{はいゆう}の人気_{にんき}は、演技_{えんぎ}が<u>上手_{じょうず}かどうか</u>とはあまり関係_{かんけい}がないように思_{おも}う。
・東京_{とうきょう}に行_いって女優_{じょゆう}になりたいのですが、（　　　　　　）かどうか不安_{ふあん}です。

지금 하는 것을 바로 그만두고 다른 것을 하는 게 좋다고 말한다

❹ | V て（い）る場合_{ばあい}じゃない |

本気_{ほんき}でなりたいんだったら、こんなところで<u>質問_{しつもん}している場合_{ばあい}じゃない</u>と思_{おも}います。

・あと5分_{ふん}で始_{はじ}まりますよ。ゆっくりワインなんか<u>飲_のんでる場合_{ばあい}じゃない</u>でしょう。
・<u>迷_{まよ}ってる場合_{ばあい}じゃない</u>よ。チケットは、すぐ売_うり切_きれちゃうから。
・明日_{あした}は発表会_{はっぴょうかい}だから、（　　　　　　　　　）場合_{ばあい}じゃない。

한자어

읽는 법과 뜻을 확인하세요. 키보드나 스마트폰을 이용해 입력해 봅시다.

主役 しゅやく	応募 おうぼ	無理 むり	舞台 ぶたい	呼ぶ よ	組 くみ	公演 こうえん	各～（各組） かく　かくくみ
普通 ふつう	努力（する） どりょく						

◆「こうえん」이라고 읽는 한자어는 「公演_{こうえん}」외에도 「公園_{こうえん}」과 「講演_{こうえん}」등이 있습니다. 이처럼 읽는 법이 동일한 한자어는 그 밖에 어떤 것이 있습니까?

★ **Can-do**를 체크하세요

書く

1 여러분의 나라나 마을에서 개최되는 행사에 일본인을 안내하는 전단지를 만들어 봅시다.

(1) 일본문화센터 게시판에 있는 전단지를 봅시다. 4_59

水上人形劇に行きませんか?

日本文化センター 日本語中級クラスのメンバーと水上人形劇に
行きませんか? ベトナムの伝統文化を いっしょに 楽しみましょう!

　　日時：12月1日 (土) 17:00～17:50

　　参加費： ■■■■ ドン (チケット代)

　　　※ 終わったあとに、近くのお店で食事会をします。

水上人形劇は、水の上を舞台にして、小さい人形が音楽に合わせて踊るベトナムの伝統的な
人形劇です。ストーリーもわかりやすく、動きも おもしろいので、見ているだけでも 十分楽しめます。
ご希望があれば、私たちが ストーリーの 説明もします。
お誘いあわせの上、ぜひ ご参加ください!
参加希望の方、ご質問のある方は、下のメールアドレスに ご連絡ください。

　　連絡先： ■■■■ @ gmail.com

(2) 여러분의 나라나 마을에서 개최되는 행사를 하나 골라 내용과 볼거리를 알 수 있도록 전단지를 만들어 봅시다. 그룹을
지어 만들어도 좋습니다.

2 다른 사람이 쓴 안내를 읽고 코멘트합시다. 또, 기회가 있다면 이와 같은
행사를 실제로 기획해서 일본인을 초청해 봅시다.

⭐ Can-do를 체크하세요

わたし だけの フレーズ

토픽에 관련해 일본어로 말해 보고 싶은 것은 무엇입니까?
나에게만 필요한 일본어 표현을 메모해 봅시다.

(例)・私のいちばん好きなオペラは、プッチーニの「蝶々夫人」です。
　　　　　　　　　　　　　　　　　　　　　　ちょうちょうふじん
・オペラの題名：「椿姫」「魔笛」「神々の黄昏」「さまよえるオランダ人」「魔弾の射手」…
　　だいめい　つばきひめ　まてき　かみがみ　たそがれ　　　　　　　　　　　　まだん　しゃしゅ

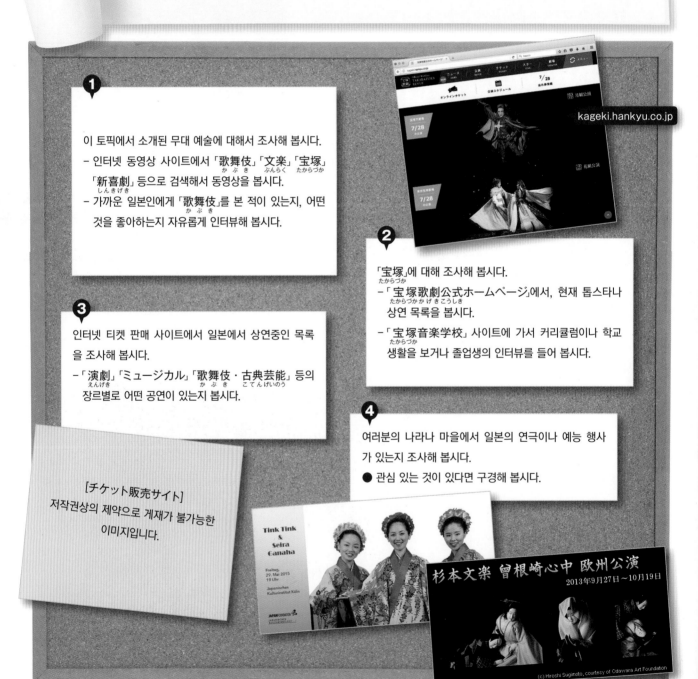

1

이 토픽에서 소개된 무대 예술에 대해서 조사해 봅시다.
- 인터넷 동영상 사이트에서 「歌舞伎」「文楽」「宝塚」
　　　　　　　　　　　　　　　かぶき　ぶんらく　たからづか
「新喜劇」 등으로 검색해서 동영상을 봅시다.
　しんきげき
- 가까운 일본인에게 「歌舞伎」를 본 적이 있는지, 어떤
　　　　　　　　　　かぶき
　것을 좋아하는지 자유롭게 인터뷰해 봅시다.

kageki.hankyu.co.jp

2

「宝塚」에 대해 조사해 봅시다.
たからづか
-「宝塚歌劇公式ホームページ」에서, 현재 톱스타나
　たからづかかげきこうしき
　상연 목록을 봅시다.
-「宝塚音楽学校」 사이트에 가서 커리큘럼이나 학교
　たからづか
　생활을 보거나 졸업생의 인터뷰를 들어 봅시다.

3

인터넷 티켓 판매 사이트에서 일본에서 상연중인 목록
을 조사해 봅시다.
-「演劇」「ミュージカル」「歌舞伎・古典芸能」 등의
　えんげき　　　　　　　　　かぶき　こてんげいのう
　장르별로 어떤 공연이 있는지 봅시다.

[チケット販売サイト]
저작권상의 제약으로 게재가 불가능한
이미지입니다.

4

여러분의 나라나 마을에서 일본의 연극이나 예능 행사
가 있는지 조사해 봅시다.
● 관심 있는 것이 있다면 구경해 봅시다.

Tink Tink & Seira Ganaha
Freitag, 29. Mai 2015 19 Uhr
Japanisches Kulturinstitut Köln

杉本文楽 曾根崎心中 欧州公演
2013年9月27日～10月19日

(c) Hiroshi Sugimoto, courtesy of Odawara Art Foundation

★ 일본어・일본 문화 관련 체험을 기록해 봅시다.

身近なニュース
みぢか

TOPIC 5

- ● 최근에 신경이 쓰이는 뉴스가 있습니까?
- ● 어떤 장르의 뉴스를 자주 봅니까?

聞いてわかる

PART 1

逮捕されました
たいほ

会話する

PART 2

火事だそうですよ
かじ

長く話す

PART 3

市のホームページで見たんですけど…
し

読んでわかる

PART 4

外国人観光客向けアプリが話題に
かんこうきゃくむ　　　　　わだい

書く

PART 5

ニュースをシェア

準 備

1 아래의 뉴스를 봅시다. 각각의 뉴스는 어떤 미디어로 보고 있습니까? 또한, 거기에서 다루어 지고 있는 뉴스는 어떤 장르입니까? 각각 아래의 ア-カ, a-g에서 고르세요.

① ② ③

④

⑤

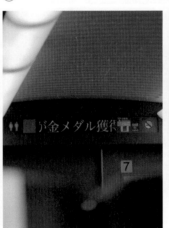

⑥

メディア

ニュースのジャンル

ア. 新聞 しんぶん	イ. テレビ
ウ. 雑誌 ざっし	エ. 電車の車内ニュース しゃない
オ. ニュースサイト（PC）	
カ. SNS のニュースサービス（スマホ）	

a. 社会 しゃかい	b. 政治 せいじ	c. 経済 けいざい
d. 国際 こくさい	e. スポーツ	
f. 文化・エンタメ ぶんか	g. 天気・自然・災害 しぜん さいがい	

文化 여러분의 나라에서는 뉴스를 볼 때, 주로 어떤 미디어가 이용되고 있습니까?

( ) 안에 들어갈 말을 a-g에서 고르세요. 5_02-06

> 最近、何か気になったニュースがありますか?
> さいきん

 この間、近所のコンビニに (① a. 強盗) が入ったんですよ。すぐに (②) されたみたいです
あいだ きんじょ ごうとう
けど、怖いですよね。
こわ

 昨日テレビで桜の開花予想を見たんですけど、今年は早くて、(③) は 3 月下旬だそうですね。
きのう さくら かいかよそう はや げじゅん
お花見が楽しみです。
はなみ たの

 中央道でまた事故があったでしょ。トラックとトラックがぶつかったんだって。そのせいで、昨日は半日も
ちゅうおうどう じこ きのう はんにち
(④) になって、すごい (⑤) だったよ。勘弁してほしいよなあ。
かんべん

 ネットで見たんですけど、スーツケースにカメを入れて (⑥) しようとしたペット業者が、空港
ぎょうしゃ くうこう
でつかまったって。ひどい話ですよね。

 なんといっても、昨日のラグビーです。日本代表があそこまで (⑦) するとは思ってません
きのう だいひょう
でした。やってくれましたね。

a. 強盗	b. 密輸	c. 活躍	d. 逮捕	e. 見頃	f. 渋滞	g. 通行止め
ごうとう	みつゆ	かつやく	たいほ	みごろ	じゅうたい	つうこうど

◆ 붉은색 글자의 표현에 주목합시다. (A) '긍정적인 코멘트'는 어느 것입니까? (B) '부정적인 코멘트'는 어느 것입니까?

5

뉴스 사이트를 봅시다. ① - ⑤와 같은 경우, ⓐ - ⓕ의 어디를 보면 됩니까?

① 写真や映像のあるニュースを見たいとき ② ほかにどんなニュースがあるのか見たいとき
しゃしん えいぞう
③ よく読まれているニュースを見たいとき ④ 特定のニュースを探したいとき
とくてい さが
⑤ 昔のニュースを見たいとき
むかし

PART **1** 逮捕されました
たいほ

聞いてわかる

Can-do **21** 일상생활에서 일어나는 테마에 대한 짤막한 뉴스를 듣고 요점을 이해할 수 있다.

インターネットのニュースサイトで、日本のニュースを見ています。

● ①-④는 어떤 뉴스라고 생각합니까? 듣기 전에 사진과 표제어를 보고 생각해 봅시다.
그리고 생각한 것을 메모하세요.

①
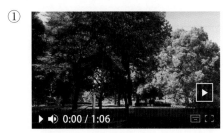

▶ ◀ 0:00 / 1:06

大阪の公園でチベットのサル発見　ペットが逃亡か？
(██ 年 ██ 月 ██ 日) 社会

(例)
・大阪の公園で
おおさか　こうえん
チベットのサル
が発見された
はっけん
・このサルはペッ
トで、逃亡した
とうぼう
・サルはつかまった

②

▶ ◀ 0:00 / 1:04

**コンビニ強盗　お化けに驚き
現行犯逮捕**
(██ 年 ██ 月 ██ 日) 社会

③

▶ ◀ 0:00 / 1:05

**北アルプスの紅葉　今月いっぱ
いが見頃　テントの花が咲く**
(██ 年 ██ 月 ██ 日) 社会

④

▶ ◀ 0:00 / 1:08

**あおぞら国際マラソン　アニメ
キャラクター、外国人ランナー
も力走**
(██ 年 ██ 月 ██ 日) スポーツ

1 뉴스의 요점을 들어 봅시다.

(1) ①-④의 뉴스의 앞부분만 들어 봅시다. 위에서 생각한 것 중에서 듣고 확인된 것에 밑줄을 그어 보세요.

🔊 5_08-11

(例) ・大阪の公園でチベットのサルが発見された
　　　おおさか　こうえん　　　　　　　　　はっけん
　　・このサルはペットで、逃亡した
　　　　　　　　　　　　とうぼう
　　・サルはつかまった

(2) 아래의 단어는 (1)에서 들은 부분에 나온 말입니다. 어느 뉴스와 관련이 있는지 ①-④로 나누어 봅시다. 그 후, 다시
한 번 들으며 확인합시다. 🔊 5_08-11

① 通報　捕獲　　　②　　　　　　　③　　　　　　　④
　つうほう　ほかく

| 通報 | 覆面 | 定員 | 捕獲 | 刃物 | 招待選手 | 最盛期 | 錦の風景 | 現金 |
| つうほう | ふくめん | ていいん | ほかく | はもの | しょうたいせんしゅ | さいせいき | にしきのふうけい | げんきん |

◆ 위의 단어를 어떻게 말했습니까? 알게 된 것을 다른 사람과 이야기해 봅시다.

2 듣기 전략

질문을 생각하면서 듣는다

（1）①-④의 뉴스 뒤에 어떤 정보가 제공되리라 생각합니까? 듣기 전에 예측해서 질문의 형태로 세 가지 써 보세요.

①

（例）

・このサルはペット？

・チベットから輸入（ゆにゅう）？

・なぜ大阪の公園（おおさか　こうえん）に？

②

③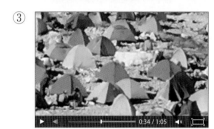

④

（2）위（1）에서 생각한 질문을 보면서 뉴스의 다음 부분을 들어 봅시다. 질문에 대한 대답이 있는지 체크하세요.

🔊 5_12-15

◆ 마지막으로 뉴스 전체를 들어 보세요. 그리고 알게 된 것을 다른 사람과 이야기해 봅시다. 🔊 5_16-19

5

3 여러분은 지금까지 비슷한 뉴스를 들은 적이 있습니까?

■ 네 개의 뉴스를 정리합시다.（　　）안에 들어갈 말을 골라 적절한 형태로 바꾸세요. 🔊 5_20-23 CHECK!

（1）大阪府（おおさかふ）の公園（こうえん）で、金色（きんいろ）のサルが捕獲（ほかく）された。サルはキンシコウという種類（しゅるい）で、絶滅危惧種（ぜつめつきぐしゅ）に（① 指定（してい））
され、輸入（ゆにゅう）や飼育（しいく）は法律（ほうりつ）で（②　　）されている。警察（けいさつ）では、闇（やみ）ルートで（③　　）され、ペット
として飼（か）われていたサルが、逃（に）げ出（だ）したものではないかと見ている。

｜ 指定（してい）　禁止（きんし）　密輸（みつゆ） ｜

（2）今日未明（きょうみめい）、新宿区（しんじゅくく）のコンビニに、覆面（ふくめん）をした男が押（お）し入（い）った。男は、店員（てんいん）を刃物（はもの）で（④　　）、
現金約（げんきんやく）47,000円を（⑤　　）が、警察官（けいさつかん）に現行犯逮捕（げんこうはんたいほ）された。
男は、（⑥　　）を全面的（ぜんめんてき）に認（みと）めている。

｜ 容疑（ようぎ）　奪（うば）う　脅（おど）す ｜

（3）北アルプスの涸沢（からさわ）では、紅葉（こうよう）が最盛期（さいせいき）を迎（むか）えている。今年の紅葉（こうよう）は（⑦　　）よりも1週間ほど
早（はや）く、今が（⑧　　）。大勢（おおぜい）の登山客（とざんきゃく）が訪（おとず）れ、紅葉（こうよう）を楽（たの）しんで
いる。紅葉（こうよう）は、今月いっぱいが（⑨　　）だそうだ。

｜ 見頃（みごろ）　ピーク　例年（れいねん） ｜

（4）「あおぞら国際（こくさい）マラソン」が行（おこな）われ、24,000人が（⑩　　）した。なかには、アニメのキャラクター
や動物（どうぶつ）の着（き）ぐるみ姿（すがた）のランナーもいて、（⑪　　）を集（あつ）めた。
外国語ボランティアの（⑫　　）も目立（めだ）った。

｜ 活躍（かつやく）　参加（さんか）　注目（ちゅうもく） ｜

⭐ Can-do를 체크하세요

● 최근에 여러분의 동네에서 화재나 사고가 난 적이 있습니까?

オレーナさんは、ウクライナにある日系企業のオフィスで
にっけいきぎょう
同僚の中井さん、上司の高須さんと、3人で話しています。
どうりょう なかい じょうし たかす

オレーナ（ウクライナ）
キエフの日系企業で働く会社員。日本
にっけいきぎょう はたら かいしゃいん
語は学生時代に勉強した。
じだい べんきょう

中井（日本）
なかい
日本から赴任して働いている駐在員。
ふにん はたら ちゅうざいいん
自宅から会社まで、車で通勤している。
じたく つうきん

高須（日本）
たかす
日本から赴任して働いている、キエフ
ふにん はたら
事務所の所長。
じむしょ しょちょう

1 세 사람의 대화를 들어 봅시다. 스크립트를 보지 않고 다음 사항에

주의하며 들어 봅시다. 🔊 5_25

① 中井さんは、どうして遅刻して来ましたか。
なかい ちこく
② 橋は、どのような状態ですか。いつ直りますか。
はし じょうたい なお

2 스크립트를 보며 들어 봅시다. 🔊 5_25

（1） 세 사람은 보통체와 정중체 중 어느 쪽을 사용하고 있습니까? 이유는 무엇입니까?
또 中井 씨는 어떤 경우에 보통체를 사용합니까?
なかい

オレーナ（　　　　　　　） 中井（　　　　　　　）
なかい
高須（　　　　　）
たかす

（2）（　　）안에 들어갈 말을 쓰세요.

◆ 어떤 의미와 기능이 있다고 생각합니까?

中井 ：おはようございます。遅くなりました。
おそ
高須 ：おはよう。どうしたの？道が混んでた？
こ
中井 ：そうなんですよ。すごい渋滞にあっちゃって。
じゅうたい
オレーナ：ああ、ニュースでやってましたね。南の橋が…交通止め？
はし こうつうど
中井 ：通行止め？
つうこうど
オレーナ：そう、通行止めになったって。火事だそうですよ。
つうこうど かじ
高須 ：ああ、私も見た。
中井 ：そうなんですか？知らなかったな。
し
オレーナ：橋の下に工場があったでしょう？あの工場が火事になったんですよ。風が強かった（①　　　　　）、
はし こうじょう こうじょう かじ かぜ つよ
その火が大きくなって、橋のほうにまで広がったらしいです。
はし ひろ
中井 ：へー、そうなんですか。
オレーナ：ニュース（②　　　　　　　）、工場は全部燃えて、けが人も10人以上出たそうですよ。テレビで
こうじょう ぜんぶ も いじょう
見ましたけど、橋は真っ黒になってて、消防車の…泡？が一面に広がってました。
はし ま くろ しょうぼうしゃ あわ いちめん ひろ

高須　　：けっこう大きな火事だったんだね。

中井　　：ああ、その（③　　　　　　　　　　）、あんなに渋滞してたんですね。

オレーナ：大変でしたね。でも、火事にあわなくて、よかったですよ。

高須　　：でも、そんな大きな火事だったら、橋が直るまでしばらく時間がかかるってこと？

オレーナ：ええ。完全に直すのには半年以上かかるって言ってました。かなり大変な工事なんでしょうね。

中井　　：マジですか！　半年？　勘弁してほしいなあ、もう。半年もこんな状態が続くんでしょうか…。

オレーナ：いえ、橋はとりあえず簡単に修理して、車だけは通れるようにするらしいですよ。通行止めは
　　　　　3週間ぐらいで解消される（④　　　　　　　　　　）って言ってました。

中井　　：それでも3週間もかかるのかあ。

オレーナ：3週間で通れるようになるなら、早いと思いますよ。

高須　　：んー、できるだけ早く家を出てもらうしかないかもね。

　　　　　まあ、時間については、べつにうるさく言わないから、

　　　　　状況を見ながら気をつけて出勤して。

中井　　：まいったなあ、もう…。

3　大화에 도움이 되는 문법·문형

원인을 말한다

　　風が強かったせいで、その火が大きくなって、橋のほうにまで広がったらしいです。→ ❶
　　そのせいで、あんなに渋滞してたんですね。→ ❶

정보의 출처를 나타낸다

　　ニュースによると、工場は全部燃えて、けが人も10人以上出たそうですよ。→ ❷

앞으로의 일을 예상한다

　　通行止めは3週間ぐらいで解消される見込みだって言ってました。→ ❸

들은 이야기를 전한다

　　火事だそうですよ。→ 初級2 14課
　　橋はとりあえず簡単に修理して、車だけは通れるようにするらしいですよ。→ 中級1 トピック5

❶　～せいで　　風が強かったせいで、その火が大きくなって、橋のほうにまで広がったらしいです。
　　　　　　　　そのせいで、あんなに渋滞してたんですね。

　　Nの
　　イAい／かった
　　ナAな／だった　　せいで
　　V（보통체）

다음 ①-⑤의 원인은 무엇입니까? a-e에서 골라「～せいで」를 사용해 말해 봅시다. 5_26-30

① (c. 山道でトレッキングポールが折れたせいで)、転倒して足を骨折、ヘリで病院に運ばれました。

② ( )、この温泉の露天風呂は今年から有料化されました。

③ ( )、リンゴなどの農作物に大きな被害が出ました。

④ ( )、この制度はほとんど利用されていません。

⑤ ( )、高速道路は今も渋滞しています。

a. 先週末の台風　　b. 関越トンネルでの事故　　c. 山道でトレッキングポールが折れました
d. 利用者のマナーが悪いです　　e. 手続きが複雑です

0円→300円

◆ 그림을 보며「～せいで」를 사용해 말해 봅시다.

❷ N によると　　ニュースによると、工場は全部燃えて、けが人も10人以上出たそうですよ。

「～によると」를 사용하여 문장을 만들어 봅시다. 5_31-35

① 今日は暑くなります。　→ 天気予報によると、今日は暑くなるそうです。

② 東京で地震がありました。　→

③ 駅前のデパートが秋に閉店します。　→

④ 日本では今、変な歌がはやっています。　→

⑤ 世界で日本語を学ぶ人は増えています。　→

❸ V 見込みだ　　通行止めは3週間ぐらいで解消される見込みだって言ってました。

V（辞書形／ない形）＋ 見込みだ

次のa-eからことばを選んで、「～見込みだ」の形にして言いましょう。 5_36-40

① 明日の夜から、激しい雨が（ d. 降る見込みだ ）って言ってました。

② 今年の紅葉は、例年よりも早めに（ ）って言ってました。

③ 今年は円安なので、去年より外国人観光客が（　　　　　　　　）って言ってました。

④ 事故のため、電車は 15 分ぐらい（　　　　　　　　）って言ってました。

⑤ 新しい橋の完成は、予定の 4 月には（　　　　　　　　）って言ってました。

- a. なります　　b. 遅れます　　c. 増えます　　d. 降ります　　e. 間に合いません

---

4 말하기 전략

자신이 없는 말을 의문형으로 적당히 말해 본다

(1) 102쪽 회화를 보세요. オレーナ 씨는「通行止め」라는 말을 할 때, 어떻게 말했습니까? 그 때, 그것을 들은 中井 씨는 어떻게 했습니까?

(2) 회화 속에서 オレーナ 씨는「泡」라는 말을 할 때 어떻게 말했습니까?

(3) 다음 ●●라는 말에 자신이 없을 때 어떻게 말합니까?

① たくさんの●● （例 : 消火車？／防火車？／消水車？／消防車？…） が 来ていました。

② 渋滞は夜までには●● （例 : かいしゅう？／かいそう？／かいさん？／かいしょう？…） されると思います。

◆ 대화 예를 들어 봅시다. 🔊 5_41-44

| 自信がないことばを、疑問調で適当に言ってみる | ⟶ 間違っている ⟶ 聞き手に訂正してもらう
⟶ 正しい ⟶ 聞き手が肯定する |

발음

문장의 포커스와 인토네이션의 정점 (2)

(1) 문장 전체의 인토네이션에 주의하며 들어 봅시다. 🔊 5_45-48

はんとしいじょう かかるって いってました。

くるまだけは とおれる ように するらしいです。

さんしゅうかんぐらいで かいしょうされる みこみだって いってました。

문장 중간에 포커스 (새로운 정보나 상대에게 알려주고 싶은 정보) 가 없는 경우에는 중간에서 높이지 말고 낮은 상태로 발음하여 문장 전체에서 하나의 정점을 만듭니다. (　　는 포커스가 있는 부분)

(× 　 はんとしいじょう かかるって いってました。)

(2) 인토네이션에 주의하며 발음해 봅시다.

5 롤 플레이를 통해 회화 연습을 합시다.

（1） 롤 플레이에 앞서 다시 한 번 회화 스크립트를 보고 생각해 봅시다.

① オレーナ 씨의 이야기 속에서 다음의 부분은 어디인지 표시해 보세요.

A テレビで見たニュースを伝えている。

B 自分の考えやコメントを話している。

◆ 각각의 부분에서는 어떤 표현을 썼습니까?

② A 부분 중 다음의 내용은 어디에 있습니까? 표시해 보세요.

a. 火事の場所　　b. 火事が広がった原因　　c. 火事の被害や現場の様子　　d. 今後についての情報

◆ 위의 a-d 중, 상대의 질문에 답해서 말하고 있는 것은 어느 것입니까?

（2） 카드를 보고 연습합시다.

① (a)의 장면에서 (例) 뒤에 이어질 내용을 생각해 봅시다. 자신이 정보를 제공하거나 질문에 답하며 이야기합시다. 그리고, 자신의 생각이나 코멘트도 넣어 봅시다.

(a) 今朝、近くの工場で火事があったことを、テレビのニュースで見ました。火事の原因、被害や現場の様子、影響など、ニュースで言っていたことを、ほかの人に教えましょう。相手の人は、いろいろ質問してください。

（例） A ： 今朝、川沿いの工場で大きな火事があったそうですね。

　　　 B ： え、そうなんですか？

　　　 ……

◆ 대화 예를 들어 봅시다. 5_49

② (b)의 장면에서 롤 플레이를 합시다.

(b) あなたの町で事故／事件があったことを、テレビのニュースで見ました。そのニュースについて、ほかの人に教えましょう。相手の人は、いろいろ質問してください。

★ Can-do를 체크하세요

PART 3 市のホームページで見たんですけど…

Can-do 23 자기 나라나 지역 등의 뉴스에 대해 어느 정도 자세하게 내용과 그 배경 등을 설명할 수 있다.

● 최근 뉴스 중에 일본인 친구나 지인에게 알려주고
싶은 것이 있습니까?

ジェイクさんは、日本語補習校(ほしゅうこう)の子どもの
迎(むか)えの時間に、ほかの親(おや)と話しています。

1 대화를 들어 봅시다. 🔊 5_51

> 知(し)ってますか? 今度(こんど)、ごみを捨(す)てるのに
> お金(かね)を払(はら)わなくちゃいけなくなるそうですね。

> えっ、そうなんですか?

> 市(し)のホームページで見(み)たんですけど、………………。

ジェイク

> そうですね。

쓰레기 버리는 방법에 대해 어떻게 말하고 있습니까?

① ごみ捨(す)ての方法(ほうほう)は、どう変(か)わりますか。
② ごみを捨(す)てる人は、どうやってお金(かね)を払(はら)いますか。
③ お金(かね)を払(はら)って捨(す)てなければならないのは、a - c のうちどれですか。

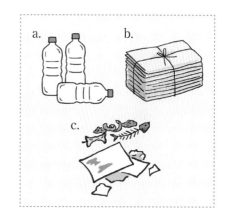

a.　　　　　　b.

c.

2 다시 한 번 듣고 (　　)에 알맞은 말을 쓰세요. 🔊 5_51

뉴스를 간단하게 정리하여 전한다

今度(こんど)、ごみを捨(す)てるのにお金(かね)を払(はら)わなくちゃいけなくなる(①　　　　　　) ね。

뉴스 내용을 설명한다

< 要点(ようてん) > 市(し)のホームページ(②　　　　　　　)んですけど、来年から、ごみ捨(す)ての方法(ほうほう)が(③　　　　　　)よ。
　家庭(かてい)から出る燃えるごみは、市(し)が決めた有料(ゆうりょう)のごみ袋(ぶくろ)に入れて出す(④　　　　　　)。

< 詳細情報(しょうさいじょうほう) > ごみ袋(ぶくろ)は、スーパーや店で買うんですが、大きさ(⑤　　　　　　) 値段(ねだん)が違(ちが)う(⑥　　　　　　)。
　で、その袋(ぶくろ)に入れないと、ごみを持(も)って行ってもらえなくなる(⑦　　　　　　)よ。

< 背景(はいけい) > (⑧　　　　　　)、紙(かみ)とかペットボトルとかのリサイクルごみは、ほかの燃(も)えるごみと分(わ)けて出さなくちゃ
　いけなかったんですけどね。(⑨　　　　　　)、面倒(めんどう)で、分けないで出す人が多かったみたいで…。(⑩　　　　　　)、
　もっとリサイクルが進(すす)むように、燃(も)えるごみを捨(す)てるのに、お金(かね)を取(と)ることにしたって書いてありました。

< 補足情報(ほそくじょうほう) > (⑪　　　　　　) は、今度(こんど)、市(し)からお知らせのパンフレットが配(くば)られる(⑫　　　　　　)。

3 스크립트를 보면서 다시 한 번 들어 봅시다. 🔊 5_52

今度、ごみを捨てるのにお金を払わなくちゃいけなくなるそうですね。市のホームページで見たんです
けど、来年から、ごみ捨ての方法が変わるそうですよ。家庭から出る燃えるごみは、市が決めた有料の
ごみ袋に入れて出すことになるそうです。ごみ袋は、スーパーや店で買うんですが、大きさによって
値段が違うみたいです。で、その袋に入れないと、ごみを持って行ってもらえなくなるらしいですよ。
まえから、紙とかペットボトルとかのリサイクルごみは、ほかの燃えるごみと分けて出さなくちゃいけなかったん
ですけどね。でも、面倒で、分けないで出す人が多かったみたいで…。それで、もっとリサイクルが進むように、
燃えるごみを捨てるのに、お金を取ることにしたって書いてありました。えっと…くわしいことは、今度、市から
お知らせのパンフレットが配られるらしいです。まあ、面倒だけど、分けなくちゃ仕方ないですね。

◆ 스크립트의 ★ 부분을 쉐도잉해 봅시다. 🔊 5_53

4 뉴스를 설명하는 연습을 합시다. 대화에서 화제가 되었던 뉴스에 대해, 아래의 메모를 보면서 스스로 문장을 만들어 말
해 보세요.

뉴스 : ごみを捨てるのにお金を払わなくてはいけなくなる

① 뉴스의 요점

市のホームページ：来年から、ごみ捨ての方法が変わる
→ 燃えるごみ…市が決めた有料のごみ袋に入れて出す

② 상세 정보

ごみ袋… スーパー、店で買う
　　　　大きさによって値段が違う
袋に入れない
　　→ ごみを持って行ってもらえなくなる

③ 배경

まえから… 紙、ペットボトル（リサイクルごみ）
　　　　燃えるごみと分けて出す
→ 面倒、分けないで出す
リサイクルが進むように！
　　→ 燃えるごみ … お金を取る

④ 보충 정보

くわしいこと…市からお知らせのパンフレット

⑤ 코멘트

面倒だけど、仕方ない

◆ 말할 때 **2**의 표현을 사용해 보았습니까?

5 여러분 나라의 뉴스를 일본인에게 알려 주세요.

（1） 최근 뉴스 중에 친구나 지인에게 이야기하고 싶었던 것을 하나 골라 메모를 만듭시다. ③과 ④의 부분은 뉴스 내용에 맞춰 이야기 양을 조절하세요.

뉴스 :

---

① 뉴스의 요점

どんなニュースか簡単にまとめてください。
　　　　　かんたん

---

② 상세 정보

そのニュースのもう少しくわしい内容は？
　　　　　　　　　　　　　ないよう

---

③ 배경

そのニュースを理解するために知っておいた
　　　　　　　りかい　　　　　し
ほうがいいことがありますか？

---

④ 보충 정보

今後の見込みや影響などは？
こんご　みこ　　えいきょう

---

⑤ 코멘트

（2） 반 친구와 이야기해 봅시다.

知ってますか？ …………………………そうですね。
し

えっ、そうなんですか？

Can-do를 체크하세요

● 여러분은 인터넷 뉴스 사이트를 이용합니까? 일본 사이트를 본 적이 있습니까?

1 뉴스 사이트 기사를 읽어 봅시다.   5_55

(1) 기사의 표제를 보고 어떤 뉴스인지 생각해 봅시다. 기사에 어떤 정보가 쓰여 있습니까?
질문의 형태로 세 가지 적어 봅시다. (예: 무엇이 가능한 앱(app)인가…)

(2) 위 (1)에서 생각한 세 가지 정보가 본문에 쓰여 있는지 읽어 봅시다. 쓰여 있을 경우, 어디에 있는지 표시해 보세요.

実際にアプリを利用した人たちからは、「今までとは違う日本旅行ができた」「日本のイメージが変わった」と好評で、「一般の日本人の生活を見てみたい」「クーポンの種類を増やしてほしい」などの要望も届いているという。　　D

対応言語は、英語、中国語、韓国語。また、最近旅行者が増えているタイ、インドネシアへの対応も決定し、計5言語に対応することになる。現在の対象エリアは東京23区、京都、大阪のみだが、今後エリアを拡大していく予定だ。　　E

（3）기사 중에서 A – E 의 부분에는 각각 어떤 것이 쓰여 있습니까? 아래의 ア-オ에서 고르세요.

A （　イ　）　　B （　　）　　C （　　）　　D （　　）　　E （　　）

> ア．アプリが作られた背景（はいけい）　　イ．ニュースの大まかな内容（ないよう）　　ウ．アプリを使った人からの反応（はんのう）
> エ．アプリのこれからの計画（けいかく）　　オ．アプリのくわしい説明（せつめい）

（4）기사 B 부분을 읽어 봅시다. 일본을 방문한 외국인 관광객의 ① 定番のニーズ（ていばん）, ② 最近のニーズ（さいきん）는 어떤 것이라고 쓰여 있습니까? 본문에 밑줄을 그어 보세요.

그리고 ①과 ②의 구체적인 예시를 C 부분을 참고하여 스스로 자유롭게 생각해 봅시다.

① 定番のニーズ（ていばん）

> （例）金閣寺を見に行きたい（きんかくじ）

② 最近のニーズ（さいきん）

> （例）アニメに出てきた場所に行ってみたい（ばしょ）

5

---

2 읽기 전략

표제에서 내용을 예측한다

新たな日本の魅力を発信！リピーター外国人観光客向けアプリ「NippoNavigation」が話題に

> どんなニュースかな？
> リピーター…外国人観光客…アプリ…（かんこうきゃく）

> 記事には、「どんなアプリか」「観光客がアプリをどう使うのか」（きじ）（かんこうきゃく）「アプリはいつ発売されたか」とかが書いてあるんじゃないかな？（はつばい）

> …このアプリ、外国人にはなかなか訪れにくい（おとず）穴場スポットの情報や、お得に買い物ができる（あなば）（じょうほう）（とく　か　もの）クーポン、日本に関するコラムなどを配信している。（かん）（はいしん）

> 「どんなアプリか」は、穴場の情報や、クーポンなどがもらえる（あなば　じょうほう）アプリだ。じゃあ、ほかのことは、どこに書いてあるかな…。

> 見出しを見て予測してから読む（み　だ）（よ　そく）と、読み取りたいことがはっきり（よ　と）して読みやすいんだね！

---

3 여러분의 나라를 여행하는 외국인을 위한 앱(app)을 만든다면 어떤 앱을 만들고 싶습니까?

4 읽기에 도움이 되는 문법·문형

화제를 다룬다

❶ | N に関する N | 日本に関するコラムなどを配信している。

・訪日外国人観光客に関する調査によると、日本旅行の経験が２回以上ある人が増えているそうだ。
・このガイドブックは、（　　　　　　　　　）に関する情報が多く、（　　　　　　　　　）に人気がある。

일반적인 것을 말한다

❷ | N といえば、～ | 外国人の日本旅行といえば、有名観光地、伝統文化、日本料理やショッピングなどが定番だった。

・東京の人気スポットといえば、東京スカイツリーだろう。
・海外でよく知られている日本料理といえば、（　　　　　　）や（　　　　　　）などが一般的だが、
　最近はお好み焼きやラーメンなども人気が高い。

대상을 나타낸다

❸ | N に対して | 外国人観光客に対して、新たな日本の魅力を伝えている。

・日本旅館で外国人が感動するのは、客に対して丁寧で温かい対応をする従業員だという。
・スマートフォンを使っている若者200人に対して、どのようなアプリが欲しいかアンケートを行った。
・外国語を勉強しはじめてから、私の国にいる外国人に対して（　　　　　　）なった。

그것뿐만이 아님을 나타낸다

❹ | N はもちろん、N も | 有名観光地の情報はもちろん、……穴場の情報も配信される。

・このアプリは、日本旅行の予定がある人はもちろん、予定がない人も楽しめると思う。
・海外発の日本ツアーでは、東京や京都はもちろん、北海道や広島、九州なども人気だそうだ。
・（　　　　　　　）を旅行するなら、（　　　　　　　）はもちろん、（　　　　　　　）もおすすめだ。

한자어

읽는 법과 뜻을 확인하세요. 키보드나 스마트폰을 이용해 입력해 봅시다.

| 穴場 | 数 | 増加（する） | 対応（する） | 分析（する） | 一般 |
| あなば | かず | ぞうか | たいおう | ぶんせき | いっぱん |

| 種類 | 届く | ～区（23区） | 拡大（する） |
| しゅるい | とど | く（く） | かくだい |

◆「増加」「拡大」는 뜻이 비슷한 한자 두 개로 되어 있습니다. 이와 같은 한자어는 그밖에 무엇이 있습니까?

★ Can-do をチェックしましょう

PART 5 ニュースをシェア

書く

Can-do 25 관심이 있는 생활 주변의 뉴스를, 내용에 대한 코멘트를 덧붙여 SNS 등에 소개할 수 있다.

1 친구에게 알려 주고 싶은 뉴스에 대해 SNS에 코멘트를 달아 공유합시다.

（1） SNS에서 뉴스가 공유되었습니다. 읽어 봅시다. 5_57

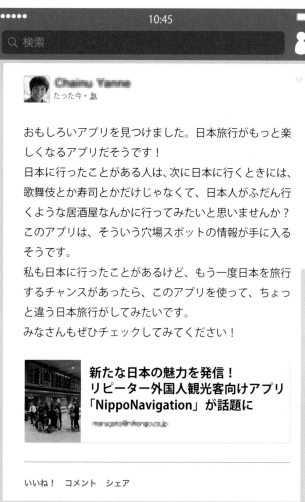

おもしろいアプリを見つけました。日本旅行がもっと楽しくなるアプリだそうです！
日本に行ったことがある人は、次に日本に行くときには、歌舞伎とか寿司とかだけじゃなくて、日本人がふだん行くような居酒屋なんかに行ってみたいと思いませんか？
このアプリは、そういう穴場スポットの情報が手に入るそうです。
私も日本に行ったことがあるけど、もう一度日本を旅行するチャンスがあったら、このアプリを使って、ちょっと違う日本旅行がしてみたいです。
みなさんもぜひチェックしてみてください！

新たな日本の魅力を発信！
リピーター外国人観光客向けアプリ
「NippoNavigation」が話題に

いいね！　コメント　シェア

（2） 여러분도 일본인이나 일본어를 공부하는 친구에게 알려 주고 싶은 뉴스를 하나 골라 간단한 내용 소개와 코멘트를 달아 공유합시다.

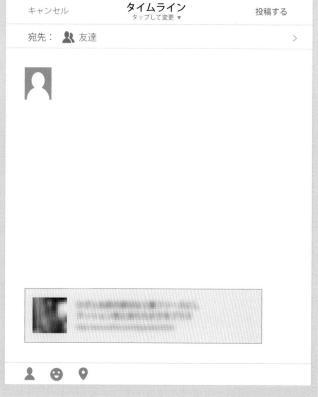

2 다른 사람이 SNS에 쓴 뉴스 소개를 읽어 봅시다. 관심을 가진 뉴스가 있었습니까?

 Can-do를 체크하세요

教室の外へ

わ た し
だ け の
フレーズ

토픽과 관련해 일본어로 말해보고 싶은 것은 무엇입니까?

나에게만 필요한 일본어 표현을 메모해 봅시다.

（例）芸能ニュースは大好きですが、政治や経済のニュースはあまり見ません。
　　　げいのう　　　　　　　　だいす　　　　　　せいじ　けいざい

www3.nhk.or.jp/news/easy/

1

일본의 동영상 뉴스 사이트에서 최신 뉴스를 체크합시다.

- 「NHK NEWS WEB」이나 「Yahoo! ニュース」의 영상을 봅시다. 「NEWS WEB EASY」에서는 쉬운 일본어 뉴스를 볼 수 있습니다.

● 뉴스를 하나 골라 교실에서 소개합시다.

2

일본에서 여러분 나라의 어떤 뉴스가 소개되는지 조사해 봅시다.

- 인터넷의 뉴스 검색에서 여러분의 나라 이름을 넣어서 검색해 봅시다.

3

여러분의 나라에서 발행되는 일본어 신문이나 무가지 광고 신문을 봅시다.

- 어떤 기사가 실려 있는지 제목이나 사진을 보고 생각해 봅시다.
- 관심 있는 뉴스가 있다면 읽어 봅시다.

★ 일본어·일본 문화 관련 체험을 기록해 봅시다.

これが欲しい！
ほ

● 일본 물품 중에 가지고 싶은 것이 있나요?

● 일본 물품을 가지고 싶을 때 어떻게 구매하나요?

◉ 準 備

1 다음은 해외에 거주하는 일본인이, 일본에서 자주 가져가는 물품의 예입니다. 어떤 물품인지 a-f에서 고르세요.

①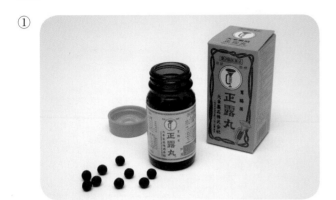

②

③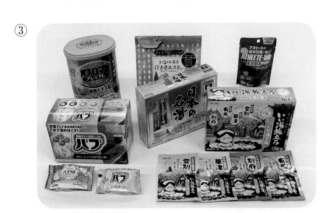

④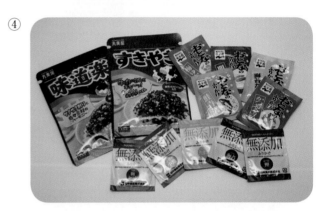

⑤

⑥

a. お弁当を作る道具
　　べんとう　　どうぐ

b. 切りやすいラップ
　　き

c. 風呂のお湯に入れるもの
　　ふろ　　ゆ

d. ご飯にかけて食べるもの
　　はん　　　た

e. 消せるペン
　　け

f. お腹が痛いときの薬
　　なか　いた　　　くすり

문화 일본인이 위와 같은 물품을 해외에 가져가는 이유는 무엇일까요? 여러분 나라의 사람이 외국에 거주할 때 가져가는 것이 있습니까?

> ネットで買い物をしますか？

 ええ。（① a. 価格 ）を比較していちばん安い店で買えるから便利ですよね。それで、洗剤とかシャンプーとかトイレットペーパーとかの日用品をよく買っています。

 水とかお米とか重いものは、たいていネットで注文して（②　　　　）してもらっています。だって、年を取ると荷物を持つのが本当に大変なんですよ。

 私は本を買うことが多いですね。タイトルや作家で（③　　　　）できるし、レビューを読めば（④　　　　）がわかるし。おかげで、最近は書店に行くことが減りました。

 あまり使いません。というのは、まえにネットで洋服と靴を（⑤　　　　）したとき、期待していたものと違ってて、がっかりしたんです。その上、それを（⑥　　　　）しようとしたら、送料がかかって…。

 海外在住なので、日本のものを取り寄せたいときに、よく使います。ただ、海外配送に（⑦　　　　）している店が少ないのが残念です。

| a. 価格 | b. 対応 | c. 評判 | d. 返品 | e. 配達 | f. 購入 | g. 検索 |
| かかく | たいおう | ひょうばん | へんぴん | はいたつ | こうにゅう | けんさく |

◆ 붉은색 글자의 표현에 주의합시다. (A) '결과'를 말할 때 쓰는 표현은 어느 것입니까?

(B) '이유'를 말할 때 쓰는 표현은 어느 것입니까?

6

3 쇼핑 사이트의 상품 광고를 봅시다. ①－④는 아래의 **A**－**D** 중 어디에 들어갑니까?

① プルンとした食感が夏にピッタリ！　新鮮な季節の果物がたくさん入ってます

② 華やかで可愛らしいデザイン♪　初心者さんも安心の「作り帯」をセットに！

③ 人気のロングセラー　自宅でふわふわの氷が簡単に作れます

④ 簡単手軽なケース飾り　箱から出してそのまま飾れます

聞いてわかる   Can-do 26   친숙한 일용품에 대한 대화를 듣고 그것이 어떤 물건인지, 왜 필요한지 이해할 수 있다.

● 외국에서 생활할 때 자기 나라에서 가지고 가고 싶은
물건이 있습니까?

ある国（日本以外の国）に住んでいる友達同士が
いがい　　す　　　　　　　　　　　　　　ともだちどうし
モニカさんの家に集まって話しています。
いえ　あつ

1 네 사람이 대화하고 있습니다. 해외에서 생활할 때
어떤 것이 필요한지 들어 봅시다.

（1） 네 사람이 화제로 삼고 있는 물건을 아래의 a–g에서 고르세요. 🔊 6_08-11

① モニカ（   a   ）   ② 洋子（   ）   ③ 真奈美（   ）   ④ 智子（   ）
ようこ　　　　　　　　　　まなみ　　　　　　　　ともこ

a.   c.   e.   g.

b.   d.   f.

（2） 다시 한 번 들어 봅시다. 네 사람은 위의 물건들을 어떻게 말하고 있습니까? a–d 중에서 해당하는 것을 하나 고르세요.

① モニカ（   d   ）   ② 洋子（   ）   ③ 真奈美（   ）   ④智子（   ） 🔊 6_08-11
ようこ　　　　　　　　　　まなみ　　　　　　　　ともこ

> a. この国では品物自体が売られていない   b. この国でも売られているが、大きさなどが合わない
> 　　しなものじたい　う　　　　　　　　　　　　　　　　　　　　　　　　　　　う　　　　　　　　　　　　　　あ
> c. この国でも売られているが、使い慣れたものがいい   d. この国では使われているが、日本ではあまり使われていない
> 　　　　　　　　う　　　　　　　　つか　な　　　　　　　　　　　　　　　　　　　　　　　　　　　　つか

（3） 다시 한 번 들어 봅시다. 네 사람이 다음의 물품에 대해, 그것이 필요하다/없으면 곤란하다고 하는 구체적인 이유는

무엇입니까? 알게 된 것을 메모합시다. 🔊 6_08-11

① リンゴカッター	② 静電気防止の せいでんきぼうし キーホルダー	③ 葛根湯 （薬） かっこんとう　くすり	④ 靴／歯ブラシ くつ　は
簡単、手が汚れない かんたん　　よご 安全 あんぜん ナイフを使うのが得意 つか　　　とくい じゃない			

◆ 알게 된 것을 다른 사람과 비교해 보세요.

2 듣기 전략

궁금한 것을 질문하며 듣는다

(1) 대화의 일부를 다시 한 번 들어 봅시다. 듣는 사람은 붉은색 글자 부분을 어떻게 말하고 질문했습니까? 6_12-14

　① モニカ　：…そのときは、結局、日本じゃ見つからなくて、母に国から送ってもらったんですよ。
　　　　　　　　（ a. え、わざわざですか？ ）ええ。

　② 洋子　：これはね、静電気防止のキーホルダー。(b.　　　　　　　　？)……
　　　　　　　…あれを防止するの。(c.　　　　　　　　？)……

　③ 真奈美：…私も、風邪薬は葛根湯じゃなきゃダメなんです。(d.　　　　　　　　？)……
　　　　　　　…とくに風邪の引き始めに効くんですよね。(e.　　　　　　　？)……

(2) 다시 한 번 들어 봅시다. 듣는 사람의 a–e 질문에는 어떤 의도가 있습니까?

　アーエ에서 고르세요. 6_12-14

> ア. 本当にそうなのか、確認したい　　　イ. それが何か／どういうことか、説明してほしい
> ウ. どうしてなのか、理由が知りたい　　　エ. どうやって使うのか、具体的に教えてほしい

(3) ④의 스크립트를 사용해 선생님에게 智子 씨 역을 부탁하고 대화해 보세요. 궁금한 것을 자유롭게 질문해 보세요.

3 여러분도 외국에서, 자기 나라 물건 중에 '이것이 있었으면 좋았을 텐데' 라고 느꼈던 적이 있습니까?

6

■ 네 사람의 대화를 정리합시다. (　　) 안에 들어갈 말을 골라 적절한 형태로 바꾸세요. CHECK! 6_15-18

(1) リンゴカッターは、日本ではあまり使われていないようだが、これを使えば簡単だし、手も（① 汚れない ）。
　安全だから、子どもでも（②　　　　　　　）。ナイフを使うのが
　得意じゃないので、これがあると（③　　　　　　　）。

> 使う　助かる　汚れる

(2) 日本にはあるが、この国にはないものもある。たとえば静電気防止のキーホルダーだ。冬の乾燥した
　日に、車や家のドアに（④　　　　　　　）とき、「バチッ」となって（⑤　　　　　　　）ことがある。
　でも、このキーホルダーを使うと、それを（⑥　　　　　　　）
　ことができる。

> 触る　痛い　防止する

(3) 薬、シャンプー、ハンドクリームなどは、使い（⑦　　　　　　　）ものがいいから、日本から買って
　（⑧　　　　　　　）いる。たとえば、風邪のときは、葛根湯がいい。漢方薬だから、体に（⑨　　　　　　　）
　し、副作用も少ない。とくに、風邪の引き始めによく効く。

> 優しい　慣れる　持ってくる

(4) サイズの問題が大きい。たとえば、この国には自分に合うサイズの靴がなく、靴を買いに行くと子ども用の靴を探せ
　と（⑩　　　　　　　）。歯ブラシも、ヘッドがコンパクトで小さいほうが
　（⑪　　　　　　　）やすいのに、どこにも（⑫　　　　　　　）いない。

> 売る　言う　磨く

⭐ Can-do를 체크하세요

会話する

Can-do 27 자신이 갖고 싶은 물품에 대해 그 특징과 갖고 싶은 이유를 어느 정도 자세하게 설명할 수 있다.

● 누군가 일본에서 물건을 사다 준다고 하면 여러분은 무엇을 갖고 싶습니까?

メキシコのパメラさんと、日本の亜紀さんが、ネットで話しています。
亜紀さんは、夏休みにメキシコに旅行に行って、パメラさんの家に
泊めてもらう予定です。

パメラ（メキシコ）
メキシコに住んでいる会社員。昔、スペイン語教師として日本に住んでいたこともある。

亜紀（日本）
パメラさんが日本にいたときからの友人。東京に住んでいる。

1 두 사람의 대화를 들어 봅시다. 스크립트를 보지 않고 다음의 사항에
주의하며 들어 봅시다. 🔊 6_20

① パメラさんは、何を頼みましたか。
② パメラさんが、それが欲しい理由は何ですか。

2 스크립트를 보면서 들어 봅시다. 🔊 6_20

（1） 두 사람은 보통체와 정중체 중 어느 쪽을 사용하고 있습니까?
그리고 그 이유는 무엇입니까?

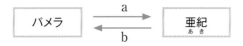

| パメラ | $\xrightarrow{a}$ $\xleftarrow{b}$ | 亜紀 |

（2） （　　　） 안에 들어갈 말을 쓰세요.

◆ 어떤 의미와 기능이 있다고 생각합니까?

亜紀　：…じゃ、来月、よろしくね。

パメラ：うん、楽しみに待ってる。

亜紀　：あ、そうだ。もし何か日本から買っていったほうがいいものがあったら、なんでも言って。買って持っていくから。

パメラ：えー、だいじょうぶだよ。心配しないで。

亜紀　：ううん。だって１週間も泊めてもらうんだから、それぐらいはするよ。

パメラ：そう？ じゃあ…今、すごく欲しいものがあるんだけど…お願いしようかな。

亜紀　：何？ 言って、言って。

パメラ：あのね、たこ焼き器、買ってきて（①　　　　　　　　　）？

亜紀　：えっ、たこ焼き器？ そ、そんなの欲しいの？

パメラ：うん、私、たこ焼き大好きなんだ。こっちだと、タコもあるし、ソースとか、かつお節は日系スーパーで買えるし。でも、たこ焼き器は（②　　　　　　　　　）こっちじゃ売ってないから。

亜紀　：へー、そうなんだー。

パメラ：あと、ネットでいろいろ見たんだけど、たこ焼きだけじゃなくて、アヒージョ
　　　　とかドーナツとかもいろいろ作れるみたいだし。

亜紀　：ふーん、わかった。でも、たこ焼き器（③　　　　　　　　　　）、いろいろ
　　　　種類あるんじゃない？

パメラ：うん。1回に20個ぐらい焼けるやつで… あと、ガスと電気があるんだけ
　　　　ど、電気式のやつをお願い。

亜紀　：電気式ね。でも、日本のものが、そっちで使えるの？

パメラ：うん。電圧は…うちに変圧器あるから、だいじょうぶ。あ、それから、ええと、もし売ってたらで
　　　　いいんだけど、「たこピック」っていうのも、いっしょに買ってきて（④　　　　　　　　　）？

亜紀　：たこピック？ 何？ それ。

パメラ：えっと、たこ焼きを作るときに使う串で、竹の串のかわりになるやつ
　　　　なんだ。柔らかい材料でできてるから、鉄板を傷つけないんだって。

亜紀　：ふーん、じゃ、探してみるね。でも、たこ焼き器って、すごく重かっ
　　　　たり大きかったりしないよね？

パメラ：たぶん、1kg ぐらいだと思う。大きさは…ちょっとわかんない。
　　　　すごく大きかったらごめーん。

亜紀　：はいはい。

6

3 대화에 도움이 되는 문법·문형

의뢰(부탁)한다

　　たこ焼き器、<u>買ってきてもらえない？</u> → ❶

　　「たこピック」っていうのも、いっしょに<u>買ってきてもらってもいい？</u> → ❶

상황을 통해 당연하게 예상할 수 있는 것을 말한다

　　でも、たこ焼き器は<u>さすがにこっちじゃ売ってない</u>から。 → ❷

정보를 추가한다

　　でも、<u>たこ焼き器って言っても</u>、いろいろ種類あるんじゃない？ → ❸

자세히 설명한다

　　<u>1回に20個ぐらい焼けるやつで…</u> → 　中級1　 トピック8

---

❶ | V てもらえない？ | たこ焼き器、<u>買ってきてもらえない？</u>

| V てもらって（も）いい？ | 「たこピック」っていうのも、いっしょに<u>買ってきてもらってもいい？</u>

（1）　日本の友達に「〜てもらえない?」「〜てもらって(も)いい?」를 사용해

부탁해 봅시다. 🔊 6_21-25

①　今度、こっちに来るとき、かき氷器、(買ってきてほしい →
　　買ってきてもらえない／買ってきてもらって（も）いい）？

②　この本、もう絶版なんだけど、たぶん古本屋で売ってるから、
　　(探してほしい →　　　　　　　　　　　　　)？

③　お屠蘇セットが欲しいんだけど、いくらするかわからないんだ。
　　ちょっと(調べてほしい →　　　　　　　　　　　　)？

④　たこ焼き器、部品が足りないみたいなんだけど、
　　(電話して聞いてほしい →　　　　　　　　　　)？

⑤　日本の Amazon で買って、そっちの住所に届けてもらうから、
　　それをこっちに (送ってほしい →　　　　　　　　　　)？

（2）　위 ①-⑤는 정중체로 부탁할 때 어떻게 말합니까? 말해 봅시다. 🔊 6_26-30

　　(例) ①　今度、こっちに来るとき、かき氷器、買ってきてもらえませんか?
　　　　　　　　　　　　　　　　　　　買ってきてもらって（も）いいですか?

❷　| さすがに (〜ない) |　でも、たこ焼き器はさすがにこっちじゃ売ってないから。

(　　) 안에 들어갈 말을 아래에서 골라 「さすがに」를 붙여 말해 봅시다. 🔊 6_31-35

①A：頼まれてた土鍋セット、3kg ぐらいするみたい…。
　B：そうかあ。そんなに重かったら、(b. さすがに運べない) よね。

②A：探してた古本、Amazon で見つけたんだって?
　B：うん、でもプレミアついちゃって、20,000 円だって。
　　　これじゃあ (　　　　　　　　　) なあ。

③A：たこ焼き器、修理できそう?
　B：ううん、もう 10 年も前だから、(　　　　　　　　) って。

④A：昨日言ってたバッグ、注文してから3年待ちだって…。
　B：うん、私も欲しかったけど、(　　　　　　　　)。

⑤A：東京の合羽橋で、日本の包丁買ってきたんだって? どう?
　B：うん、すごく高かったけど、(　　　　　　　　) よ。

合羽橋
かっぱばし

| a. 買えない　　b. 運べない　　c. あきらめた　　d. もう無理だ　　e. よく切れる |

❸　| 〜って言っても、〜 |　でも、たこ焼き器って言っても、いろいろ種類あるんじゃない?

N（だ）
イAい
ナA（だ）　　って言っても、〜
V（普通体）

「～って言っても」を使用して話してみましょう。 6_36-40

①A：お土産に、八ツ橋買ってきてもらっていい？

　B：うん、でも、いろいろな種類があるよ。 → うん、でも、八ツ橋って言っても、いろいろな種類があるよ。

②A：へー、『ハリー・ポッター』のDVDボックス、再発売で安くなったんだね。

　B：うん、でも、全部で10,000円以上するよ。 →

③A：駅前のデパートで、ブランド品のバーゲンやってるよ。

　B：うん、でも、そんなに安くないでしょう？ →

④A：このたこ焼き器、後片付けが楽だって。

　B：うん、でも結局、洗わなきゃいけないんだよね。 →

⑤A：この薬、もし気に入らなかったら返品できるって。

　B：うん、でも、蓋を開けたらダメって書いてある…。 →

4 말하기 전략

주제를 먼저 나타낸다

(1) 121쪽 대화의 스크립트를 보세요. パメラ 씨는 다코야키 기계를 설명할 때 어떻게 말했습니까?

　①亜紀　：でも、日本のものが、そっちで使えるの？

　　パメラ：うん。＿＿＿＿＿＿＿＿うちに変圧器あるから、だいじょうぶ。

　②亜紀　：でも、たこ焼き器って、すごく重かったり大きかったりしないよね？

　　パメラ：たぶん、1kgぐらいだと思う。＿＿＿＿＿＿＿＿ちょっとわかんない。

(2) 다음의 물품을 사다달라고 부탁하고 싶을 때 어떻게 설명하면 좋을까요？ 6_41-42

　（例）浴衣を買ってきてもらえない？ サイズは…

①
できるだけ大きいもの

青は持っているから、
赤かピンク

②
5合まで炊ける

110V - 240V

발음

「ん」의 발음

(1) 「ん」의 발음에 주의하며 들어 봅시다. 6_43

　다음의 말에서 ＿＿의 「ん」은 어떤 소리로 발음됩니까？

　でんあつ（電圧）　へんあつき（変圧器）　てっぱんを（鉄板を）　にまんえん（20,000円）

　모음 앞에 「ん」이 오면 「ん」은 입을 다물지 않은 채 발음합니다(비모음 鼻母音).

(2) 「ん」의 소리에 주의하며 발음해 봅시다.

5 롤 플레이를 통해 회화 연습을 합시다.

(1) 롤 플레이에 앞서 다시 한 번 스크립트를 보고 생각해 봅시다. パメラ 씨가 ① たこ焼き器, ② たこピック에 대해 다음과 같은 이야기를 하는 것은 어느 부분입니까? 각각 표시해 보세요.

① たこ焼き器　② たこピック

A 何を買ってきてほしいか言っている。
B なぜそれが欲しいのか、理由を説明している。
C それがどんなものか、くわしく説明している。

◆ 각각의 부분에서 어떤 표현을 썼습니까?

(2) 카드를 보고 연습합시다.

① (a)의 장면에서 (例) 뒤에 이어질 내용을 생각해 봅시다.

(a) あなたはネットで日本の友達と話しています。友達は、今度あなたの国に来るので、そのときたこ焼き器を買ってきてくれるように、お願いしてください。なぜ欲しいか、理由を説明したり、どんなたこ焼き器が欲しいか、くわしく教えたりしながら頼んでください。

(例) A：日本から買ってきてほしいものがあるんだけど、頼んでもいいかな？
　　B：何？
　　……

◆ 대화 예를 들어 봅시다. 6_44

② (b)의 장면에서 롤 플레이를 합시다.

(b) あなたの国にいる日本人の友達が、夏休みに日本に一時帰国します。あなたが欲しいものを、くわしく説明して、日本から買ってきてもらえるよう、お願いしてください。

★ Can-do를 체크하세요

PART 3 珍しくて喜ばれると思います
めずら　　　　　　よろこ

長く話す　**Can-do 28**　자기 나라의 기념품에 대해 어떤 것이 좋은지, 추천하는 이유와 함께 조언을 할 수 있다.

● 여러분의 나라에 온 사람에게 어떤 기념품을 추천하겠습니까?

池津さんは、今エジプトに出張中です。現地職員の
いけづ　　　　　　　　　　しゅっちょうちゅう　　　　げんちしょくいん
サイードさんにお土産について聞いてみることにしました。
みやげ

1 두 사람의 대화를 들어 봅시다. 🔊 6_46

エジプトのお土産を買って帰りたいんですが、
みやげ　　　かえ
何がいいでしょうか？

池津
いけづ

うーん、お土産ですか。いろいろありますが、
みやげ
・・・・・・・・・・・・・・・・・・・・・・・・・・・・・・・・・・・・・・。

じゃあ、お願いします。
ねが

サイード

아래의 기념품(お土産)을 추천하는 이유를 a–f에서 골라 보세요.
みやげ

① パピルスのしおり　② 香水瓶　③ エジプト綿のタオル　④ デーツのチョコレート
　　　　　　　　　　　　こうすいびん　　　　　　めん

　　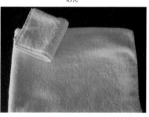　

a. 安くてかさばらない　b. 珍しい　c. 誰にあげてもいい　d. 実用的　e. 飾りになる　f. たくさん入っている
　　　　　　　　　　　　　めずら　　　　だれ　　　　　　　　じつようてき　　　　かざ

2 다시 한 번 듣고 (　　)에 알맞은 말을 쓰세요. 🔊 6_46

제안한다 · 추천한다

・いろいろありますが、「パピルスのしおり」なんか（①　　　　　）。

・ほかに、エジプトらしいものと言えば、「香水瓶」も（②　　　　　）。
　　　　　　　　　　　　　　　　　こうすいびん

・実用的なものがいいなら、（③　　　　　）、エジプト綿のタオルが（④　　　　）です。
　じつようてき　　　　　　　　　　　　　　　　　　　めん

추천하는 이유를 말한다

・（パピルスのしおりは、）古代エジプトのファラオの絵とか、ヒエログリフ、……象形文字？が描かれていて、
　　　　　　　　　　　　こだい　　　　　　　　　　え　　　　　　　　　　　　しょうけいもじ　　　　か
　安くて（⑤　　　　　）、（⑥　　　　　　）ですよ。

・（香水瓶は、）ガラスの色がきれいで、アラビアンナイト風のデザイン（⑦　　　　　　）、日本の方は、
　こうすいびん　　　　　　いろ　　　　　　　　　　　　　　　　　ふう　　　　　　　　　　　　　　　　　にほん　かた
　ちょっとした飾り（⑧　　　　　）買っていかれるようです。
　　　　　　　かざ

・（エジプト綿のタオルは、）水をよく吸って、柔らかくて、一度使ったら（⑨　　　　　）。
　　　　めん　　　　　　　　　みず　　　す　　　やわ　　　いちど

・（デーツのチョコレートは、）珍しくて（⑩　　　　　）と思いますよ。
　　　　　　　　　　　　　　めずら

6

3 스크립트를 보면서 다시 한 번 들어 봅시다. 6_47

いろいろありますが、そうですねえ、「パピルスのしおり」なんかどうでしょうか。古代エジプトの
ファラオの絵とか、ヒエログリフ、えっと…日本語で何でしたっけ…象形文字？ が描かれていて、
安くてかさばらないし、誰にあげてもいいですよ。ほかに、エジプトらしいものと言えば、そうですねえ、
「香水瓶」も人気があります。ガラスの色がきれいで、アラビアンナイト風のデザインなので、
日本の方は、ちょっとした飾りとして買っていかれるようです。

あと、実用的なものがいいなら、個人的には、エジプト綿のタオルがおすすめです。水をよく吸って、えー、
柔らかくて、一度使ったらやめられません。食べ物もいろいろありますが、デーツ、えっと、ナツメヤシの実が
入ったチョコレートはどうでしょうか。珍しくて喜ばれると思いますよ。一箱にたくさん入っているので、会社へ
のお土産として買っていかれる方が多いですね。
お土産は、バザールに行けばいろいろあるので、よろしかったらご案内しましょう。

◆ 스크립트의 ★ 부분을 쉐도잉해 봅시다. 6_48

4 기념품(お土産)에 대해 이야기하는 연습을 합시다. 대화에 나오는 이집트의 기념품에 대해, 아래의 메모를 보면서
스스로 문장을 만들어 말해 보세요.

（　エジプト　）のお土産

① 파피루스 책갈피	■ 추천하는 이유
古代エジプトのファラオの絵 ヒエログリフ（象形文字）	・安い、かさばらない → 誰にあげてもいい

② 향수병	■ 추천하는 이유
エジプトらしい	・ガラスの色がきれい ・アラビアンナイト風のデザイン → 飾り

③ 이집트 면으로 된 수건	■ 추천하는 이유
実用的 個人的におすすめ	・水をよく吸う、柔らかい → 一度使ったら、やめられない

④ 대추야자 초콜릿	■ 추천하는 이유
食べ物 ナツメヤシの実が入ったチョコレート	・珍しい、喜ばれる ・一箱にたくさん入っている → 会社のお土産

◆ 말할 때 **2**의 표현을 사용해 보았습니까?

5 여러분 나라의 기념품에 대해 말해 봅시다.

(1) 일본인에게 추천하고 싶은 기념품을 골라 그것이 어떤 것인지, 또 추천하는 이유는 무엇인지 정리해 보세요. 여러 개를 말해도 되고 하나를 자세하게 말해도 좋습니다.

（　　　　　　　　）のお土産
_{みやげ}

① 기념품 이름「　　　　　　　　　　」　　■ 추천하는 이유

　　説明
　　_{せつめい}

② 기념품 이름「　　　　　　　　　　」　　■ 추천하는 이유

　　説明
　　_{せつめい}

③ 기념품 이름「　　　　　　　　　　」　　■ 추천하는 이유

　　説明
　　_{せつめい}

(2) 반 친구와 이야기해 봅시다.

○○のお土産を買って帰りたいんですが、
_{みやげ}　　　_{かえ}
何がいいでしょうか？

⭐ Can-do를 체크하세요

PART 4 レビューの評判がよかったので…
ひょうばん

読んでわかる　　Can-do 29　인터넷 쇼핑몰 사이트에서 상품 리뷰를 읽고 좋은 점, 나쁜 점을 이해할 수 있다.

● 여러분은 다코야키를 먹어 본 적이 있습니까? 어떻게 만드는지 알고 있습니까?

1 쇼핑 사이트의 상품 설명이나 리뷰를 읽어 봅시다. 🔊 6_50-54

(1) 우선 「商品説明」를 읽어 봅시다. 이 상품을 구입을 고려할 때 여러분이 중요하다고 생각하는 포인트를 두 가지
しょうひんせつめい
정합시다. 다음에 「この商品を購入された方のレビュー」를 읽어 봅시다.
しょうひん　こうにゅう　　　かた
여러분이 정한 포인트에 대해 누가 어떻게 말합니까?

2 人中、2 人の方が、「このレビューが参考になった」と投票しています。

★★★★☆ **プレゼントにもいいです**　　　　　　　　　　　あっちゃん 27 さん　　20■-11-23

外国人の友達へのプレゼントで購入しました♪ ラッピングもしてくれるとのことでお願いしましたが、とてもきれいに包装していただいて、感激しました！ 友達もとても喜んでくれたのでよかったです。 おまけに価格もリーズナブル。 商品配達も早かったです。 星 5 つでもいいのですが、自分では使ってないので、－1で。

コメント　｜　このレビューは参考になりましたか？　［ はい ］ ［ いいえ ］

7 人中、6 人の方が、「このレビューが参考になった」と投票しています。

★★★★★ **関西人の義母も納得**　　　　　　　　　　　　栗原さん　　20■-10-14

もっと安いものと迷いましたが、こちらにしてよかったです。 関西人の義母も納得のおいしいたこ焼きが作れます。 温度調整機能があるので、焼くときは「強」、食べているときは「保温」にできて便利です。 プレートが外せて洗えるのも good ！ ただ、電源コードがちょっと短いかも。 テーブルで焼くときは延長コードが必要です。 ナイロン製のたこ焼きピックも一緒に購入。 プレートが傷つかず、オススメです。

コメント　｜　このレビューは参考になりましたか？　［ はい ］ ［ いいえ ］

（2）네 사람의 리뷰를 다시 한 번 읽어 봅시다. 네 사람의 리뷰에서는 어떤 점이 좋다고 말합니까? 또, 어떤 점이 나쁘고 주의해야 한다고 말합니까? 정리해 보세요.

いいところ	悪いところ・注意したほうがいいところ
・簡単においしいたこ焼きが作れる	・消費電力が大きい → ほかの電気製品が使えない

2　읽기 전략

접속사로 다음 문장을 예측한다

다음의 문장 뒤에는 어떤 내용의 문장이 이어질지 예측해 봅시다.

おいしいたこ焼きが作れました！ しかも、……
　　　　　　　　　　　　（asamama さん）

> いいところを言ったあとに「しかも…」。じゃあ、続きも同じようにいいところを言うのかな。

プレートが外せて洗えるのも good ！ ただ、……
　　　　　　　　　　　　（栗原さん）

> いいところを言ったあとに「ただ…」。じゃあ、続きは逆に悪いところを言うのかな。

다음 문장을 읽고 예측이 맞았는지 확인해 봅시다.

しかも、高温ですぐに焼けるので、たこ焼きパーティーにも良さそう。

ただ、電源コードがちょっと短いかも。

> 予測したとおりだ！ 接続詞に注目すると、どんな内容が続くのかがわかるんだね！

리뷰 중에 「それに」(購入者さん), 「おまけに」(あっちゃん27さん)으로 시작하는 문장이 있습니다.
각각 뒤에 이어지는 내용을 확인해 봅시다.

3　여러분이 이 다코야키 기계의 구입을 고려할 때 도움이 되는 리뷰가 있었나요? 리뷰의 마지막에 있는

　　「このレビューは参考になりましたか？」에 투표해 봅시다.

4 읽기에 도움이 되는 문법·문형

정도·이유를 나타낸다

❶ | **～ぶん** | 難点は、<u>高温になるぶん</u>、消費電力が大きいこと。

・この電子レンジは、機能が<u>シンプルなぶん</u>、誰でも簡単に使える。
・ネットで買ったバッグが届いたが、想像していたものと違っていて、<u>期待していたぶん</u>、がっかりした。
・100円ショップの商品は、安いぶん（　　　　　　　　　　）。

동작이 계속되고 있는 상태를 나타낸다

❷ | **Vている間／Vている間に** | たこ焼きを<u>焼いている間</u>、ほかの電気製品が使えず…。

・パソコンを<u>修理に出している間</u>、仕事ができなくて困った。
・子どもが<u>寝ている間に</u>、ネットスーパーで買い物を済ませた。
・パーティーで、夫が<u>たこ焼きを焼いている間（に）</u>、私は（　　　　　　　　）。

일어날 거라 생각했으나 그렇지 않았음을 나타낸다

❸ | **Vそうになる** | 調理中にプレートが傾いて、<u>やけどしそうになりました</u>。

Vます＋そうになる

・「10個限定」とか「残りわずか」とか聞くと、いらないものまで<u>買いそうになる</u>。
・外国で市場に行ったとき、財布をなくして、<u>泣きそうになった</u>。
・たこ焼きを食べすぎて、<u>死にそうになった</u>。

◆ 울 뻔했던 적이나 죽을 뻔했던 적이 있습니까? 자유롭게 이야기해 봅시다.

읽거나 들은 것을 전한다

❹ | **～とのことだ** | ラッピングもしてくれる<u>とのこと</u>でお願いしましたが、……

・購入して3日で壊れたのでメーカーに連絡したら、<u>新品と交換するとのことだった</u>。
・芋ようかんは<u>焼くとおいしいとのこと</u>なので、私も試してみました。
・ネットで（　　　　　）を買った。商品説明では（　　　　　　）とのことだったが、実際は（　　　　　　）。

한자어

읽는 법과 뜻을 확인하세요. 키보드나 스마트폰을 이용해 입력해 봅시다.

たこ焼き器　　税込　　調整　　着脱　　消費　　落ちる　　製品

払う　　価値　　包装（する）

◆ 「着脱」는 반대의 뜻을 가진 두 개의 한자로 구성되어 있습니다.
동일한 구성의 말은 그 밖에 무엇이 있습니까?

★ Can-do를 체크하세요

Can-do 30　상품이 고장 나거나 설명서와 다를 때에 상황을 설명하는 클레임 메일을 쓸 수 있다.

1 인터넷으로 일본에서 구입한 상품에 대해 클레임 메일을 써 봅시다.

(1) 인터넷으로 구입한 사람이 쓴 메일입니다. 읽어 봅시다. 6_56

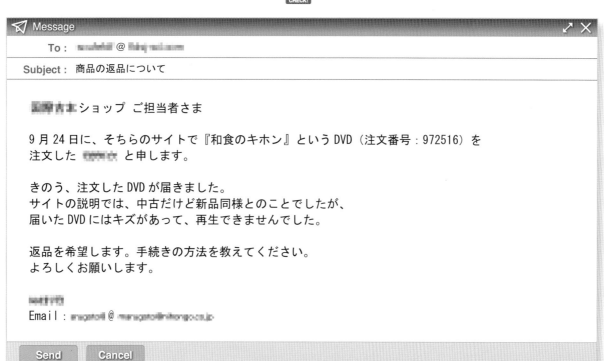

```
Message                                              ⤢ ✕
   To :  ▮▮▮▮▮ @ ▮▮▮▮▮.com
   Subject :  商品の返品について

   ▮▮▮▮ショップ ご担当者さま

   9月24日に、そちらのサイトで『和食のキホン』というDVD（注文番号：972516）を
   注文した ▮▮▮▮ と申します。

   きのう、注文したDVDが届きました。
   サイトの説明では、中古だけど新品同様とのことでしたが、
   届いたDVDにはキズがあって、再生できませんでした。

   返品を希望します。手続きの方法を教えてください。
   よろしくお願いします。

   ▮▮▮▮▮
   Email : ▮▮▮▮▮ @ ▮▮▮▮▮.jp

   [ Send ]  [ Cancel ]
```

(2) 상품을 하나 생각하고 클레임 메일을 써 보세요. 쓸 때 아래의 포인트를 참고하세요.

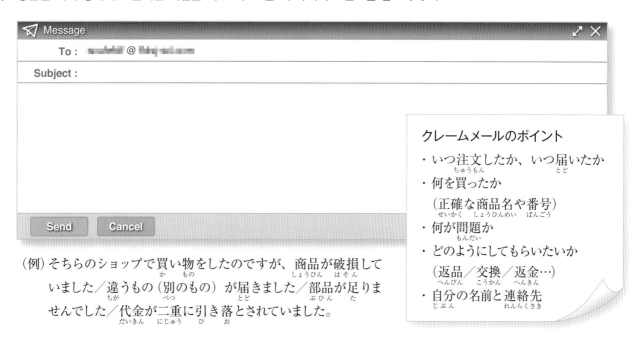

```
Message                                              ⤢ ✕
   To :  ▮▮▮▮▮ @ ▮▮▮▮▮.com
   Subject :



   [ Send ]  [ Cancel ]
```

クレームメールのポイント

・いつ注文したか、いつ届いたか
　　　　　ちゅうもん　　　　　とど
・何を買ったか
　（正確な商品名や番号）
　せいかく　しょうひんめい　ばんごう
・何が問題か
　もんだい
・どのようにしてもらいたいか
　（返品／交換／返金…）
　へんぴん　こうかん　へんきん
・自分の名前と連絡先
　じぶん　　　　　れんらくさき

（例）そちらのショップで買い物をしたのですが、商品が破損して
　　　　　　　　　　　か　もの　　　　　　　　　しょうひん　はそん
　　いました／違うもの（別のもの）が届きました／部品が足りま
　　　　　　　　ちが　　　　　べつ　　　　　　　とど　　　　　ぶひん　た
　　せんでした／代金が二重に引き落とされていました。
　　　　　　　　だいきん　にじゅう　ひ　お

2 쇼핑몰 직원이 되었다고 가정하고 다른 사람이 쓴 메일을 읽어 봅시다. 무엇이 문제이고 어떻게 해주길 바라는지

아시겠습니까?

★ Can-do를 체크하세요

教室の外へ

토픽과 관련해 일본어로 말해 보고 싶은 것은 무엇입니까?
나에게만 필요한 일본어 표현을 메모해 봅시다.

（例）日本のお土産は、広島の「もみじ饅頭」が好きです。こしあんより、つぶあんが好きです。

1

일본인이 외국에 가져가고 싶은 물건이 무엇인지 조사해
봅시다.
- 인터넷에서「日本人　海外に持っていくもの」라고
  입력해 검색해 봅시다.
- 아는 일본인에게 일본에서 가지고 온 물건과 그 이유
  를 물어 봅시다.

2

여러 나라의 기념품을 조사해 봅시다.
- 인터넷에「(여러분의 나라 이름)お土産」라고 검색해서
  어떤 기념품이 일본인에게 인기 있는지 조사해 봅시다.
- 「(나라 이름)お土産」로 동영상을 검색해서 여러 나라의
  기념품을 찾아 봅시다.

3

인터넷 쇼핑 사이트를 봅시다.
- 일본 Amazon이나 楽天市場에서「浴衣」「ひな人形」
  「かき氷器」 등, 여러분이 갖고 싶은 물건을 검색하여 상
  품 설명이나 리뷰를 읽어 봅시다.
- 좋은 물건이 있으면 친구에게 소개합시다.

[インターネットの
ショッピングサイト]
저작권상의 제약으로 게재가
불가능한 이미지입니다.

rakuten.co.jp

4

근처에 일본 계열 슈퍼나 일본 물건을 파는 가게가
있다면 이 토픽에서 소개된 물건이 있는지
찾아 봅시다.

 일본어·일본 문화 관련 체험을 기록해 봅시다.

お気に入りの映画
<ruby>気<rt>き</rt></ruby> <ruby>入<rt>い</rt></ruby>

● 영화를 봅니까? 어떤 영화를 좋아합니까?

● 일본 영화 중에서 알고 있는 것이 있습니까?

聞いてわかる

PART 1

心に響いてくるんです
こころ ひび

会話する

PART 2

個性的な演技がよかったよね
こせいてき えんぎ

長く話す

PART 3

不朽の名作って言うんでしょうね
ふきゅう めいさく

読んでわかる

PART 4

期待したとおり、いい映画でした！
きたい

書く

PART 5

映画レビューを投稿
とうこう

◎ 準 備

1 일본 영화의 DVD 커버입니다. 어떤 장르의 영화라고 생각합니까? 제목이나 사진을 보고 자유롭게 생각하며 a-m에서 골라 보세요.

①

②

③

④

⑤

⑥

⑦

a. 恋愛
  れんあい
b. 人間ドラマ
  にんげん
c. 青 春
  せいしゅん
d. コメディ
e. スポ根
  こん
  （スポーツ根性もの）
    こんじょう
f. アニメ
g. 時代劇
  じだいげき
h. ファンタジー
i. SF
j. アクション
k. ミステリー
l. ホラー
m. 音楽

문화 여러분 나라의 영화는 어떤 작품이 많습니까? 어떤 영화가 인기 있습니까?

2 ( ) 안에 들어갈 말을 a–e에서 고르세요. 7_02-06

いま見た映画、どうでしたか?

 おもしろかったですよ。話の（① d. 展開<ruby>てんかい</ruby> ）が速<ruby>はや</ruby>くて、ずっとハラハラ、ドキドキしっぱなし。見<ruby>み</ruby>ごたえがあって、2時間<ruby>じかん</ruby>があっという間<ruby>ま</ruby>でした。

 うーん、イマイチだったかな。全体的<ruby>ぜんたいてき</ruby>に淡々<ruby>たんたん</ruby>としてて、クライマックスもないし、（② ）に欠<ruby>か</ruby>ける映画でしたね。途中退屈<ruby>とちゅうたいくつ</ruby>してちょっと寝<ruby>ね</ruby>てしまいました。

 よかったですよ。映像<ruby>えいぞう</ruby>がすばらしかったですね。とくにCGを使<ruby>つか</ruby>った戦闘<ruby>せんとう</ruby>シーンが（③ ）で、ほんとに興奮<ruby>こうふん</ruby>しました。こういう映画は、やっぱり映画館<ruby>えいがかん</ruby>の大<ruby>おお</ruby>きいスクリーンで見<ruby>み</ruby>るにかぎります。

 ちょっとひどかったなあ。原作<ruby>げんさく</ruby>のファンなので、かなり（④ ）してたんですが、これはぜんぜんダメでしたね。役者<ruby>やくしゃ</ruby>の演技<ruby>えんぎ</ruby>も下手<ruby>へた</ruby>だし、セットも安<ruby>やす</ruby>っぽいし、いいところなかったですね。がっかりです。

 感動<ruby>かんどう</ruby>しました！ 主人公<ruby>しゅじんこう</ruby>とその恋人<ruby>こいびと</ruby>が、戦争<ruby>せんそう</ruby>で別<ruby>わか</ruby>れ別<ruby>わか</ruby>れになって、それでもお互<ruby>たが</ruby>いのことをずっと思<ruby>おも</ruby>い続<ruby>つづ</ruby>けて、最後<ruby>さいご</ruby>にまた結<ruby>むす</ruby>ばれて幸<ruby>しあわ</ruby>せになるところが泣<ruby>な</ruby>けました。映画はやはり（⑤ ）がいいですね。

> a. 期待<ruby>きたい</ruby>　b. 迫力満点<ruby>はくりょくまんてん</ruby>　c. 盛<ruby>も</ruby>り上<ruby>あ</ruby>がり　d. 展開<ruby>てんかい</ruby>　e. ハッピーエンド

◆ 붉은색 글자의 표현에 주목합시다. (A) '어떤 영화였는지 코멘트하고 있는 것'은 어느 것입니까?

(B) '어떤 기분이 되었는지, 자신의 감정이나 마음의 변화를 나타내고 있는 것'은 어느 것입니까?

7

3 일본 영화의 대사입니다. 어떤 사람이 어떤 장면에서 말하는 것인지 자유롭게 생각해 보세요.

聞いてわかる **Can-do 31** 영화에 대한 감상이나 코멘트를 듣고, 그 영화의 특징과 장점을 이해할 수 있다.

来週から、日本映画祭ですね。
えいがさい
どの映画がおすすめですか？

日本映画祭のパンフレットを見ながら話しています。
えいがさい

④ 宮崎　① 山本　② 丸山　③ 前田
みやざき　やまもと　まるやま　まえだ

● 어떤 영화라고 생각합니까? 제목과 사진을 보고 예상해 보세요.

ア.

フラガール HULA GIRLS
2006 （120分）

監督：李相日
出演：松雪泰子、豊
蒼井優、山崎静代（
ンディーズ）富司純：

昭和40年、閉鎖（
鉱のまち。危機的状

イ.

クレヨンしんちゃん
嵐を呼ぶアッパレ！戦国大合戦
2002 （95分）

CRAYON SH
The Storm C
The Battle o

監督：原恵一
キャスト：矢島晶子、
藤原啓治、こおろぎ

ある夜、野原一家
劇に出てくる様な格
おねいさん"の夢を

ウ.

ゴジラ GODZILLA
1954 （97分）

監督：本多猪四郎
出演：宝田明、川
平田明彦、堺左千
山本廉、高堂國典、

1954年に東宝が
撮怪獣映画の金字塔
で船舶が次々に沈

エ.

生きる IKIRU
1952 （143分）

監督：黒澤明
出演：志村喬、小田
信雄、関京子、浦辺
きん、丹阿弥谷津子

黒澤作品の中でも
ズムが頂点に達した

1 영화에 대한 네 사람의 코멘트를 들어 봅시다.

（1） 네 사람은 ア−エ 중 어떤 영화를 추천하고 있습니까? 그리고 추천한 이유를 a−d에서 고르세요. 7_08-11

① 山本 （ エ , a ） 　② 丸山 （ 　　　） 　③ 前田 （ 　　　） 　④ 宮崎 （ 　　　）
やまもと　　　　　　　　まるやま　　　　　　　　まえだ　　　　　　　　みやざき

> a. 地味だけど心に響く　　　　　b. ストーリーが深くて泣ける
> じみ　こころ　ひび　　　　　　　　　　　ふか　　　な
> c. 映像に迫力がありメッセージ性が強い　d. さわやかで感動する
> えいぞう　はくりょく　　　　せい　つよ　　　　　　　　かんどう

（2） 다시 한 번 들어 봅시다. 네 사람은 각 영화의 특징을 어떻게 말하고 있습니까? 맞는 것에 ○, 다른 것에 × 표시를 하세요. 7_08-11

①	②	③	④
× a. アクション映画	a. スポーツ根性もの こんじょう	a. 子ども向けの作品 む　さくひん	a. 怪獣の話 かいじゅう
× b. 有名な人の話 ゆうめい	b. 結果が予想外 けっか　よそうがい	b. シリーズの中で いちばんいい作品 さくひん	b. シリーズ第一作 だいいっさく
○ c. 役者の演技がいい やくしゃ　えんぎ	c. 地方の温泉施設が ちほう　おんせんしせつ 舞台 ぶたい	c. 完成度が高い かんせいど	c. CGを利用 りよう
○ d. 古い作品 さくひん	d. 単なる作り話 たん　つく　ばなし	d. 戦国時代が背景 せんごくじだい　はいけい	d. 演出が怖さを えんしゅつ　こわ 盛り上げている も　あ

2 듣기 전략

자세한 설명을 요구한다

(1) 대화의 일부를 다시 한 번 들어 봅시다. 네 사람은 ①-④의 내용을 어떻게 설명하고 있습니까?

（　　）안에 적절한 말을 써 보세요. 🔊 7_12-15

① 「心に響いてくる」 （こころ　ひび）	② 「さわやかな 感動がある」 （かんどう）	③ 「大人が見ても （おとな） 見ごたえがある」	④ 「ほかとはまったく レベルが違う」 （ちが）
主人公が（a. あと少ししか （しゅじんこう） 生きられない）と知って、 （い）　　（し） 残りの人生で、何か（b. （のこ）　（じんせい） 　　　）と思う話。役者 （やくしゃ） の演技もよく、ジーンとくる。 （えんぎ）	最初は（a.　　　） （さいしょ） でも、努力して（b. （どりょく） 　　　）する。そういう 人の（c.　　　）姿 （すがた） に、感動する。 （かんどう）	しんちゃんの話に 侍 と （さむらい） 姫のドラマが絡み、スト （ひめ）　　　（から） ーリーが（a.　　　）、 大人が見ても泣ける。 （おとな）　　（な） 演出も（b.　　　）。 （えんしゅつ）	単なる娯楽作品ではなく （たん　　ごらくさくひん） （a.　　　）性が強 （せい）　（つよ） く、戦争や核実験に対 （せんそう　かくじっけん　たい） する（b.　　　）が 伝わってくる。 （つた）

(2) 듣는 사람은 위의 내용에 대해, 말하는 사람에게 설명을 요구할 때 어떻게 질문했습니까? 🔊 7_16-17

① 山本：…でも、この映画、じわっと心に響いてくるんですよね。（　というと…。　）
　（やまもと）　　　　　　　　　　　（こころ　ひび）
② 丸山：…スポーツ根性もので、さわやかな感動があるんです。（　　　　　　　）
　（まるやま）　　　　（こんじょう）　　　　　　（かんどう）

(3) 붉은색 글자의 내용에 대해 설명을 요구할 때 어떻게 질문합니까? ★ 부분을 자유롭게 말해 보세요. 🔊 7_18-19

③ 前田：完成度が高くて、大人が見ても見ごたえがあるんです。（★　　　　　　）
　（まえだ）　（かんせいど）　（おとな）
④ 宮崎：…この1954年の第一作は、ほかとはまったくレベルが違うんですよ。（★　　　　　　）
　（みやざき）　　　　　　（だいいっさく）　　　　　　　　　　（ちが）

◆ 어떻게 질문했는지 들어 봅시다. 🔊 7_20-21 그 다음, 다시 한 번 설명을 들어 봅시다. 🔊 7_12-15

3 네 편의 영화 중에서 어떤 것이 가장 흥미 있습니까?

■ 영화에 대한 코멘트를 정리합시다. （　　）안에 들어갈 말을 골라 보세요. 🔊 7_22-25

(1)『生きる』は、じわっと（①　心　）に響いてくる作品だ。ごく普通の役所勤めの男性が、ある日、
　（い）　　　　　　（こころ）（ひび）（さくひん）　　（ふつう　やくしょづと　だんせい）
　自分がガンであと少ししか生きられないと知り、残りの
　（じぶん）　　　　　　　　（い）　　　（のこ）
　（②　　　　）で何か（③　　　　）に残したいと思う話。

形	心	人生
（かたち）	（こころ）	（じんせい）

(2)『フラガール』には、さわやかな感動がある。最初はダメだが、努力して、最後は（④　　　　　）する
　（かんどう）　　　　（さいしょ）　（どりょく）　（さいご）
　という（⑤　　　　）の話で、地方の温泉施設でフラ
　　　　　　　　（ちほう　おんせんしせつ）
　ダンサーを育てるという（⑥　　　　）にもとづいている。
　（そだ）

実話	成功	パターン
（じつわ）	（せいこう）	

(3)『クレヨンしんちゃん』は、子ども向けという（⑦　　　　）があるが、映画版は違う。とくに、この
　　　　　　　　　　　　　（む）　　　　　　　（えいがばん　ちが）
　作品は、大人が見ても（⑧　　　　）がある。ストーリー
　（さくひん）（おとな）
　も演出も凝っていて、シリーズの中でも（⑨　　　　）だ。
　（えんしゅつ）

最高傑作	見ごたえ	イメージ
（さいこうけっさく）		

(4)『ゴジラ』第一作は特撮だけで作られているが、CGよりも（⑩　　　　）がある。単なる（⑪　　　　）
　　　　（だいいっさく　とくさつ）　　　　　　　　　　　　　　　　　　　（たん）
　作品というよりは、メッセージ性が強く、戦争や核実験に
　（さくひん）　　　　　　　（せい　つよ　せんそう　かくじっけん）
　対する（⑫　　　　）が伝わってくる。
　（たい）　　　　　（つた）

娯楽	警告	迫力
（ごらく）	（けいこく）	（はくりょく）

⭐ Can-do를 체크하세요

Can-do 32 친구 등과 함께 본 영화에 대해 여러 관점에서 서로 코멘트를 할 수 있다.

● 여러분은 영화를 볼 때 누군가와 보러 갑니까? 다른 사람과 갈 때, 영화를 본 뒤 어떤 이야기를 합니까?

ラオスで開かれている日本映画祭で、トンカンさんとあずささんは、
ひら   えい が さい
いっしょに『かもめ食堂』を見ました。
しょくどう

トンカン（ラオス）
ビエンチャンにある大学で日本語を教
おし
えている。日本に留学した経験もある。
りゅうがく けいけん

あずさ（日本）
トンカンさんの友達。日本の公的機関の
ともだち   こうてききかん
プログラムでラオスに派遣されている。
はけん

1 두 사람의 대화를 들어 봅시다. 스크립트를 보지 않고

다음의 사항에 주의하며 들어 봅시다. 🔊 7_27

① トンカンさんとあずささんは、『かもめ食堂』が気に入りましたか。
しょくどう   き い

② 二人は、映画の何について話しましたか。
ふたり

2 스크립트를 보면서 들어 봅시다. 🔊 7_27

(　　) 안에 들어갈 말을 쓰세요.

◆ 어떤 의미와 기능이 있다고 생각합니까?

映画『かもめ食堂』
　　　　しょくどう
サチエ（小林聡美）はヘルシンキで「かもめ食堂」をオープンするが、客はあまり
こばやしさとみ   しょくどう   きゃく
来ない。そこに、日本人のミドリ（片桐はいり）や、マサコ（もたいまさこ）がや
かたぎり
って来て、食堂を手伝うようになる。3人の日常を淡々と描いたドラマ。
しょくどう て つだ   にちじょう たんたん えが

トンカン：結構よかったね、かもめ食堂。
けっこう   しょくどう

あずさ　：そう？　どんなところが？

トンカン：なんとなく全体の雰囲気がよかったな。それに、役者
ぜんたい ふんいき   やくしゃ
さんの個性的な演技がよかったよね。とくに、もいた
こせいてき えんぎ
…もたい…まさこだっけ？　存在感があったよね。
そんざいかん

あずさ　：うん、演技はよかったけど…、でも私的には、ちょっと
えんぎ   わたしてき
退屈だったかな。っていうより、ストーリーがほとんど
たいくつ
なかった（①　　　　　　　　）じゃない？

盛り上がるところもなかったし。
も あ

トンカン：そうだねえ…でも、それがいいんじゃないかな。なんとなく幸せな気分になれたし。あと、フィン
しあわ きぶん
ランドの風景もよかったよね。（②　　　　　　　）絵を見てる（③　　　　　　　）で。
ふうけい   え

あずさ　：映像はね。でも、話にクライマックスもないし、考えさせられるような深いテーマもないでしょう？
えいぞう   ふか
食堂の日常をただ追ってるだけで、私には物足りなかったな。
しょくどう にちじょう   お   ものた

トンカン　：そう？　でも、それってたぶん、わざと盛り上がる
　　　　　　エピソードを入れてないんだと思うよ。泣いたり
　　　　　　とか、ハラハラ、ドキドキしたりとかはしないけど、
　　　　　　でも、いろいろな人と人との関係…交流はちゃんと
　　　　　　描かれているし。温かい気持ちになれるから、見てて
　　　　　　すごくリラックスできた（④　　　　　　　　　　）。

© かもめ商会　photo 高橋ヨーコ

あずさ　　：まあ、そうかもね。ほんとは私、「海外で頑張る
　　　　　　日本人の波瀾万丈の人生ドラマ」みたいな話を想像してたんだけど、だいぶ予想と違ったなあ。

トンカン　：ふーん、そうなんだ。

あずさ　　：あ、おもしろいシーンはいろいろあったよね。サチエとミドリがはじめて出会うところとか。

トンカン　：ああ、二人で本屋でアニメの歌を歌うシーンだよね？　あれは、笑えたね。

あずさ　　：うん。あとさ、終わったとき、「え、これで終わり？」って思わなかった？

トンカン　：ああ、それは思った。でもそれって、時間が短く感じる（⑤　　　　　　　　）、映画の世界に
　　　　　　入り込んでたのかなって思った。

あずさ　　：そうなのかなあ。

トンカン　：もう1回、っていうより、何度でも見たいって思える映画だ（⑥　　　　　　　　）な。

7

3 ▶ 대화에 도움이 되는 문법·문형

감상을 부드럽게 말한다

　　ストーリーがほとんどなかったって<u>感じ</u>じゃない？　→ ❶

　　見ててすごく<u>リラックスできた気がする</u>。　→ ❶

　　何度でも見たいって思える<u>映画だって気がする</u>な。　→ ❶

비유적으로 말한다

　　<u>まるで絵を見てるみたいで</u>。　→ ❷

정도를 말한다

　　<u>時間が短く感じるぐらい</u>、映画の世界に入り込んでたのかなって思った。　→ ❸

---

❶　| ～（って）感じ |

ストーリーがほとんど<u>なかったって感じ</u>じゃない？

　　| ～（って）気がする |

見ててすごく<u>リラックスできた気がする</u>。
何度でも見たいって思える<u>映画だって気がする</u>な。

N（だ）って
ナA（だ）って　　　　感じ（だ）
イAい（って）　　　　気がする
V（って）

「〜(って)感じ」「〜(って)気がする」を使用して感想を言ってみましょう。 🔊 7_28-33

① これ、ちょっとイマイチだね。　　→ これ、ちょっとイマイチ（だ）って感じだね。
　　　　　　　　　　　　　　　　　　　これ、ちょっとイマイチ（だ）って気がするな。

② 前作のほうがおもしろかったね。　→ 前作のほうがおもしろかった（って）感じじゃない？
　　ぜんさく　　　　　　　　　　　　前作のほうがおもしろかった（って）気がする。
　　　　　　　　　　　　　　　　　　ぜんさく

③ 今回のこの新作が、シリーズの最高傑作だね。　→
　　こんかい　　しんさく　　　　　さいこうけっさく

④ さすがにベテランの演技は違うよね。　→
　　　　　　　　　えんぎ　ちが

⑤ 深いテーマはあまりないけど、何も考えないでとにかく楽しめるよね。　→
　　ふか

⑥ こんな映画を見るなんて、時間とお金の無駄だったね。　→
　　　　　　　　　　　　　　　　　　　　　　　む だ

❷ 　まるで〜みたいだ／ようだ　　まるで絵を見てるみたいで。
　　　　　　　　　　　　　　　　　　　　　え

映画の感想を言っています。次に続く言葉を下の a-f から選んで
「まるで〜みたいだ/ようだ」を使用して言ってみましょう。 🔊 7_34-39

① 田舎の風景の映像が、（ a. まるでミレーの絵みたいだった／まるでミレーの絵のようだった ）。
　　いなか　ふうけい　えいぞう

② 映像が3Dだったから、（ d. まるで自分が本当にそこにいるみたいだった／まるで自分が本当にそこにいるようだった ）。
　　えいぞう　　　　　　　　　　　　　じぶん　ほんとう　　　　　　　　　　　　　　　　　じぶん　ほんとう

③ ストーリーの展開が速くて、（　　　　　　　　　　　　　　　　　　　　　　）。
　　　　　　　てんかい　はや

④ 1作目と2作目はまったく雰囲気が違っていて、（　　　　　　　　　　　　　　　　　　　　　）。
　　さくめ　さくめ　　　　　　ふんいき　ちが

⑤ この映画に描かれた東京は、（　　　　　　　　　　　　　　　　　）。
　　　　えが　　とうきょう

⑥ この作品はすごく難しくて、（　　　　　　　　　　　　　　　　　　　）。
　　さくひん　　　むずか

> a. ミレーの絵　　b. 未来都市　　c. ジェットコースター　　d. 自分が本当にそこにいる
> 　　え　　　　　みらいとし　　　　　　　　　　　　　じぶん　ほんとう
> e. 哲学の本を読んでいる　　f. 別の監督が作った
> 　てつがく　　　　　　　　べつ　かんとく

❸ 　V ぐらい　　時間が短く感じるぐらい、映画の世界に入り込んでたのかなって思った。
　　　　　　　　みじか　かん　　　　　せかい　はい こ

V（辞書形／ない形）＋ ぐらい

どの映画の感想を言っていますか? 写真を選んでみましょう。 🔊 7_40-44

① a　　　　② 　　　　③ 　　　　④ 　　　　⑤

a.　　　　　b.　　　　　c.　　　　　d.　　　　　e.

◆ 写真を見ながら「V ぐらい」を使用して自由に感想を言ってみましょう。

4　말하기 전략

스스로 정정하면서 말한다

（1）138-139쪽 대화의 스크립트를 보세요. トンカン 씨가 다음의 말을 할 때 어떻게 말했습니까?

①「もたいまさこ」　　②「（人と人との）交流」
こうりゅう

（2）다른 예도 들어 봅시다. 🔊 7_45-48

③ ストーリーが、とてもカンドン的…感動的でした。
てき　かんどうてき

④ 今回の作品が、このシリーズの中にいちばん…中でいちばんよかったです。
こんかい　さくひん

⑤ 声優の声が、ちょっと変…合っていなかったと思います。
せいゆう　こえ　　　　　　へん　あ

⑥ 戦争について、深く考えされ…させられました。
せんそう　　　　　　ふか

（3）위 ①-⑥은 다음의 어디에 해당하는지 생각해 봅시다.

> a. 間違えたことばを正しいことばに直している　　b. 文法を直している
> まちが　　　　　　　　ただ　　　　　　なお　　　　　　　　ぶんぽう　なお
> c. より適切な別のことばで言い換えている
> てきせつ　べつ　　　　　い　か

발음

종조사의 인토네이션

（1）종조사「ね」「よね」「な」의 인토네이션에 주의하며 들어 봅시다. 🔊 7_49-52

아래의 문장에서 ▨▨▨ 부분은 어떤 인토네이션으로 발음됩니까?

結構よかったね。
けっこう
全体の雰囲気がよかったな。
ぜんたい　ふんいき
存在感があったよね。
そんざいかん
フィンランドの風景もよかったよね。
ふうけい
あれは、笑えたね。
わら
何度でも見たいって思える映画だって気がするな。
なんど

자신의 의견을 말하고 상대의 반응을 구하는「ね」「よね」「な」는, 문장 끝을 조금 올려서 발음합니다.

けっこう よかったね。　　ぜんたいの ふんいきが よかったな。　　そんざいかんが あったよね。

（2）종조사의 인토네이션에 주의하면서 발음해 봅시다.

（3）다음 문장에서 종조사는 어떤 인토네이션으로 발음됩니까? 위의 문장과 어떻게 다릅니까? 🔊 7_53

a. そうだねえ…　　b. だいぶ予想と違ったなあ。　　c. アニメの歌を歌うシーンだよね？
よそう　ちが　　　　　　　　　　うた　うた

7

5 롤 플레이를 통해 회화 연습을 합시다.

(1) 롤 플레이에 앞서 다시 한 번 스크립트를 보며 생각해 봅시다.

① 두 사람은 영화에 대해, 다음의 1-7과 같은 순서로 이야기하고 있습니다.
대화에서 각각 어느 부분인지 표시를 하세요. 또 1-7에 대해 두 사람은
어떻게 생각합니까? 좋다고 생각할 경우는 ＋, 별로 좋지 않다고 생각할
경우는 ―, 아무것도 말하지 않는 경우는 ／를 적으세요.

　　　　　　　　　　　　　　　　　　トンカン　　あずさ
1. 全体の雰囲気 ……………………（　＋　）（　／　）
   ぜんたい　ふんいき
2. 役者の演技 ………………………（　　　）（　　　）
   やくしゃ　えんぎ
3. ストーリー ………………………（　　　）（　　　）
4. 風景の映像 ………………………（　　　）（　　　）
   ふうけい　えいぞう
5. クライマックス、テーマ ………（　　　）（　　　）
6. おもしろいシーン ………………（　　　）（　　　）
7. 終わり方 …………………………（　　　）（　　　）
   お　　　かた

② 위 1-7에서 トンカン 씨가 말하는 부분을 봅시다. トンカン 씨의 코멘트는 다음 Ⓐ – Ⓒ 중 어디에 해당하는지
고르세요.

　　Ⓐ 自分から映画のコメントを話している。
　　　　じぶん
　　Ⓑ あずささんのコメントに賛成して、自分のコメントを話している。
　　　　　　　　　　　　　さんせい　　　じぶん
　　Ⓒ あずささんのコメントに反対して、自分のコメントを話している。
　　　　　　　　　　　　　はんたい　　　じぶん

◆ Ⓐ – Ⓒ의 각 부분에서 어떤 표현을 사용하고 있습니까?

(2) 카드를 보고 연습합시다.

① 다음 장면에서 (例) 뒤에 이어질 내용을 생각해 봅시다. (1)의 ① 1-7의 포인트에 대하여, 영화를 봤다고 가정하고
(＋) (―) (／) 중 어느 입장에서 코멘트를 할 것인지 정하여 이야기합시다.

あなたは友達と二人で映画
　　　　　ともだち　ふたり
『かもめ食堂』を見ました。
　　　しょくどう
映画のあと、二人で感想を話
　　　　　　ふたり　かんそう
しましょう。相手のコメント
　　　　　　あいて
を聞いて、それに賛成したり、
　　　　　　　　さんせい
反対したりしながら話しましょう。
はんたい

（例）A：『かもめ食堂』、いい映画だったね。
　　　　　　しょくどう
　　　B：……

◆ 대화 예를 들어 봅시다. **7_54**

② 두 사람이 공통적으로 알고 있는 영화에 대하여 동일한 방식으로 감상을 말해 봅시다. 일본 영화도 좋고, 여러분 나라의
영화나 외국 영화도 좋습니다.

 ★ Can-do를 체크하세요

PART 3 不朽の名作って言うんでしょうね
ふきゅう　めいさく

長く話す

Can-do 33 좋아하는 영화에 대해 감상이나 코멘트를 말하거나 인상에 남는 장면을 구체적으로 설명할 수 있다.

● 최근 본 영화 중에서 친구에게 소개하고 싶은 작품이 있습니까?

青木さんとレインさんが、カフェで話しています。
あおき

1 두 사람의 대화를 들어 봅시다. 🔊 7_56

青木
あおき

> レインさん、最近、何か映画見た？
> さいきん

> 週末に、家で『ローマの休日』を見ました。
> しゅうまつ　いえ　　　　きゅうじつ
> あれは、何回見てもいい映画ですね。
> なんかい
> ‥‥‥‥‥‥‥‥‥‥‥‥‥‥‥‥‥‥‥‥‥‥‥‥。

レイン

> 私も、もう一度、見てみようかな。
> いちど

「ローマの休日」에 대해 어떻게 말하고 있습니까?
きゅうじつ

① オードリー・ヘップバーンとグレゴリー・ペックは、それぞれどんな役を演じていますか。
やく　えん

② 映画の中で、二人は何をして、最後はどうなりますか。
ふたり　　　　　　さいご

③ レインさんが説明している別れのシーンは、次のうちどれですか。
せつめい　　　　わか　　　　　　　　つぎ

a.

b.

c.

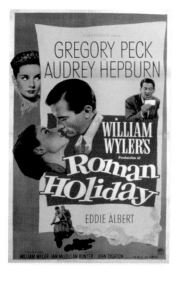

2 다시 한 번 듣고 (　　) 에 알맞은 말을 쓰세요. 🔊 7_56

감상이나 코멘트를 말한다

・何回（①　　　　　　　）いい映画ですね。
　なんかい

・なんと（②　　　　　　　）、オードリー・ヘップバーンがきれい。王女のときは気品が（③　　　　　　　）、普通の
　　　　　　　　　　　　　　　　　　　　　　　　　　　　おうじょ　　　きひん　　　　　　　　　　　　ふつう
　女の子のときはすごくチャーミングだし。

・ストーリーも、おとぎ話（④　　　　　　　）だけど、ドラマチックですよね。……、見ていて（⑤　　　　　　　）します。

・映画の中のローマの街を見るのも（⑥　　　　　　　）ですよね。……（⑦　　　　　　　）、いっしょにローマを
　　　　　　　　　　　まち　　　　　　　　　　　　　　　　　　　　　　　　　
　歩いてる（⑧　　　　　　　）になります。
　ある

인상에 남는 장면에 대해 말한다

・（⑨　　　　　　　）シーンは、やっぱり、二人の別れのシーンですね。何も言わずに見つめ合う二人。……二人
　　　　　　　　　　　　　　　　　　　　ふたり　わか　　　　　　　　　　　　み　あ　ふたり　　　　　ふたり
　の気持ちが伝わってきて、（⑩　　　　　　　）になります。
　　きも　　つた

3 스크립트를 보면서 다시 한 번 들어 봅시다. 🔊 7_57

週末に、家で『ローマの休日』を見ました。あれは、何回見てもいい映画ですね。

なんといっても、オードリー・ヘップバーンがきれい。えっと、王女のときは気品があるし、普通の女の子のときはすごくチャーミングだし。新聞記者のグレゴリー・ペックもいいですね。ストーリーも、おとぎ話みたいだけど、ドラマチックですよね。ローマの1日だけの休日の中に、二人の出会いと冒険、恋と別れが全部つまってて、見ていてドキドキします。それに、映画の中のローマの街を見るのも楽しいですよね。古い遺跡とか教会とか…まるで、いっしょにローマを歩いてるような気分になります。 ★

うーん、いちばん好きなシーンは、やっぱり、二人の別れのシーンですね。何も言わずに見つめ合う二人。微笑みながら、王女の目に涙。二人の気持ちが伝わってきて、胸がいっぱいになります。ああいうのを、不朽の名作って言うんでしょうね。

◆ 스크립트의 ★ 부분을 쉐도잉해 봅시다. 🔊 7_58

4 영화 감상을 말하는 연습을 합시다. 대화에 나오는 「ローマの休日」에 대해, 아래의 메모를 보면서 스스로 문장을 만들어 말해 보세요.

영화 제목 : 『ローマの休日』

① 전체적인 감상	何回見てもいい映画　不朽の名作

② 코멘트1 (연기자)
- オードリー・ヘップバーン…きれい　　王女　：気品がある
　　　　　　　　　　　　　　　　　　　女の子：チャーミング
- グレゴリー・ペック (新聞記者)…いい

코멘트2 (스토리)
- おとぎ話みたい、ドラマチック
- 1日だけの休日…二人の出会い、冒険、恋、別れ → ドキドキ

코멘트3 (영상)
- ローマの街…見るのが楽しい　(例) 古い遺跡、教会
　→ いっしょにローマを歩いているよう

③ 좋아하는 장면이나 인상에 남는 장면
　二人の別れのシーン
- 何も言わない、見つめ合う
- 王女…微笑み、目に涙 → 胸がいっぱい

◆ 영화 감상이나 코멘트를 말할 때 **2**의 표현을 사용해 보았습니까?

5 여러분이 좋아하는 영화에 대해 이야기해 봅시다.

(1) 영화를 하나 골라 감상과 코멘트, 좋아하는 장면이나 인상에 남는 장면을 정리해 보세요. 말하고 싶은 것을 정해서
( ) 안에 키워드(예: 연기자, 스토리, 음악, 영상, 연출 등)를 적어 보세요. 별로 좋지 않다고 느꼈던 점을 써도 괜찮습니다.

영화 제목 :『   』

① 전체적인 감상

② 코멘트 1 (   )

코멘트 2 (   )

코멘트 3 (   )

③ 좋아하는 장면이나 인상에 남는 장면

その映画を見たことがない人でも映像が思い浮かぶように、説明しましょう。
えいぞう　おも　う　　　　　　せつめい

(2) 반 친구와 이야기해 봅시다.

最近、何か映画見た？
さいきん

⭐ Can-do를 체크하세요

145

PART **4** 期待したとおり、いい映画でした！
きたい

Can-do **34**　어느 영화에 대한 몇 가지의 리뷰를 비교하며 읽고, 의견의 차이를 이해할 수 있다.

● 여러분은 인터넷 등에서 영화 리뷰를 읽은 적이 있습니까? 어떨 때 읽습니까?

1 영화 리뷰 사이트에서「フラガール」의 리뷰를 읽어 봅시다.　🔊 CHECK! 7_60-63

（1）우선「映画のストーリー・解説」를 읽어 봅시다. 그 다음「レビュー一覧」의 제목을 보고 각 리뷰에 어떤 것이 쓰여 있을지 예측해 보세요.
かいせつ　　　　　　　　　　　　　　　　　　　　　　　　　　　　いちらん

（2）다음의 **A** – **C** 는 위의 ① – ③의 어떤 것을 연 것입니까?

A　　　　　　　　　　　　　　　　　　　　投稿：　　　さん　（20　/　/　）

期待したとおり、いい映画でした！最初はダメダメな田舎の少女たちが、それぞれ事情を抱えながら必死にがんばり、プロのダンサーに成長するっていう、よくあるパターン（？）の話なんですが、いいシーンがたくさんあって、とにかく泣けます。個人的には、東京に帰ろうとする先生を引き止めようと、フラガールたちが涙を流しながらフラで気持ちを伝えるシーンで号泣でした。
キャストもよかったです！蒼井優は笑顔がすてきで、純粋で一生懸命な役がぴったり！ラストシーンのダンスも見事でした。フラの先生役の松雪泰子の演技も、評判どおりすばらしかったです。それ以外の脇役もいい味出してました。蒼井優演じる紀美子以外のフラガールにも、もう少しスポットが当てられていたらよかったのにな～と思いました。

B　　　　　　　　　　　　　　　　　　　　投稿：　　　さん　（20　/　/　）

いまひとつ満足できない映画でした。
ダンスなんかしたことがなかった平凡な少女が一生懸命練習して、最後は成功をおさめる。そして、先生や仲間との絆も深まる。はじめは反対していた親も、子どもの頑張る姿を見て理解するようになる。実話にもとづいているそうで、その点は確かに感動できました。
ただ、どこかで見たな～っていう話ばかりって気が…。
それに、フラダンスの練習の様子があまり丁寧に描かれていないから、すぐに上達しちゃった感じ。

「苦労して練習した」っていうのがあまり伝わってこなくて、最後のフラダンスのシーンもいまいち感情移入できませんでした。

C　███████████████████　██████　投稿：████ さん　(20██/██/██)

フラダンスなんて恥ずかしいものと思われていた時代に、フラダンスに賭ける炭鉱の少女たち。炭鉱の閉鎖を前に、もう石炭の時代ではないとわかっていながらも、炭鉱を守ろうと、ハワイアンセンターの建設に反対する人々。

新しいものを受け入れようとする人々と、新しいものを認められない人々との対立は、いつの時代にもあるものだ。

はじめはハワイアンセンターの建設に反対していた炭鉱の人々も、フラガールたちの笑顔や頑張りに心動かされ、彼女たちを理解しようとし始める。その姿からは、「新しい時代」への移り変わりが感じられる。それを最も強く印象付けるのが、フラガールたちを決して認めようとしなかった紀美子の母親が、「苦しくても歯を食いしばって働くのが仕事だと思っていた。でも、笑顔で人を喜ばせる仕事があってもいいじゃないか」と、ハワイアンセンターに協力し始めるシーンだろう。このシーンも、実話であるからこそ重みを持っているのだと思う。

我々が生きている今の時代も、いろいろな人々によって切り拓かれてきたのだということを改めて考えさせられた。

（３）**A**－**C**에는 어떤 것이 쓰여 있습니까? ア－カ에 해당하는 부분에 밑줄을 그으세요.

ア．いいシーンや印象的なシーンがある 　　　　　　いんしょうてき	イ．考えさせられる映画だ
ウ．実話にもとづいているのがよい 　　じつわ	エ．役者がよい 　　　やくしゃ
オ．とくに新しいストーリーではない	カ．ストーリーの描き方に足りないところがある 　　　　　　　　えが　かた　た

◆ **A**－**C**의 의견 차이를 알겠습니까?

2 읽기 전략

문맥에서 모르는 단어의 뜻을 추측하며 읽는다

（例）最初はダメダメな●●の少女たちが、それぞれ▲▲を■■ながら▼▼にがんばり、プロのダンサーに◆◆する
　　さいしょ　　　　　　　　しょうじょ
っていう、よくあるパターン（？）の話なんですが、いいシーンがたくさんあって、とにかく泣けます。
　　　な

最初はダメダメな　　　　　それぞれ▲▲を　　　　　　　　　　　　　　　プロのダンサーに
さいしょ　　　　　　　　　■■ながら　　　　　　　　　　　　　　　　　◆◆する…
●●の少女たちが…
しょうじょ　　　　　　　　　　　　　　　　▼▼にがんばり

「何もできない普通　　　「少女それぞれに　　　「とてもがんばる」　　　「プロのダンサーに
の少女たち」って　　　しょうじょ　　　　　　みたいな意味？　　　　なる」ってこと？
ふつう　　　　　　　　いろいろなことが　　　　　　　　い
しょうじょ　　　　　　ある」のかな？
ことかな？

知らないことばがあっても、文脈から意味が推測できるね！
し　　　　　　　　　　　　　ぶんみゃく　　いみ　　すいそく

3 여러분 나라에도 「フラガール」와 스토리가 비슷한 영화가 있습니까?

4 읽기에 도움이 되는 문법·문형

예상이나 들은 이야기와 같음을 나타낸다

❶ | V たとおり／N どおり |

<u>期待したとおり</u>、いい映画でした！
<u>評判どおり</u>すばらしかったです。

・友達が<u>言っていたとおり</u>、主演の松雪泰子の演技がとてもよかった。
・北野監督の新作は、<u>期待どおり</u>個性的な作品だった。
・（　　　　　　　　　　）とおり／どおり、おもしろい映画だった。

반대의 것을 나타낸다

❷ | ～ながらも |

もう石炭の時代ではないと<u>わかっていながらも</u>、炭鉱を守ろうと、……

・この映画は、<u>貧しいながらも</u>前向きに生きる家族を描いた名作だ。
・<u>地味ながらも</u>演技がすばらしく、今後の活躍が期待できる女優だと思った。
・この映画は、子ども<u>向けながらも</u>（　　　　　　　　　）。

노력하는 모습을 나타낸다

❸ | V（よ）うとする |

新しいものを<u>受け入れようとする</u>人々と、……

・子どもたちが川に落ちた犬を<u>助けようとする</u>シーンは、本当にドキドキした。
・この映画は、宇宙人から地球を<u>守ろうとする</u>ヒーローの話だ。
・主人公が一生懸命（　　　　　　　　）とする姿に感動した。

누구나 인정하는 성질이나 경향을 말한다

❹ | ～ものだ |

新しいものを受け入れようとする人々と、新しいものを認められない人々との対立は、いつの
時代にも<u>あるものだ</u>。

・映画を作るというのは、お金が<u>かかるものだ</u>。
・続編というものは、たいてい1作目よりも<u>つまらないものだ</u>。
・いい映画というものは、（　　　　　　　　）ものだ。

한자어

읽는 법과 뜻을 확인하세요. 키보드나 스마트폰을 이용해 입력해 봅시다.

石炭　　必死　　引き止める　　涙　　笑顔　　演技　　評判　　確かに
せきたん　ひっし　ひ　と　　　なみだ　えがお　えんぎ　ひょうばん　たし

苦労（する）　　恥ずかしい
くろう　　　　　　は

◆「笑顔」는 앞의 한자가 뒤의 한자를 수식합니다. 본문에도「実話」「脇役役」등, 같은 구성의 한자어가
えがお　　　　　　　　　　　　　　　　じつわ　わきやく
있습니다. 이와 같은 한자어는 그 밖에 무엇이 있습니까?

⭐ Can-do를 체크하세요

1 일본의 영화 리뷰 사이트에 리뷰를 올려 봅시다.

（1） 자신이 본 영화를 하나 고르세요. 그 영화의 좋아하는 부분이나 좋았던 점, 안 좋았던 점은 어떤 것인지 메모합시다. 일본 영화나 자기 나라 영화, 무엇이든 좋습니다.

（例）（＋） 主役の二人がよかった…蒼井優の笑顔がすてき
しゅやく　ふたり　　　　　　あおいゆう　えがお
　　　（＋） 最後のフラダンスのシーンが感動的
さいご　　　　　　　　　　かんどうてき
　　　（＋） 古い時代の日本がわかってよかった
ふる　じだい
　　　（－） 方言が難しくて、聞き取りにくかった
ほうげん　むずか　　　き　と

（2） 영화 리뷰 사이트에 영화 리뷰를 써 봅시다. 우선 하고자 하는 말이 잘 전달될 수 있는 「레뷰―타이틀」을 생각해 주세요. 그 다음, 「総合評価」와 「印象」을 체크한 뒤, (1)에서 메모한 내용을 사용해 「레뷰―本文」을 써 봅시다.
そうごうひょうか　　いんしょう　　　　　　　　　　　　　　　　　　　　　　ほんぶん

2 다른 사람의 리뷰를 읽고 재미있을 것 같은 영화를 찾아보세요. 같은 영화에 대해 쓴 사람이 있다면, 그 리뷰를 비교해 봅시다.

⭐ Can-do를 체크하세요

教室の外へ

わたし
だけの
フレーズ

토픽과 관련해 일본어로 말해 보고 싶은 것은 무엇입니까?
나에게만 필요한 일본어 표현을 메모해 봅시다.

（例）スター・ウォーズのタイトル：新たなる希望、帝国の逆襲、ジェダイの帰還、フォースの覚醒…
　　　　　　　　　　　　　　あら　　　きぼう　　　ていこく　ぎゃくしゅう　　　　　　　きかん　　　　　　　　　かくせい

---

①

일본 영화를 조사해 봅시다.
- 「Yahoo! 映画」등의 영화 리뷰 사이트에 「フラガール」「かもめ食堂」「生きる」 등을 검색해서 리뷰를 읽어 봅시다.
　　　　　　しょくどう
- 아는 일본인에게 좋아하는 일본 영화에 대해 물어 봅시다.
● 관심 있는 영화가 있다면 DVD나 동영상 사이트에서 찾아 봅시다.

movies.yahoo.co.jp

「映画レビューサイト」
저작권상의 제약으로 게재가 불가능한 이미지입니다.

②

여러분 나라의 영화가 일본에서 소개되고 있는지 조사해 봅시다.
- 인터넷에 「"The Force Awakens" 映画」와 같이 "영화 타이틀(원제목)" 映画」로 검색하여 영화의 일본어 제목을 조사해 봅시다.
- 영화 리뷰 사이트에 리뷰가 있으면 읽어 봅시다.
● 여러분도 일본어로 리뷰를 올려 보세요.

③

여러분 나라에서 열린 일본 영화제에 참석해 봅시다.

⭐ 일본어·일본 문화 관련 체험을 기록해 봅시다.

私の街の交通機関
まち　　こうつうきかん

● 여러분의 마을/나라에는 어떤 교통 기관이 있습니까?

● 어떤 교통 기관을 자주 이용합니까?

聞いてわかる

PART 1

また電車遅れてる
　　　　おく

会話する

PART 2

今日は運休ですね
　　　うんきゅう

長く話す

PART 3

切符は駅の機械で簡単に買えます
きっぷ　　えき　きかい　かんたん

読んでわかる

PART 4

日本の電車ってどう?

書く

PART 5

ちょっと大変な目にあった
　　　　たいへん

 準 備

1 일본의 역과 전철 안의 게시/안내 사진입니다. 어떤 의미인지 아래 a-g에서 고르세요.

①

②

③

④ ⑤

⑥

⑦

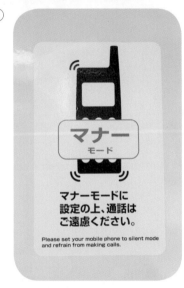

a. ペットはケースに入れる　b. 電車が遅れている　c. 女性しか乗れない　d. 歩きながらスマホを使わない

e. 電車を並んで待つ　f. 電話で話さない　g. 無理に電車に乗らない

문화 여러분 나라의 교통 기관에는 어떤 규칙이나 매너가 있습니까?
일본 전철과 비슷한 점과 다른 점이 있습니까?

2 ( ) 안에 들어갈 말을 a – f에서 고르세요. 8_02-06

普段、どんな交通機関を利用しますか？

 やっぱり電車かなあ。時間通りに来るし、（① d. 路線 ）がたくさんあって、行きたいところはだいたいどこでも行けますから。ただ、ちょっと運賃が高いかなって気がしますけどね。

 毎日、通学でバスを使ってます。でも、あまり時間に（② ）じゃないし、頼りにならない感じですよね。バスが来なくて待たされるとイライラしますね。

 職場が遠いので、毎日新幹線を使ってます。だいたい座れるし、本当に快適です。でも、台風とかで（③ ）になったときは困りますね。バスやタクシーじゃ帰れませんから…。

 以前は地下鉄だったんですけど、最近、自転車（④ ）を始めました。電車やバスなどの（⑤ ）の乗り物を使うよりも自由に移動できるし、運動不足解消にもなるし、気に入ってます。それに、環境に優しいのもいいですよね。

 1歳の子どもがいるので、車で出かけることが多いですね。電車だと（⑥ ）で混んでいるときとか、ベビーカーを乗せにくいんですよ。

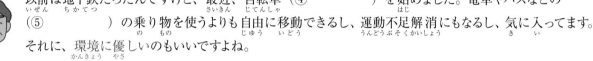

a. 正確	b. ラッシュ	c. 通勤	d. 路線	e. 運休	f. 公共
せいかく		つうきん	ろせん	うんきゅう	こうきょう

◆ 붉은색 글자의 표현에 주목합시다. 말하는 사람이 '좋다고 생각하는' 것을 나타내는 표현은 어느 것입니까?

3 일본 전철이나 역의 안내 방송을 들어 보세요. 무엇에 대해 말하고 있는지 a–e 중에 고르세요. 8_07-11

①（ e ）　　②（ ）　　③（ ）　　④（ ）　　⑤（ ）

a.

b.

c.

d.

e.

聞いてわかる　　Can-do **36**　　외국의 교통 기관을 이용한 경험 등, 다른 사람의 경험담을 듣고 내용과 그 배경에 있는 가치관을 이해할 수 있다.

● 전철이 늦게 올 경우, 몇 분 정도라면 참을 수 있습니까?

ある国（日本以外）に住んでいる人たちが、駅のホームで電車を
いがい　　　　す　　　　　　　　　　　　　　　ひと
待ちながら話しています。
ま

あー、また電車遅れてる。
おく

② サリナ　　　　　　① 直子
　　　　　　　　　　　なおこ
③ 信治　　④ 耕太
　しんじ　　　こうた

1 교통 기관에 대한 네 사람의 체험과 코멘트를 들어 봅시다.

（1）　네 사람은 아래 a-f 중 어느 것을 이야기하고 있습니까?
　　　또, 그것은 어느 나라에서의 이야기입니까? 🔊 8_13-16

	① 直子 なおこ	② サリナ	③ 信治 しんじ	④ 耕太 こうた
話題 わだい	c, d			
国	☑ 今住んでいる国 　す □ 日本 　にほん	□ 今住んでいる国 　す □ 日本	□ 今住んでいる国 　す □ 日本	□ 今住んでいる国 　す □ 日本

a.
運転手の休憩
うんてんしゅ　きゅうけい

b.
電車の出発
しゅっぱつ

c.
行き先の変更
いさき　へんこう

d. 電車のスト
allday ON STRIKE

e.
車内アナウンス
しゃない
もうしわけございません

f.
ベビーカーや自転車の持ち込み
じてんしゃ　も　こ

（2）　다시 한 번 듣고 (1)에서 고른 화제에 대해 각각 어떤 일이 있었는지 메모합시다. 그리고 그 체험을 어떻게 생각하는지
　　　a-d에서 하나 고르세요. 🔊 8_13-16

	①	②	③	④
体験 たいけん	・途中の駅で降ろされる 　とちゅう　えき　お 　30分以上待たされる 　　いじょうま ・丸一日電車が動かない 　まる　　　　うご 　予定がパー 　よてい			
感想 かんそう	a			

a. 今住んでいる国の交通機関に不満を持っている　　b. 日本の交通機関の雰囲気に不満を感じている
　す　　　　　　こうつうきかん　ふまん　も　　　　　　　　にほん　こうつうきかん　ふんいき　ふまん　かん
c. 今住んでいる国の交通機関のおおらかさに驚いている　　d. 日本の交通機関の対応に驚いている
　す　　　　　　こうつうきかん　　　　　　おどろ　　　　　　　にほん　こうつうきかん　たいおう　おどろ

（3）다시 한 번 들어 봅시다. 네 사람은 두 나라의 교통에 대해 어떻게 생각합니까? (　　) 안에 적절한 말을 써 보세요.

① この国の電車は(a. 頼り)にならない。時間通りに動かないし、行き先の変更やストも多く、(b.　　)を立てても無駄になる。	② この国では、(a.　　)でなければならないという感覚がない。少し遅れただけで車内アナウンスで(b.　　)日本は、ちょっとおかしい。	③ この国は、交通機関もお客さんも(a.　　)している。少し遅れても気にしない。遅れることが(b.　　)こととは思っていないようだ。	④ 日本よりもこの国のほうが(a.　　)と思うときもある。日本は、駅の人もお客さんも(b.　　)がなくてピリピリしていて、疲れる。

2 듣기 전략

이야기의 배경을 확인하면서 듣는다

（1）대화의 일부를 다시 한 번 들어 봅시다. 듣는 사람은 붉은색 글자의 발언에 대해 어떻게 말했습니까? 8_17-18

　　① 直子 ：それに、こっちはストも多いよね！ この前も、丸一日電車が動かなくて、その日の予定が全部パー。
　　　　　　　（ え、日本ではストがないの？ ）

　　③ 信治 ：…どうしたんだろうって思ってたら、サンドイッチ持って帰ってきたんだ。たぶんその辺の店でランチを買ってたんだろうけど、ほんと、びっくりしたな。（ へー、　　　　　　　　　）

（2）直子 씨, 信治 씨의 대화를 이어서 들어 봅시다. 두 사람의 대답에서, 이야기의 배경으로 어떤 것을 알 수 있습니까?

　　① (　　　　　　　　　　　　　)　　③ (　　　　　　　　　　　　　)　　 8_19-20

（3）耕太 씨가 말한 붉은색 글자의 발언에 대해 그 배경을 확인하고 싶을 때 여러분이라면 어떻게 말하겠습니까?

　　★ 부분을 자유롭게 말해 보세요. 8_21-22

　　④ 耕太 ：… 日本だと、電車にベビーカーを乗せたら、ときどき冷たい目で見る人いるでしょ。（★　　　　　）
　　　　　　　… ベビーカーはもちろんだし、自転車だってそのまま電車に乗せてもいいんだから。（★　　　　　）

　◆ 예를 들어 봅시다. 듣는 사람은 어떻게 질문했습니까? 그에 대해 耕太 씨는 어떻게 대답했습니까? CHECK! 8_23-24

3 여러분에게도 비슷한 경험이 있습니까? 그 때 어떻게 생각했습니까?

■ 네 사람의 체험을 정리합시다. (　　) 안에 들어갈 말을 골라 적절한 형태로 바꾸세요. CHECK! 8_25-28

（1）直子さんは、この間、途中の駅で、いきなり電車から（① 降ろされて ）、寒いホームで次の電車を30分以上（②　　　　）。ストも多く、この前も、丸一日電車が（③　　　　）、その日の予定が全部パーになった。

動く	降ろす	待つ

（2）サリナさんが去年、日本に（④　　　　）とき、台風の次の日に電車に（⑤　　　　）、車内アナウンスで「昨日は、電車の時間が乱れて、本当に申し訳ありませんでした」と（⑥　　　　）。

行く	乗る	謝る

（3）信治さんがバスに乗っていたら、運転手が途中でバスを降りて、ランチを買って帰ってきた。隣の人に「（⑦　　　　）?」と言ったら、「お腹がすいた運転手に事故を（⑧　　　　）よりはいい」と（⑨　　　　）。

言う	起こす	信じる

（4）日本だと、混んでいるとき電車にベビーカーを乗せたら、冷たい目で（⑩　　　　）人もいるし、自転車もそのままでは（⑪　　　　）。電車に（⑫　　　　）そうにないとき、ホームで「待って〜」と叫んでも待ってくれない。

見る	乗せる	間に合う

★ Can-do를 체크하세요

PART **2** 今日は運休ですね
うんきゅう

会話する

Can-do 37 교통 기관의 트러블 등으로 곤란에 처한 사람에게 자세히 상황을 설명하고 구체적인 조언을 할 수 있다.

● 교통 기관의 트러블로 곤란했던 경험이 있습니까?

長谷川さんは、夫婦でロンドンに旅行に来ています。地下鉄の駅
はせがわ　　　　　　ふうふ　　　　　　　　　　　　　　　ちかてつ　えき
（ヴィクトリア）で困っている二人に、エリンさんが話しかけました。
こま　　　　　ふたり

エリン（イギリス）
ロンドンに住む会社員。日本語は高校、
す　　　かいしゃいん
大学で勉強した。高校のとき、日本に
べんきょう
半年間ホームステイしたこともある。
はんとしかん

長谷川夫妻（日本）
はせがわふさい
日本から来た旅行者。夫が会
りょこうしゃ　おっと
社を定年退職したあと、夫婦
ていねんたいしょく　　　ふうふ
で世界を旅行している。
せかい　りょこう

1 세 사람의 대화를 들어 봅시다. 스크립트를 보지 않고 다음의

사항에 주의하며 들어 봅시다. 🔊 8_30

① 長谷川さんは、どうして困っていましたか。
はせがわ　　　　　　　　　こま

② エリンさんは、どんなアドバイスをしましたか。

2 스크립트를 보면서 들어 봅시다. 🔊 8_30

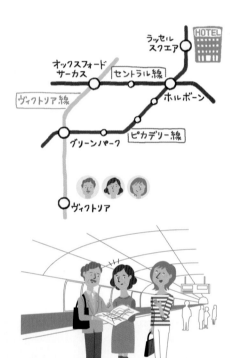

（1）세 사람은 보통체와 정중체 중 어느 쪽을 사용하고 있습니까?

누가 누구에게 경어를 사용하고 있습니까? 이유는 무엇입니까?

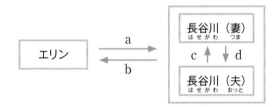

（2）（　　）안에 들어갈 말을 쓰세요.

◆ 어떤 의미와 기능이 있다고 생각합니까?

エリン　　　　：あのう、何か（①　　　　　　　　　　）か？

長谷川（妻）：えっ…ああ、日本語をお話しになるんですか？

エリン　　　　：ええ、あまり上手ではないですけど。どうなさいましたか？
じょうず

長谷川（夫）：いや、実は、この先の、グリーンパークという駅で乗り換えるつもりだったんですけど、いきなり
じつ　さき　　　　　　　　　　　　　　　　　　の　か

　　　　　　　みんなここで電車から降ろされてしまったので…何かあったんでしょうか？
お

エリン　　　　：ああ、車内アナウンスで言ってましたけど、この電車はここ、ヴィクトリアで終わりだそうです。グリー
しゃない　　　　　　　　　　　　　　　　　　　　　　　　　　　お

　　　　　　　ンパークまで行くなら、次に来る電車に乗ればだいじょうぶですよ。ちょっと待つかもしれませんけど…。
つぎ　　　の　　　　　　　　　　　　　　　　ま

長谷川（夫）：おかしいなあ。乗るときに、ちゃんと行き先を確かめて乗った（②　　　　　　　　）なんですけどね。
の　　　　　　　　　い　さき　たし　　　の

エリン　　　　：あ、ロンドンの地下鉄は、こうやって突然行き先が変わったり、途中の駅で降ろされたりすること
ちかてつ　　　　　　　とつぜんい　さき　か　　　　　とちゅう　えき　お

　　　　　　　が、よくあるんです。日本の電車（③　　　　　　　　）正確じゃないんですよ。
せいかく

長谷川（妻）：そうなんですか。でも、みなさんそれで不便じゃないんですかねえ？
ふべん

エリン　　　　：もちろん不便ですけど、みんなもうあきらめてますね。電車というのは正確には動かないものだ、って。
ふべん　　　　　　　　　　　　　　　　　　　　　　　　　　　せいかく　うご

長谷川（夫）：それで、私たちは、ここの、ラッセルスクエアという駅まで行きたいんですけど、グリーンパーク

　　　　　　　まで行って、そこで、この紺色の路線に乗り換えればいいんですよね？
こんいろ　ろせん　の　か

エリン ：あー、この週末は、ピカデリー線は工事してるので、動いて（④　　　　　　　）と思いますよ。ちょっと待ってください。今、調べますね…あ、やっぱり、今日は運休ですね。ラッセルスクエアのどちらに行かれるんですか？

長谷川（夫）：ええと、このホテルなんですが…。

エリン ：そうですねえ、その辺りなら、このままヴィクトリア線でオックスフォードサーカスまで行かれて…そこでセントラル線に乗り換えて…よろしいですか？

長谷川（夫）：はい。

エリン ：それから、ホルボーンで降りて、そこから歩いて15分ぐらいだと思います。

長谷川（妻）：ちょっと遠いですねえ。それに、道がわかるかしら。どうする？

長谷川（夫）：そうするしかないなら、しょうがないよな。

エリン ：そうですねえ、私だったら、ここからタクシーで行っちゃいますね。ロンドンのタクシーは、日本の電車と同じぐらい信頼できますから。

3 대화에 도움이 되는 문법·문형

상대가 지금 어떤 상황인지 정중하게 묻는다

　　何か<u>お困り</u>ですか？ → ❶

생각과 결과가 다름을 나타낸다

　　乗るときに、ちゃんと行き先を確かめて<u>乗ったつもり</u>なんですけどね。→ ❷

비교한다

　　日本の電車<u>ほど正確じゃない</u>んですよ。→ ❸

과거에 얻은 정보를 떠올리며 지금의 상황을 말한다

　　この週末は、ピカデリー線は工事してるので、<u>動いてなかったと思います</u>よ。→ ❹

듣거나 읽은 것을 전한다

　　この電車はここ、ヴィクトリアで<u>終わりだそうです</u>。→ 初中級 トピック8

---

❶ ｜ お V です ｜ 何か<u>お困り</u>ですか？

お ＋ V ます ＋ です

「おVです」의 형태로 바꿔서 정중하게 질문해 봅시다. 🔊 8_31-35

① 何か（探していますか → 　お探しですか　）？

② 今日はどちらに（出かけますか → 　　　　　　　　）？

③ 地下鉄のカードは（持っていますか → 　　　　　　　　）？

④ 次の電車は20分待てば来ると思いますが、（急いでいますか → 　　　　　　　　）？

⑤ 日本へは、いつ（帰りますか → 　　　　　　　　）？

❷ │ V たつもりだ │　乗るときに、ちゃんと行き先を確かめて乗ったつもりなんですけどね。
　　　　　　　　　　　　　（の）　　　　　　　　　　（い　さき　たし）　　　　（の）

어떤 장면에서 말하고 있습니까? 내용을 듣고 그림을 골라 보세요. 🔊 8_36-40

① a　　　　　②　　　　　③　　　　　④　　　　　⑤

a.　　　　　b. ターミナル2　　c. BANK　　d. E1／A1　　e.

◆ 그림을 보면서 스스로 문장을 만들어 말해 보세요.

❸ │ 〜ほど〜ない │　日本の電車ほど正確じゃないんですよ。
　　　　　　　　　　　　　　　　　　　（せいかく）

🔊 8_41-44 CHECK!

런던과 도쿄를 비교해 보세요. 그림을 보면서 「〜ほど〜ない」 의 형태를 사용해 말해 보세요.

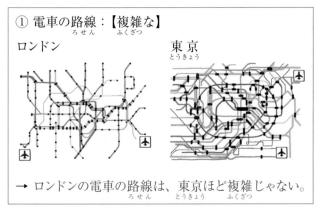

① 電車の路線：【複雑な】
　　（ろせん）（ふくざつ）
ロンドン　　　東京
　　　　　　　（とうきょう）

→ ロンドンの電車の路線は、東京ほど複雑じゃない。
　　　　　　　（ろせん）　（とうきょう）　（ふくざつ）

② タクシー：【高い】
　　　　　（たか）
ロンドン　　　東京
　　　　　　　（とうきょう）

→

③ 駅：【混んでいる】
　　（こ）
ロンドン　　　東京
　　　　　　　（とうきょう）

→

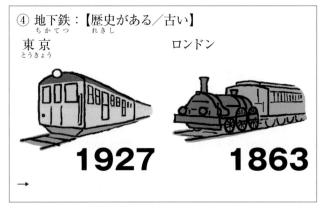

④ 地下鉄：【歴史がある／古い】
　（ちかてつ）【れきし　　　ふる】
東京　　　　ロンドン
（とうきょう）

1927　　　1863

◆ 여러분의 마을과 일본의 마을을 비교하여 자유롭게 말해 봅시다.

❹ │ 〜たと思う │　この週末は、ピカデリー線は工事してるので、動いてなかったと思いますよ。
　　　　　（おも）　　　（しゅうまつ）　　　　　　（せん）（こうじ）　　（うご）

「～たと思う」의 형태를 사용해 말해 봅시다. 🔊 8_45-49

① A：新幹線の切符って、窓口でなければ買えないんですか?
　　B：自動券売機でも (買えます → 買えたと思います) よ。

② A：高速バスって、電話して予約する必要がありますか?
　　B：いえ、インターネットでも (予約できます → 　　　　　　　　　)。

③ A：切符の発売って、いつからでしたっけ?
　　B：(1 か月前の朝 10 時からです → 　　　　　　　　)。

④ A：空港からの電車、けっこう高いですよね。
　　B：でも、外国人観光客には (割引があります → 　　　　　　)。

⑤ A：この駅まで、快速一本で行けますよね?
　　B：いえ、その駅には快速は (止まりません → 　　　　) よ。

4　말하기 전략

상대가 이해하는지 확인하면서 말한다

(1) 157쪽 대화의 스크립트를 보세요. エリン 씨가 호텔로 가는 방법을 설명할 때, ★ 부분을 어떻게 말했습니까?

「その辺りなら、このままヴィクトリア線でオックスフォードサーカスまで行かれて…そこでセントラル線に乗り換えて…(★　　　　　　　　　　) それから、ホルボーンで降りて、そこから歩いて 15 分ぐらいだと思います。」

(2) 다른 표현도 들어 봅시다. 🔊 8_50

だいじょうぶですか?
いいでしょうか?
ここまで、よろしいですか?
おわかりですか?

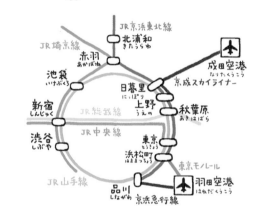

◆ 지도와 노선도 등을 사용하여 가는 방법을 설명하세요.
　중간 중간 상대가 잘 이해하고 있는지 확인하면서 말해 주세요.

발음

문장 전체의 인토네이션(1)

ロンドンの ちかてつ は、こうやって とつぜん いきさき が かわったり、

とちゅう の えきで おろされたりする こと が よく あるんです。

(1) 악센트와 포커스(상대에게 전하고자 하는 정보가 있는 부분)를 생각하며 인토네이션의 선을
　그어 봅시다.

(2) 자신이 그은 선을 보면서 음성을 들어 봅시다. 틀린 부분이 있는지 체크합시다.

(3) 선을 보면서 발음해 봅시다. 🔊 8_51

5 롤 플레이를 통해 회화 연습을 합시다.

(1) 롤 플레이에 앞서 다시 한 번 스크립트를 보며 생각해 봅시다. エリン 씨가 다음과 같은 이야기를 하는 것은 어느 부분입니까? 각각 표시해 주세요.

Ａ 今の状況について、説明している。
Ｂ 背景となる一般的な事情について、話している。
Ｃ どうすればいいか、アドバイスしている。

◆ 각 부분에서 어떤 표현을 사용하고 있습니까?

(2) 카드를 보고 연습합시다.

① 다음 장면에서 (例) 뒤에 이어질 내용을 생각해 봅시다. (1)의 Ａ – Ｃ와 같은 내용을 넣어 이야기해 봅시다.

地下鉄に乗っていると、途中の駅で急にみんな電車から降ろされてしまいました。車内アナウンスがありましたが、ことばのわからない日本人が困っています。日本語で話しかけて、事情を説明してあげてください。また、その日本人が行きたい場所をきいて、どう行けばいいかアドバイスしてください。

(例) Ａ：あのう、何かお困りですか?
　　　Ｂ：ええ、ちょっとアナウンスがわからなかったんですが、どうして電車が止まっているんでしょうか?
　　　……

◆ 대화 예를 들어 봅시다. 8_52

② 여러분 나라의 교통 기관에 있을 법한 장면을 생각하며 대화해 봅시다. 전철, 버스, 비행기 등등 무엇이든 좋습니다.

Can-do를 체크하세요

PART **3** 切符は駅の機械で簡単に買えます
きっぷ　　　えき　　きかい　　　かんたん

長く話す

Can-do 38 교통기관에 대해 이용 방법과 특징, 주의할 점 등을 구체적으로 설명할 수 있다.

● 여러분 마을의 교통 기관은 외국인도 이용하기 쉽습니까?

モスクワに引っ越してきたばかりの和田さんが、
ひ　こ　　　　　　　　　　　　　　わだ
ランチのとき、知り合いのナターシャさんに質問しています。
し　あ　　　　　　　　　　　　　しつもん

1 두 사람의 대화를 들어 봅시다. 🔊 8_54

和田
わだ

> ねえ、ナターシャさん、今度メトロに乗りたいんですけど…。
> こんど　　　の
> ロシア語もまだよくわからないし、心配で…。
> しんぱい
> どうやって乗ればいいか、教えてもらえませんか?
> の　　　　　　　おし

> メトロですか? 簡単ですよ。そうですね、‥‥‥‥‥‥‥‥‥‥‥。
> かんたん

ナターシャ

> ありがとう。でも、だいじょうぶかなあ…。

설명의 순서대로 [　]에 번호를 쓰세요. 그리고 각각 관계가 있는 것을 a-e에서 골라 (　) 안에 써 보세요.

[1] 路線　　　　(a)
　　　ろせん
[　] 電車の時刻　(　)
　　　でんしゃ　じこく
[　] 切符・料金　(　)
　　　きっぷ　りょうきん
[　] 降りる駅　　(　)
　　　お　　えき
[　] 電車のホーム(　)
　　　でんしゃ

a. ガイドブック
b. 時刻表
　　じこくひょう
c. 車内アナウンス
　　しゃない
d. 色の表示
　　いろ　ひょうじ
e. トロイカカード

2 다시 한 번 듣고 (　)에 알맞은 말을 쓰세요. 🔊 8_54

무엇에 대한 이야기인지 말한 뒤, 이용 방법을 설명한다

・まず、路線を、ガイドブックで (①　　　　　　)。
　　　　ろせん
・切符は窓口でもいいですが、駅の機械でも簡単に (②　　　　　　)。‥‥‥共通券になってて、距離に
　きっぷ　まどぐち　　　　　　　えき　きかい　　かんたん　　　　　　　　　　　　　　きょうつうけん　　　　　きょり
　(③　　　　　　)、1回が同じ料金です。しばらくモスクワで生活するなら、トロイカカードを (④　　　　) と
　　　　　　　　かい　おな　りょうきん　　　　　　　　　　　　　　せいかつ
　(⑤　　　　　　) ですよ。(いいですよ／役に立ちます／簡単です)
　　　　　　　　　　　　　　　　　　　　　　　　やく　た　　　　かんたん
・電車のホームは、路線 (⑥　　　　　) 色が決まっているので、色の表示を見て (⑦　　　　　) ですよ。
　でんしゃ　　　　　　ろせん　　　　　　いろ　き　　　　　　　　　　いろ　ひょうじ　み
・降りる駅はアナウンスしてくれるので、駅の名前だけ注意して (⑧　　　　　) と思います。
　お　　えき　　　　　　　　　　　　　　　　　　　　　　ちゅうい

특징이나 주의할 점을 말한다

・ただ、ホームに行くまでのエスカレーターがすごく長くて深いので、「どこまで降りて行くんだろう」って
　　　　　　　　　　　　　　　　　　　　　　　　　　ふか　　　　　　　　　　　　お
　(⑨　　　　　　)。
・それから、モスクワのメトロは時刻表がないんですけど、電車は (⑩　　　　　) 来るから心配いりません。
　　　　　　　　　　　　　　　　じこくひょう　　　　　　　　でんしゃ　　　　　　　　　　　　　しんぱい
　駅の中が、宮殿 (⑪　　　　　) きれいなので、それを見るのも楽しいと思いますよ。
　えき　なか　きゅうでん　　　　　　　　　　　　　　　　　　　　　たの

3 스크립트를 보면서 다시 한 번 들어 봅시다. 8_55

メトロですか？ 簡単ですよ。そうですね、…

モスクワのメトロは路線がたくさんあるので、まず、路線を、ガイドブックで確認してください。

切符は窓口でもいいですが、駅の機械でも簡単に買えます。メトロもバスも、あと、トラムも乗れる

共通券になってて、距離に関係なく、１回が同じ料金です。しばらくモスクワで生活するなら、トロイカ

カードを持っておくと便利ですよ。簡単にチャージもできて、料金もお得です。電車のホームは、路線ごとに

色が決まっているので、色の表示を見て探せばいいですよ。ただ、ホームに行くまでのエスカレーターが

すごく長くて深いので、「どこまで降りて行くんだろう」って心配になるかもしれません。

電車に乗ったら、降りる駅はアナウンスしてくれるので、駅の名前だけ注意して聞けばいいと思います。

それから、モスクワのメトロは時刻表がないんですけど、電車は次々に来るから心配いりません。

駅の中が、宮殿みたいにきれいなので、それを見るのも楽しいと思いますよ。

◆ 스크립트의 ★ 부분을 쉐도잉해 봅시다. 8_56

4 교통 기관의 이용 방법에 대해 말하는 연습을 해 봅시다. 대화에 나오는

모스크와의 메트로에 대해, 아래의 메모를 보면서 스스로 문장을 만들어 말해 보세요.

교통기관 : モスクワのメトロ

① [노선]

・たくさんある → ガイドブックで確認

② [표·요금]

・切符…駅の窓口、機械
　メトロ、バス、トラム…共通券
・料金…距離に関係なく、同じ
　モスクワで生活する → トロイカカード…便利
　　　　　　　　　　　簡単にチャージ
　　　　　　　　　　　料金もお得

③ [전철 홈]

・路線ごと、色が決まっている
　→ 色の表示を見る
・エスカレーター…長くて深い

④ [내리는 역]

・アナウンス → 駅の名前に注意して聞く

⑤ [기타]

・時刻表がない、次々来る
・駅の中…宮殿みたいにきれい → 楽しい

◆ 이용 방법을 설명할 때 **2** 의 표현을 사용해 보았습니까?

5 여러분의 나라와 동네의 교통 기관의 이용 방법이나 특징, 주의할 점 등을 설명해 봅시다.

(1) 일본인이 물어본 경우를 생각하며 설명 내용을 정리해 보세요. 무엇을 어떤 순서로 말해야 쉽게 이해할 수 있을지를 고려하여 카드 매수와 순서를 궁리해 주세요.

교통기관 :

① [   ]

② [   ]

③ [   ]

④ [   ]

⑤ [기타   ]

(2) 반 친구와 이야기해 봅시다.

~さん、今度○○に乗りたいんですけど…。
どうやって乗ればいいか、教えてもらえませんか?

⭐ Can-do를 체크하세요

PART **4** 日本の電車ってどう？

読んでわかる　Can-do 39　인터넷 등에서 교통 기관에 대한 여러 코멘트를 읽고 다양한 입장의 의견을 이해할 수 있다.

● 일본 전철은 어떤 이미지입니까? 무엇인가 알고 있는 것이 있습니까?

1 일본 전철에 관한 기사를 읽어 봅시다. 🔊 8_58-62

(1) 우선 ★ 부분을 읽어 봅시다. 이 기사는 어떤 내용입니까? 이어서 ① – ④의 외국인의 발언을 읽어 봅시다. 각각 어떤 것을 화제로 삼고 있습니까?

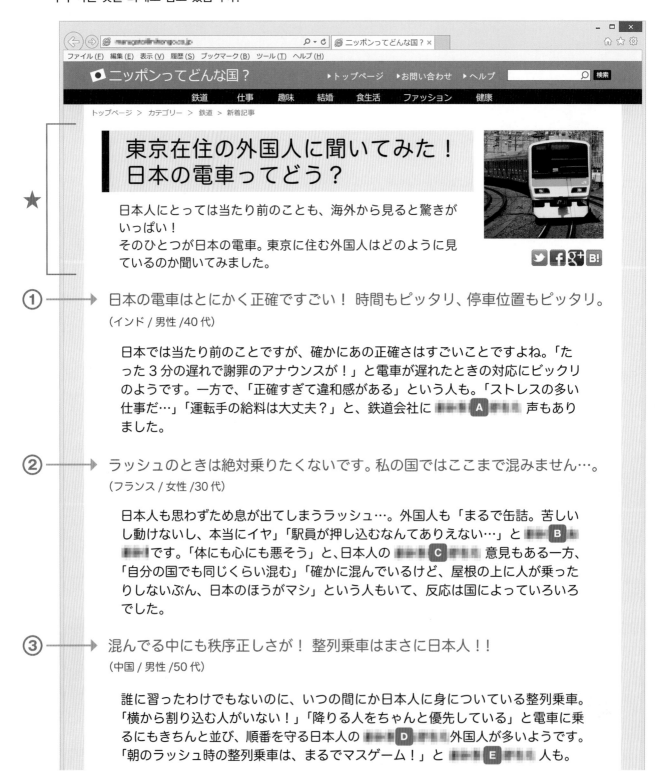

★

東京在住の外国人に聞いてみた！ 日本の電車ってどう？

日本人にとっては当たり前のことも、海外から見ると驚きがいっぱい！
そのひとつが日本の電車。東京に住む外国人はどのように見ているのか聞いてみました。

① 日本の電車はとにかく正確ですごい！ 時間もピッタリ、停車位置もピッタリ。
（インド / 男性 /40 代）

日本では当たり前のことですが、確かにあの正確さはすごいことですよね。「たった３分の遅れで謝罪のアナウンスが！」と電車が遅れたときの対応にビックリのようです。一方で、「正確すぎて違和感がある」という人も。「ストレスの多い仕事だ…」「運転手の給料は大丈夫？」と、鉄道会社に ███ A ███ 声もありました。

② ラッシュのときは絶対乗りたくないです。私の国ではここまで混みません…。
（フランス / 女性 /30 代）

日本人も思わずため息が出てしまうラッシュ…。外国人も「まるで缶詰。苦しいし動けないし、本当にイヤ」「駅員が押し込むなんてありえない…」と ███ B ███ です。「体にも心にも悪そう」と、日本人の ███ C ███ 意見もある一方、「自分の国でも同じくらい混む」「確かに混んでいるけど、屋根の上に人が乗ったりしないぶん、日本のほうがマシ」という人もいて、反応は国によっていろいろでした。

③ 混んでる中にも秩序正しさが！ 整列乗車はまさに日本人！！
（中国 / 男性 /50 代）

誰に習ったわけでもないのに、いつの間にか日本人に身についている整列乗車。「横から割り込む人がいない！」「降りる人をちゃんと優先している」と電車に乗るにもきちんと並び、順番を守る日本人の ███ D ███ 外国人が多いようです。「朝のラッシュ時の整列乗車は、まるでマスゲーム！」と ███ E ███ 人も。

④ ──▶ なんでみんな電車で寝てるの？ やっぱり仕事のしすぎで疲れてるの？
（オーストラリア / 女性 /30代）

仕事で疲れているからかどうかはわかりませんが、朝早かったり夜遅かったりすると、確かに車内で寝ている人が多いですよね。「安心して寝られるなんて、とても信じられない！私の国だったら、絶対荷物をとられます」と ■━■ F ■■■ 人もいれば、「隣の人にいびきをかかれてイライラ」「公共の場で寝るなんて…」と不快に思う人も。ほかにも、「みんなスマホをいじってる」「誰もしゃべらない」など、車内の日本人についての疑問もいろいろありました。

위 ① – ④의 화제를 나타내고 있는 그림을 골라 보세요.

a.

b.

c.

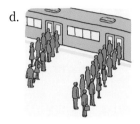
d.

（2） 기사 전체를 읽어 봅시다. 이 기사를 쓴 사람은 본문의 「　　　」 발언을 각각 어떤 의견으로 소개하고 있습니까?
A – F 에 들어갈 말을 아래 ア-カ에서 골라 보세요.

ア．マナーに感動する	イ．治安のよさを指摘する	ウ．同情する
エ．ウンザリの様子	オ．集団での動きに驚く	カ．健康を心配する

◆ 기사의 발언 중에 여러분의 생각과 가까운 것이 있습니까? 그 밖에 다른 의견이 있습니까?

2 읽기 전략

경험이나 배경 지식을 통해 말의 의미를 추측한다

> 知らないことばがある…。どんな意味かな？

「たった3分の遅れで●●のアナウンスが！」

3分の遅れで●●のアナウンス…？
あ、日本では電車が少し遅れただけで
「申し訳ありません」ってアナウンスが
あるって聞いたことがある…。
じゃあ、●●は「あやまる」って意味？

一方で、「正確すぎて■■感がある」という人も。

■■感…。電車が正確すぎると、
外国人はどんな感じがするかな？
「おかしい」とか「変だ」って感じ？
じゃあ、■■はそういう意味？

経験や背景知識も、わからないことばの推測に役立つんだね！

3 여러분 나라의 교통 기관이라면 외국인이 어떤 코멘트를 남길 것 같습니까?

4 읽기에 도움이 되는 문법·문형

대비를 나타낸다

❶ | 一方 （で）／～一方 （で） |
　いっぽう　　　　　いっぽう

……。一方で、「正確すぎて違和感がある」という人も。
　　　　いっぽう　　　せいかく　　　　いわかん

日本人の健康を心配する意見もある一方、……という人も……
にほんじん　けんこう　しんぱい　　いけん　　　いっぽう

・日本の駅では、外国語での案内が増えてきている。一方、外国語が話せる駅員はまだ少ない。
　　　　　えき　　　　　　　　　あんない　ふ　　　　　　　　いっぽう　　　　　　　　　　えきいん

・電車での旅行は、（　　　　　　　　）などのメリットがある一方で、（　　　　　　　　）などのデメリットもある。
　でんしゃ　　りょこう　　　　　　　　　　　　　　　　　　　　　　いっぽう

차이의 요인을 나타낸다

❷ | N によって |

反応は国によっていろいろでした。
はんのう　くに

・電車やバスで寝ることについて、人によって考え方はさまざまだ。
　でんしゃ　　　　ね　　　　　　　　　ひと　　　　　かんが　かた

・飛行機のチケットは、（　　　　　　　　）によって値段が違う。
　ひこうき　　　　　　　　　　　　　　　　　　　　　ねだん　ちが

강하게 부정한다

❸ | とても V （られ） ない |

安心して寝られるなんて、とても信じられない！
あんしん　　ね　　　　　　　　　　　しん

・私なら、日本のラッシュにはとても耐えられない。
　わたし　　　にほん　　　　　　　　　　　　た

・（　　　　　　　　　　　　）なんて、とても理解できない。
　　　　　　　　　　　　　　　　　　　　　りかい

난처한 심정을 나타낸다

❹ | V （ら） れる：수동형 |

隣の人にいびきをかかれてイライラ
となり　ひと

・近くでタバコを吸われると気分が悪くなるので、駅構内の全面禁煙化に賛成だ。
　ちか　　　　　　　す　　　　　　きぶん　わる　　　　　　こうない　ぜんめんきんえんか　さんせい

・まだ小さかった子どもと飛行機に乗ったとき、機内で子どもに泣かれて本当に大変だった。
　　　ちい　　　　こ　　　　ひこうき　　の　　　　　　きない　こ　　　　な　　　　ほんとう　たいへん

다음 ①−③은 어떻게 다릅니까? 위 「V(ら)れる」와 같은 종류의 수동형은 어느 것입니까?

① 駆け込み乗車をして、駅員に注意された。
　か　こ　じょうしゃ　　　　えきいん　ちゅうい

② ラッシュのときに、足を踏まれた。
　　　　　　　　　　　あし　ふ

③ 電車の中で、高校生のグループに騒がれてイライラした。
　でんしゃ　なか　　こうこうせい　　　　　　　　さわ

한자어

읽는 법과 뜻을 확인하세요. 키보드나 스마트폰을 이용해 입력해 봅시다.

| 停車 | 位置 | 遅れる | 押し込む | 反応 | 整列 乗 車 | 割り込む |
| ていしゃ | い ち | おく | お こ | はんのう | せいれつじょうしゃ | わ こ |

| 降りる | 公共 | 不快 |
| お | こうきょう | ふかい |

◆ 「不快」의 「不」는 뒤에 이어지는 말의 의미를 부정하는 기능이 있습니다. 같은 기능을 가진 한자는 「無」「未」
　ふかい　ふ　　　　　　　　　　　　　　　　　　　　　　　　　　　　　　　　　　　　　　む／ぶ　み

「非」 등이 있습니다. 이런 한자들이 포함된 단어는 그 밖에 무엇이 있습니까?
ひ

 ★ Can-do를 체크하세요

PART **5** ちょっと大変な目にあった
たいへん

Can-do **40**　교통 기관에서 체험한 것이나 그에 대한 감상을 SNS 등에 쓸 수 있다.

1　교통 기관에서 체험한 것이나 그에 대한 감상을 SNS에 써 봅시다.

（1）　친구가 해외 교통 기관에서 체험한 것을 SNS에
　　　썼습니다. 읽어 보세요. CHECK! 8_64

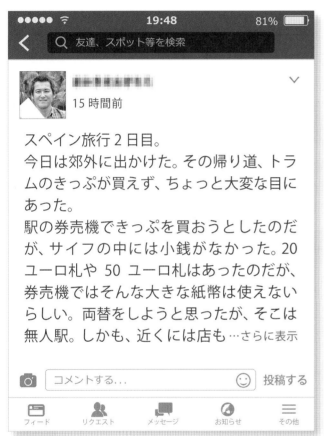

（2）　여러분도 교통 기관에서 난감했거나 놀란 경험이
　　　있다면 SNS에 올려 보세요.

2　다른 사람이 쓴 글을 읽어 봅시다. 여러분과 비슷한 체험을 한 사람이 있습니까?

⭐ Can-do를 체크하세요

教室の外へ

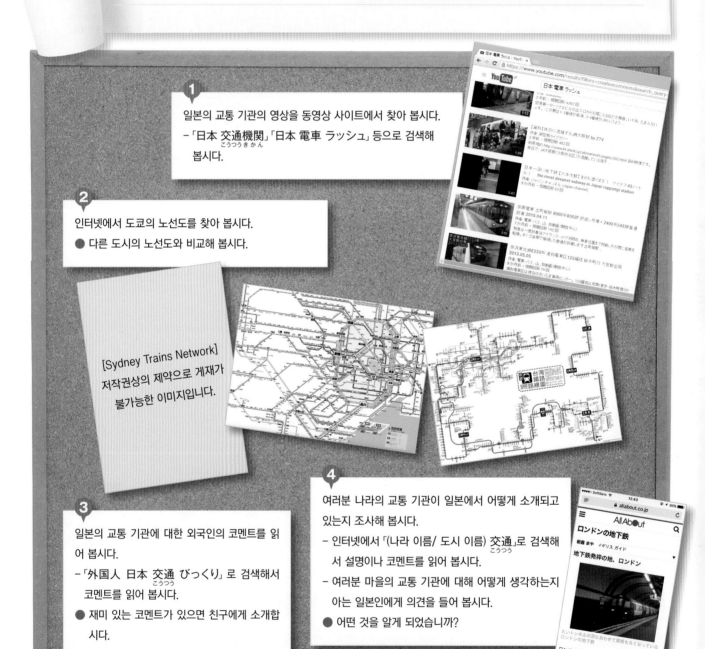

わたしだけのフレーズ

토픽과 관련해 일본어로 말해 보고 싶은 것은 무엇입니까?
나에게만 필요한 일본어 표현을 메모해 봅시다.

（例）空港には、ぼったくりのタクシーもいるので、気をつけてください。
くうこう

1
일본의 교통 기관의 영상을 동영상 사이트에서 찾아 봅시다.
－「日本 交通機関」「日本 電車 ラッシュ」 등으로 검색해
　こうつうきかん
봅시다.

2
인터넷에서 도쿄의 노선도를 찾아 봅시다.
● 다른 도시의 노선도와 비교해 봅시다.

[Sydney Trains Network]
저작권상의 제약으로 게재가
불가능한 이미지입니다.

3
일본의 교통 기관에 대한 외국인의 코멘트를 읽
어 봅시다.
－「外国人 日本 交通 びっくり」 로 검색해서
　　　　　　こうつう
코멘트를 읽어 봅시다.
● 재미 있는 코멘트가 있으면 친구에게 소개합
시다.

4
여러분 나라의 교통 기관이 일본에서 어떻게 소개되고
있는지 조사해 봅시다.
－ 인터넷에서 「(나라 이름/ 도시 이름) 交通」로 검색해
　　　　　　　　　　　　　　　　　こうつう
서 설명이나 코멘트를 읽어 봅시다.
－ 여러분 마을의 교통 기관에 대해 어떻게 생각하는지
아는 일본인에게 의견을 들어 봅시다.
● 어떤 것을 알게 되었습니까?

★ 일본어·일본 문화 관련 체험을 기록해 봅시다.

忍者、侍、その頃は…
にんじゃ　さむらい　　　　　　ころ

● 일본의 닌자나 절에 대해 어떤 것을 알고 있습니까?

● 자기 나라의 역사에서 어떤 시대에 가장 관심이 있습니까?

◎ 準 備

1 닌자와 사무라이에 관한 여러 사진을 봅시다. ①-⑧은 무엇인지 a-h에서 골라 보세요.

①

②

③ ④

⑤

⑥

⑦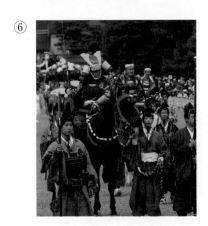

⑧

a. ゲーム	b. 小説やマンガ しょうせつ	c. ドラマや映画	d. テーマパークや娯楽施設 ごらくしせつ
e. 建物や遺跡 たてもの いせき	f. キャラクター	g. 昔の道具や武器 むかし どうぐ ぶき	h. 祭り まつ

문화 여러분 나라에는 a-h처럼 역사를 테마로 한 것이 있습니까?

2 ( ) 안에 들어갈 말을 a-e에서 고르세요. 9_02-06

> もしタイムスリップするなら、何時代に行ってみたいですか？

 なんといっても戦国時代です。能力や実力があれば、（① a. 身分 ）に関係なく、成功することが
できた時代ですよね。戦国武将になって、自分の国を持ってみたいですね。

 そうですね、やっぱり、原始時代かなあ。わかっていることが少ないから（② ）だらけで
神秘的な感じでしょう？ だから、なんとなくおもしろいかもって思います。

 私、忍者が大好きなんです。だから、戦国時代とか江戸時代とか、忍者が（③ ）した
時代に行ってみたいです。その時代の「忍者の里」もぜひ訪れてみたいって思います。

 平安時代に憧れます。その頃って、貴族の文化の（④ ）でしょ。十二単を着て、歌を
詠んだり恋文をもらったり、ほんと、すてきですよね。

 侍 の時代に（⑤ ）を感じます。和服を着て、刀をさして、テレビや映画で見るような
江戸の町を歩いてみたいなあ。

---
a. 身分　　b. 活躍　　c. 謎　　d. 最盛期　　e. ロマン

◆ 붉은색 글자의 표현에 주목합시다. 강조하는 표현은 어느 것입니까?

9

3 일본사의 시대 연표입니다. ①-⑥에 들어갈 삽화를 a-f에서 고르세요.

約12000年前	紀元前3	紀元前2	3	4	5	6	7	8	9	10	11	12	13	14	15	16	17	18	19	20	世紀 21
原始					古代							中世				近世				近代	現代
縄文	弥生		古墳	飛鳥	奈良		平安					鎌倉	室町 （戦国）		安土桃山		江戸		明治	大正 昭和	平成
	①			②			③						④				⑤		⑥		

a.

b.

c.

d.

e.

f.

聞いてわかる　　Can-do **41**　역사상의 인물에 대한 이야기를 듣고 그 인물의 이미지나 그것을 나타내는 구체적인 에피소드를 이해할 수 있다.

信長って、どうしてそんなに人気があるんでしょうね。
のぶなが　　　　　　　　　　　　　　にんき

④ 浅井　③ 島津
あさい　　しまづ

② 今川
いまがわ

① 武田
たけだ

● 여러분 나라에는 영화나 드라마 주인공이 될 만한 역사상의 인물이 있습니까?

オフィスで、歴史上の人物についての話題になりました。
れきしじょう　じんぶつ　　　　　　わだい

1　일본 역사상의 인물에 대한 이야기를 들어 봅시다.

A. 聖徳太子　　B. 源　義経　　C. 織田信長　　D. 卑弥呼
しょうとくたいし　　みなもとのよしつね　　おだのぶなが　　ひみこ

（1）화제가 되고 있는 인물을 위의 삽화에서 골라 어느 시대 사람인지 메모합시다. 또한, 그 인물의 이미지에 해당하는 것을 ア－エ에서 골라 보세요. 🔊 9_08-11

	① 武田 たけだ	② 今川 いまがわ	③ 島津 しまづ	④ 浅井 あさい
人物 じんぶつ	C			
時代 じだい	戦国 時代 せんごく じだい	年 世紀 せいき	世紀 せいき	時代 じだい 年
イメージ	ア			

ア. いろいろ新しいことをした人
イ. 頭がよくていろいろなことをした人
　　あたま
ウ. 謎が多いミステリアスな人
　　なぞ
エ. 悲劇のヒーローというイメージの人
　　ひげき

（2）다시 한 번 들어 봅시다. 각각의 인물과 관계있는 것을 a－j에서 골라 보세요. 🔊 9_08-11

①（　b, h　）　②（　　　）　③（　　　）　④（　　　）

a. 法律を作る
ほうりつ

b. 鉄砲
てっぽう

c. 邪馬台国
やまたいこく

d. 孤独な子ども時代
こどく　　　じだい

e. 10人の話を聞く

f. 戦いで活躍
たたか　かつやく

g. 法隆寺
ほうりゅうじ

h. 部下の裏切り
ぶか　うらぎ

i. 兄弟の対立
きょうだい　たいりつ

j. 占い
うらな

（3）다시 한 번 삽화를 보면서 듣고, 각각의 인물에 대해 알게 된 것을 메모합시다. 🔊 9_08-11

2 듣기 전략

여러 가지 전략을 사용한다　9_12

(1) 대화의 일부를 다시 한 번 들어 봅시다. 붉은색 글자에 대해 듣는 사람은 어떻게 코멘트하고 질문했습니까?

① 武田：…（信長は）戦国時代の武将の中でも、すごく進歩的で、革新的。（a. 革新的って？）　うーん、
　　　新しいってこと。（b. へー、　　　　　　　）たとえば、戦争に鉄砲を使ったりとか、あと、身分や
　　　年齢にこだわらないで、能力がある人をどんどん自分の部下にしたっていうし。（c.　　　　　　　）
　　　うん、でも最後は、その部下に裏切られて、自殺しちゃうんだけどね。（ d.　　　　　　　）

(2) 위 a-d의 코멘트는 다음 ア-エ 중 어느 것에 해당합니까?

> ア.よりくわしい説明を求める　　イ.ことばの意味をたずねる　　ウ.自分の理解を確認する　　エ.感想やコメントを述べる

(3) 여러분이라면 ★ 부분을 어떻게 말하겠습니까? 위 ア-エ의 차이에 주의하며 말해 봅시다.　9_13

② 今川：…テレビの大河ドラマの主人公でいちばん人気があるのは、源 義経なんだって。
　　　（★ア　　　　　　　）義経は 源 頼朝の弟で…、頼朝は知ってる？（いえ。）鎌倉幕府を
　　　開いた人。（★イ　　　　　　　）ああ、新しい政府みたいなものかな。だから、義経は信長よりも
　　　だいぶ古い時代の人だよね。千百何年ぐらいだったと思うな。（★ウ　　　　　　　）うん、
　　　子どもの頃から家族と引き離されて、孤独に育った人なんだ。でも、成長してからは、戦いで
　　　兄の頼朝を助けて、すごく活躍するんだ。（へー。）けど、鎌倉幕府ができたあと、兄弟は対立して、
　　　えっと…義経はまだ 30 代の若さだったのに、兄に殺されちゃうんだよね。（★エ　　　　　　　）

◆ 今川 씨의 이야기를 다시 한 번 듣고, 듣는 사람이 어떻게 말했는지 확인해 봅시다.　9_14

3 여기에서 소개된 역사상의 인물 중에서 누가 가장 매력적이라고 생각합니까?

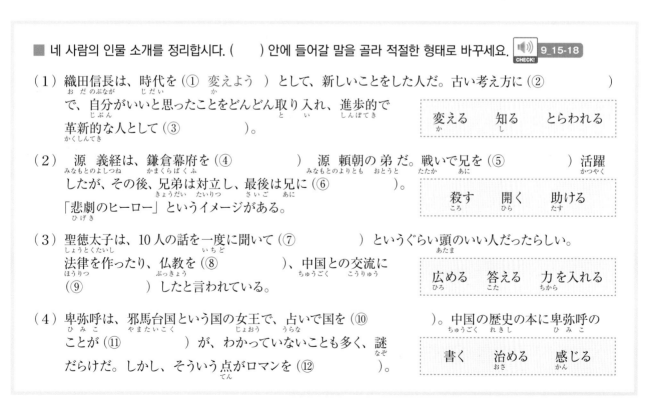

■ 네 사람의 인물 소개를 정리합시다. (　　) 안에 들어갈 말을 골라 적절한 형태로 바꾸세요.　9_15-18

(1) 織田信長は、時代を（① 変えよう　）として、新しいことをした人だ。古い考え方に（②　　　　　　）
　　で、自分がいいと思ったことをどんどん取り入れ、進歩的で
　　革新的な人として（③　　　　　　）。

> 変える　　知る　　とらわれる

(2) 源 義経は、鎌倉幕府を（④　　　　　　）源 頼朝の弟だ。戦いで兄を（⑤　　　　　　）活躍
　　したが、その後、兄弟は対立し、最後は兄に（⑥　　　　　　）。
　　「悲劇のヒーロー」というイメージがある。

> 殺す　　開く　　助ける

(3) 聖徳太子は、10 人の話を一度に聞いて（⑦　　　　　　）というぐらい頭のいい人だったらしい。
　　法律を作ったり、仏教を（⑧　　　　　　）、中国との交流に
　　（⑨　　　　　　）したと言われている。

> 広める　　答える　　力を入れる

(4) 卑弥呼は、邪馬台国という国の女王で、占いで国を（⑩　　　　　　）。中国の歴史の本に卑弥呼の
　　ことが（⑪　　　　　　）が、わかっていないことも多く、謎
　　だらけだ。しかし、そういう点がロマンを（⑫　　　　　　）。

> 書く　　治める　　感じる

★ Can-do를 체크하세요

PART 2 やっぱり忍者はいるに違いないよ

● 닌자에 대해 어떤 것을 알고 있습니까?

ニューヨークの大学の日本語クラスの学生が、

桜井先生のうちに集まって、パーティーをしています。

1 네 사람의 대화를 들어 봅시다. 스크립트를 보지 않고 다음의 사항에

주의하며 들어 봅시다. 🔊 9_20

　① 日本の忍者について、学生はどんな疑問を持っていますか。

　② 桜井先生は、それについてどう言っていますか。

2 스크립트를 보면서 들어 봅시다. 🔊 9_20

リアム（アメリカ）
大学の日本語学科の学生。日本のアニメが好き。

エミリー（アメリカ）
大学の日本語学科の学生。リアムとつきあっている。

アレックス（アメリカ）
大学の日本語学科の学生。まじめで勉強が好き。

桜井（日本）
アメリカの大学の日本語の講師。

（1）네 사람은 보통체와 정중체 중 어느 쪽을 사용하고 있습니까?

　　이유는 무엇입니까?

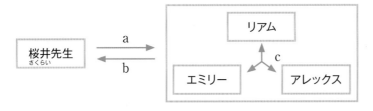

（2）（　　）안에 들어갈 말을 쓰세요

◆ 어떤 의미와 기능이 있다고 생각합니까?

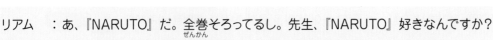

リアム　　：あ、『NARUTO』だ。全巻そろってるし。先生、『NARUTO』好きなんですか？

桜井　　　：うん、最初、どんなマンガかなって、ちょっと買ってみたら、はまっちゃった。

リアム　　：いいですよね、『NARUTO』。僕も、もし日本に留学したら、忍術道場行って、

　　　　　　本物の忍者から忍術習おうと思ってるんです。

エミリー　：はあ？　忍者が今の日本に本当にいる（①　　　　　　　　　）でしょう。

リアム　　：いるよ。ちょっと前に、ジャパン・ファウンデーションで忍者のイベントやってたし。

　　　　　　忍術道場なら、アメリカにだってたくさんある（②　　　　　　　　　）。

エミリー　：えー、先生、今でも忍者がいる（③　　　　　　　　　）、本当ですか？

桜井　　　：うーん、たしかに、今でも道場で忍術を教えている人はいるみたいだけど、でもそれって、みんなが

　　　　　　イメージするような忍者とはだいぶ違うかな。

アレックス：忍者の技っていうよりは、柔道や合気道みたいな、一種の武道ですよね。

リアム　　：でも、昔の日本には、NARUTO みたいな忍者がいたんですよね？ **A**

エミリー　：それもフィクションの世界だってば。 **B**

桜井　　　：いや、まったく嘘だ（④　　　　　　　　　）よ。侍の時代には、本当に忍者っていう人たちがいて、

　　　　　　スパイとして活躍してたのは事実だから。 **C**

エミリー ：えー、でも、あの黒い服を着て、ジャンプして屋根の上に登ったり、姿を消したり、水の上を
　　　　　　歩いたりするような忍者は、いなかったんですよね？ **D**

桜井　　 ：そうだね、そういうのは、あとの時代になってから作られたフィクションだね。 **E**

リアム　 ：けど、忍者が使った道具や武器は、実際に残っている（⑤　　　　　　　　　　）ですか。
　　　　　　手裏剣とか、「水蜘蛛」とか。 **F**

アレックス：たしかに今も、三重県や滋賀県には「忍者の里」みたいなところがあって、
　　　　　　忍者が実際に住んでた建物が残っているって聞きました。 **G**

リアム　 ：そういえば、友達が日本で忍者村に行ったって言ってたんですけど、建物
　　　　　　の中にいろいろな仕掛けがあって、すごくおもしろかったって。 **H**

エミリー ：それって、あとから作ったテーマパークでしょう？ **I**

桜井　　 ：たしかに、江戸時代から残っている本物はすごく少なくて、ほとんどは、
　　　　　　外国人がイメージするような忍者をテーマにして作った娯楽施設だね。 **J**

アレックス：ていうか、結局は、歴史的な事実よりも、忍者に対するエキゾチックな
　　　　　　憧れ、ロマンが大切なんでしょうね。神秘的なところがあるからこそ、
　　　　　　魅力的なんじゃないですか？

桜井　　 ：まあ、でも忍者って、もともとスパイなので、もし今の時代に忍者がいても、ぜったいに
　　　　　　秘密なんだよ。だから、本当は今でもいるかもしれないよ。

リアム　 ：ほらー、やっぱり忍者はいるに違いないよ。

水蜘蛛
みずぐも

3 ▶ 대화에 도움이 되는 문법·문형

가능성을 강하게 부정한다

　　忍者が今の日本に本当に<u>いるわけない</u>でしょう。 → **❶**

배경을 공유한다

　　忍術道場なら、アメリカに<u>だって</u>たくさん<u>あるじゃない</u>。 → **❷**
　　忍者が使った道具や武器は、実際に<u>残っているじゃないですか</u>。 → **❷**

문장 전체를 인용한다

　　<u>今でも忍者がいるって</u>、本当ですか？ → **❸**

　　<u>忍者が実際に住んでた建物が残っているって</u>聞きました。 → 初中級 トピック1
　　<u>建物の中にいろいろな仕掛けがあって、すごくおもしろかったって</u>。 → 中級1 トピック5

100% 그렇다고는 말할 수 없음을 나타낸다

　　まったく<u>嘘だとはかぎらない</u>よ。 → **❹**

---

❶　｜ 〜わけ（が）ない ｜　忍者が今の日本に本当に<u>いるわけない</u>でしょう。

Nの／な
イAい　　　　┐
ナAな　　　　｜ わけ（が）ない
V（普通体）　┘

「～わけ(が)ない」의 형태를 사용해 대답해 봅시다. 9_21-25

① 今でも日本には忍者がいるんでしょうか? → 今の日本に、(忍者がいるわけないでしょう)。

② 忍者の道具を使えば、私でも水の上を歩けますか? → 人間が (　　　　　　　　)。

③ この映画、おもしろいんですか? → こんな子どもっぽい忍者映画が (　　　　　　　　)。

④ 桜井先生って、なんでもよく知ってるし、実は忍者じゃないですか? → (　　　　　　　　)。

⑤ 手裏剣が足に刺さってますけど、だいじょうぶですか? → (　　　　　　　　)。救急車! 救急車!

❷　～じゃない (ですか)

忍術道場なら、アメリカにだってたくさんあるじゃない。
忍者が使った道具や武器は、実際に残っているじゃないですか。

```
N
イAい／くない
ナA              じゃない (ですか)
V (普通体)
```

(1) 무엇에 대해 이야기하고 있습니까? 그림을 고르세요. 9_26-30

① e　　② 　　③ 　　④ 　　⑤

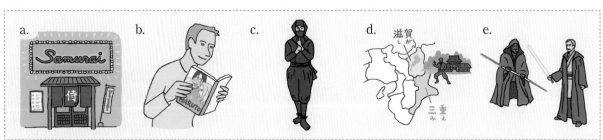

a.　Samurai　侍　　b.　NARUTO　　c.　　d.　滋賀　三重　　e.

(2) 다시 한 번 듣고 다음에 이어질 내용을 고르세요. 9_26-30

① ア　　② 　　③ 　　④ 　　⑤

```
ア. アメリカ映画は日本文化の影響も受けてるんでしょうね。
イ. もう少し簡単に行けるようになればいいのにって思うんですけどね。
ウ. どこがそんなにおもしろいんでしょうね?
エ. 本物の日本料理なら、そんな名前、つけないですよね。
オ. でも本物の忍者は、そういう服は着ていなかったらしいですね。
```

◆ 전체를 듣고 확인해 보세요. 9_31-35

❸　～って、～　今でも忍者がいるって、本当ですか?

そうなんですか?

「～って」의 형태를 사용해 자유롭게 말해 봅시다. 9_36-40

信じられないですよね。

① 最近、若い人の間で着物がはやってます。
　→ 最近、若い人の間で着物がはやってるって、本当ですか?

本当ですか?

② 長野県には現在でも、忍者の道場があります。 →

③ 日本でそばを食べるときは、ズズズッと音を立てなければなりません。 →

そんなわけないですよね?

④『スター・ウォーズ』のジェダイは、日本の 侍 がモデルになっています。 →

びっくりです。

⑤ 女性の忍者のことを「くノ一」と呼びます。 →

知ってますか?

❹ | ～とはかぎらない | まったく<u>嘘</u>だ<u>とはかぎらない</u>よ。

「～とはかぎらない」의 형태를 사용해 대답해 봅시다.  9_41-45

① 日本人はみんな武道ができますか？ → いいえ、（ みんなできるとはかぎりません ）。

② 今、日本で着物を着るのは、お年寄りだけですか？ → いいえ、（　　　　　　　　　　）。

③ お寿司のネタは、みんな生の魚なんですか？ → いいえ、（　　　　　　　　　　）。

④ この本に書いてあることは正しいですか？ → いいえ、（　　　　　　　　　　）。

⑤ 日本では英語が通じるでしょうか？ → いいえ、（　　　　　　　　　　）。

4 말하기 전략

발언권을 얻는다

（1） 175쪽 대화의 스크립트를 보세요. リアム씨와 アレックス씨는 다음 발언을 할 때 처음에 어떻게 말했습니까？

リアム　　　：① ＿＿＿＿＿＿＿、友達が日本で忍者村に行ったって言ってたんですけど、建物の中にいろいろな仕掛けがあって、すごくおもしろかったって。

アレックス：② ＿＿＿＿＿＿＿、結局は、歴史的な事実よりも、忍者に対するエキゾチックな憧れ、ロマンが大切なんでしょうね。

①과 ②의 기능은 다음 중 어느 쪽입니까？

> a. 関連して思い出したことを言う　　　b. 視点を変えて、別のことを言う

（2） 다른 예도 들어 봅시다. 9_46

> 『NARUTO』ってマンガ、おもしろいですよ。

> そういえば、昔、クラスメートが読んでました。

> ていうか、日本のマンガって、アメリカで人気がありますよね。

▶ 발음

문장 전체의 인토네이션(2)

でも、むかしの にほんには ナルトみたいな にんじゃが いたんですよね？

（1） 단어의 악센트를 사전과 WEB에서 조사하여 ⌐ 또는 ˉ의 기호를 써 보세요.

（2） 악센트와 포커스(상대에게 전하고 싶은 정보가 있는 부분)을 생각하며, 인토네이션 선을 그어 보세요.

（3） 자신이 그은 선을 보며 음성을 들어 봅시다. 틀린 부분이 있는지 체크해 보세요.

（4） 선을 보며 발음해 보세요. 9_47

5 롤 플레이를 통해 회화 연습을 합시다.

(1) 롤 플레이에 앞서 다시 한 번 스크립트를 보고 생각해 봅시다. 네 사람의 대화 **A** – **J**의 대사는 다음 중 어느 것입니까? ( ) 안에 각각 (問) (答) (知)를 메모합시다.

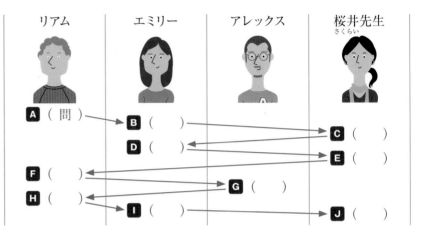

(問)：質問している
(答)：質問に答えている
(知)：自分が知っていることやほかから聞いたことを話している

※ ( )에 들어갈 기호는 자유롭게 생각해도 됩니다.

◆ リアム 씨가 말한 부분 **A** **F** **H**를 봐 주세요. 질문할 때 (問), 알고 있는 것이나 들은 것을 이야기 할 때는 (知), 각각 어떤 표현을 쓰고 있습니까?

(2) 카드를 보고 연습해 봅시다.

① 다음 장면에서 (例) 뒤에 이어질 내용을 생각해 봅시다.

(a) 日本の忍者について、友達と会話しましょう。
あなたが疑問に思っていること、知っていること、聞いたことなどを話しながら、会話してください。

(例) A：日本には、今でも忍者がいるって、本当ですか？
B：ええ？ そんなことないと思いますけど、どうしてですか？
……

◆ 대화 예를 들어 봅시다. 9_48

② 일본 역사와 문화 습관 등, 관심 있는 것과 궁금한 것에 대해 대화해 봅시다. 알고 싶은 것을 질문하거나 그에 대해 알고 있는 것이나 보고 들은 것을 전달하며 대화해 봅시다.

★ Can-do를 체크하세요

PART **3** 12 世紀の末に最盛期を迎えました
せいき　すえ　さいせいき　むか

長く話す

Can-do 43 역사적인 건축물이나 유물에 대해 그 시대의 특징이나 만들어진 배경을 설명할 수 있다.

● 여러분 나라에는 유적이나 역사적인 건물이 남아 있습니까?
　그것은 언제쯤의 것입니까?

ソックさんは、日本から来た吉川さんに、アンコールワットを
　　　　　　　　　　　　よしかわ
案内しています。
あんない

1 두 사람의 대화를 들어 봅시다. 🔊 9_50

> 吉川さん、あれがアンコールワットです。
> よしかわ

> わあ、あれが！ いつ頃、建てられたんですか？
> 　　　　　　　ごろ　た

> 12 世紀です。
> 　　せいき

> その頃って、どんな時代だったんでしょうか？
> ころ　　　　　　じだい

ソック

> その頃のカンボジアっていうと、……………………………………。
> ころ

吉川
よしかわ

> そうですか。早く見てみたいですね。
> 　　　　　　はや

앙코르와트가 세워진 시대의 캄보디아에 대해 어떻게 설명하고 있습니까?

① その時代の王国の名前は何ですか。
　　じだい　おうこく
② アンコールワットが建てられた目的は何ですか。
　　　　　　　　　　　た　　　もくてき
③ アンコールワットを作るのに何年ぐらいかかりましたか。

2 다시 한 번 듣고 (　　) 에 알맞은 말을 쓰세요. 🔊 9_50

시대의 특징에 대해 말한다

・クメール王国っていうのは、9 世紀（①　　　　　　　）15 世紀ぐらい（②　　　　　　　）あったクメール人の国です。
　　　　おうこく　　　　　　　　　せいき　　　　　　　　　　　　　せいき
　アンコール王朝とも（③　　　　　　）。
　　　　　　おうちょう
・クメール王国は、だいたい 12 世紀の（④　　　　　　）に、（⑤　　　　　　）を迎えました。（⑥　　　　　　）、
　　　　　おうこく　　　　　　　せいき　　　　　　　　　　　　　　　　　　　　むか
　都には、いろいろな国の王様があいさつに訪れた（⑦　　　　　　）よ。
　みやこ　　　　　　　　おうさま　　　　　おとず

건물이 지어진 배경이나 그 특징에 대해 말한다

・王様は自分の力を示す（⑧　　　　　　）、新しい都や寺院を建設したそうです。
　おうさま　じぶん　ちから　しめ　　　　　　　　　　みやこ　じいん　けんせつ
・アンコールワットが（⑨　　　　　　）のは、スーリヤヴァルマン 2 世という王様の時代です。（⑩　　　　　　）
　　　　　　　　　　　　　　　　　　　　　　　　　せい　　　おうさま　じだい
　30 年も（⑪　　　　　　）んだそうです。

3 스크립트를 보면서 다시 한 번 들어 봅시다. 🔊 9_51

その頃のカンボジアっていうと、クメール王国の時代です。クメール王国っていうのは、えっと…

9世紀から15世紀ぐらいにかけてあったクメール人の国です。アンコール王朝とも言います。

クメール王国は、だいたい12世紀の末に、えー、最盛期を迎えました。当時、都には、

いろいろな国の王様があいさつに訪れたそうですよ。

クメール王国では、はじめはヒンドゥー教が信じ…信仰されてて、王様は自分の力を示すために、

新しい都や寺院を建設したそうです。アンコールワットもその一つで、この辺りには、

こうした遺跡がたくさんあるんですよ。

えっと、アンコールワットが建てられたのは、スーリヤヴァルマン2世という王様の時代です。作るのに

30年もかかったんだそうです。近くの村の人や、戦争で捕虜？になった人が集められて、大勢の人が

ここで働かされてたそうです。中に入ってみると、王様の力がどれぐらい大きかったか、わかると思いますよ。

◆ 스크립트의 ★ 부분을 쉐도잉해 봅시다. 🔊 9_52

4 어느 시대에 대해 설명하는 연습을 해 봅시다. 앙코르와트가 세워진 시대의 캄보디아에 대해, 아래 메모를 보면서

스스로 문장을 만들어 말해 보세요.

（ アンコールワット ）の時代の（ カンボジア ）

① 시대의 특징

クメール王国
・9世紀～15世紀、クメール人の国
　（＝アンコール王朝）
・12世紀の末、最盛期
　都にいろいろな国の王様があいさつ

② 앙코르와트가 세워진 배경이나 특징

・クメール王国…ヒンドゥー教
・王様…自分の力を示すため → 新しい都や寺院を建設
　アンコールワットもその一つ → 遺跡がたくさん
・アンコールワットの建設…スーリヤヴァルマン2世
　　　　　30年かかった
　　　　近くの村の人や戦争の捕虜

◆ 시대의 특징이나 배경을 말할 때, **2** 의 표현을 사용해 보았습니까?

5 여러분 나라에 있는 역사적인 것에 대해, 그 시대의 특징이나 그것이 만들어진 배경을 설명해 봅시다.

(1) 일본인을 안내할 만한 유적, 역사적인 건물, 기념비 등을 하나 골라 메모해 봅시다.
미술품이나 공예품 등이라도 상관없습니다.

(　　　　　　　　　　) の時代の (　　　　　　　　　)
　　　　　　　　　じだい

---

① 시대의 특징

どのような時代でしたか?
　　　　　じだい

---

② 그것이 만들어진 배경이나 특징

誰が何のために作りましたか?
だれ

---

(2) 반 친구와 이야기해 봅시다.

～さん、あれ / これが○○です。

いつ頃～ですか?
　　ごろ

その頃って、どんな時代だったんでしょうか?
　　ごろ　　　　　　　　　じだい

⭐ Can-do를 체크하세요

PART 4 心に残る戦国武将の名言
こころ　のこ　せんごくぶしょう　めいげん

1 전국 무장의 명언에 관한 잡지 기사를 읽어 봅시다. 9_54-57

（1） 다음의 ア－エ는 전국 무장의 명언입니다. 어떤 의미인지 생각해 봅시다.
또, 이런 명언들을 남긴 사람들은 각각 어떤 타입의 인물이라고 생각합니까?

ア．「人の落ち目を見て攻め取るは、本意ならぬことなり。」
相手の力が落ちているときに攻めて勝つのは、私の望みではない。

イ．「臆病者の目には、敵は常に大軍に見えるのだ。」
ビクビクと怖がっている者には、敵はいつも大きく見えるのだ。

ウ．「愚かなことを言う者があっても、しまいまで聴いてやらねばならない。」
馬鹿げたことを言う人がいても、最後まで聞いてあげなければならない。

エ．「戦に勝つということは、五分を上とし、七分を中とし、十分を下とする。」
戦いに勝つときは、50％勝つのが最もよく、70％勝つのはまあよい、100％勝ってしまうのはよくない。

（2） 기사를 읽어 봅시다. 武田信玄과 上杉謙信은 각각 어떤 명언을 남겼습니까? A와 B에 들어갈 내용을
위 ア－エ에서 고르세요.

特集 ● 武将に学ぶ「今」を生きる力

心に残る戦国武将の名言
武田信玄と上杉謙信

好きな戦国武将ランキングに必ずといっていいほど名前の挙がる武田信玄と上杉謙信。ドラマや小説ではライバルとして描かれ、12年間、5回にわたって戦った「川中島の戦い」はあまりにも有名である。

二人はいったいどんな武将だったのか、彼らが残した名言を紹介したいと思う。

武田信玄 A

戦「虎」と恐れられた武田信玄。彼の勝ち方への考え方が、この言葉に表れている。

信玄は、50％の勝ちなら今後の励みになってよい、70％の勝ちなら怠け心が出てきて危ない、100％の勝ちになれば相手を侮り、おごり

① 信玄は、

が出てくるのでよくないと考えていたという。つまり、相手を低く見たり、自分は大丈夫だと思っていると、次は負けてしまうということである。油断せず、常に努力しなければならない…。信玄は、

上杉謙信 B

信玄のまわりでは、これを機に武田を攻めるべきという声があったという。そのとき、謙信が言ったとされるのがこの言葉である。

信玄が亡くなったとき、謙

182　TOPIC 9　忍者、侍、その頃は…

ライバル関係にあった信玄が死んだと聞けば、普通はチャンスと思って兵を出すだろうと思うが、謙信は相手が弱ったからといって、そこを攻めることはしなかった。「敵に塩を送る」という言葉があるが、これも謙信の行動から生まれたものだ。信玄の国、甲斐は海がなく塩がとれない。そのため、周辺国から「塩止め」をされたとき、とても困ったそうだが、それを聞いた謙信は自分の国、越後から塩を送ったという。謙信は、

②

さ[②]すが戦乱の世を生きた名将の言葉。今の時代においても、ビジネスやスポーツなどに通じるものがあると思う。時代は違っても、人間にとって大切なのは変わらないのかもしれない。

（3）　필자는 두 사람이 어떤 전국 무장이었다고 생각합니까? ①과 ②에 들어갈 문장을 각각 아래의 a－e에서 고르세요.

> a. 部下を大切にし、誰からも信頼される武将であったことがわかるだろう。
> b. 自分に厳しく強い向上心を持った人物だったのであろう。
> c. 古い考えにとらわれず、常に新しいことに挑戦する人だったのだろう。
> d. 戦に勝つためには何をしてもかまわないと考えていたのだろう。
> e. 何でもありの戦国時代にあって、正々堂々と戦う武将だったのだろう。

（4）　두 사람의 명언이 '비즈니스나 스포츠 분야에 통하는' 구체적인 예를 생각해 봅시다.

越後
×川中島の戦い
甲斐

⑨

2　읽기 전략

키워드만 사전에서 조사한다

50%の●●なら今後の▲▲になってよい、70%の●●なら■■が出てきて危ない、100%の●●、★★な●●になれば相手を◆◆、▼▼が出てくるのでよくない……

> 知らないことばがたくさんあって、推測も難しいな…。

> ●●ってことばがよく出てくる…。これがキーワードなのかな？辞書で調べてみよう。

▨▨ジーニアス和英辞典
かち【勝ち】
victory ⓒ, win ⓒ
¶君の勝ちだ
You win ‖▲You wo…

50%の勝ちなら今後の▲▲になってよい、70%の勝ちなら■■が出てきて危ない、100%の勝ち、★★な勝ちになれば相手を◆◆、▼▼が出てくるのでよくない……

> 50%の勝ちが「今後の▲▲になってよい」んだから、▲▲は「目標」みたいな意味のことば？

> ■■は、70%の勝ちで出てくるものだから、「大丈夫」、「安心」のような気持ち？

> 「★★な勝ち」は「100%の勝ち」と同じ意味？　その時「相手を◆◆、▼▼が出てくる」は、「相手を弱いと思って油断してしまう」こと？

> わからないことばを全部調べなくても、キーワードだけ調べれば、ほかが推測できるね！

3　여러분 나라에는 역사상의 인물이 남긴 명언이 있습니까? 여러분의 마음에 남는 명언을 이야기해 봅시다.

4 읽기에 도움이 되는 문법·문형

장소나 시간, 상황을 나타낸다

① | N において |

勝負において、信玄は、……おごりが出てくるのでよくないと考えていたという。

今の時代においても、ビジネスやスポーツなどに通じるものがあると思う。

＊문장체에서 자주 사용된다.

・戦国時代において、最も忍者を活用したのは武田信玄だ。
・日本の歴史において、仏教がもたらした影響は大きい。
・日本の（　　　　　　）は、（　　　　　　）において非常に人気が高い。

추측한다

② | N であろう |

自分に厳しく強い向上心を持った人物だったのであろう。

＊「Nだろう」와 같은 의미. 문장체 스타일. 신문 기사나 칼럼, 논문, 리포트 등에서 사용한다.

・日本人に最も人気のある戦国武将は、やはり織田信長であろう。
・日本の歴史を感じることができるのが、京都の魅力であろう。

예상되는 결과로 되지 않음을 나타낸다

③ | ～からといって、～ない |

謙信は相手が弱ったからといって、そこを攻めることはしなかった。

・このマンガは、戦国時代の様子がとてもリアルに描かれている。マンガだからといって、馬鹿にできない作品だ。
・歴史ドラマが好きだからといって、歴史にくわしいとはかぎらない。
・（　　　　　　　　　　　　　　）からといって、あきらめてはいけない。

시각, 입장을 나타낸다

④ | N にとって |

時代は違っても、人間にとって大切なものは変わらないのかもしれない。

・上杉謙信は、武田信玄にとって最大のライバルだったと言われている。
・味噌は江戸時代の人々の生活にとって、なくてはならないものであった。
・現代に生きる私たちにとって、（　　　　　　　　）は必要不可欠だ。

> **한자어**

읽는 법과 뜻을 확인하세요. 키보드나 스마트폰을 이용해 입력해 봅시다.

戦う	残す	戦	言葉	完全	常に	亡くなる	周辺国
たたか	のこ	いくさ	こと ば	かんぜん	つね	な	しゅうへんこく

困る	戦乱
こま	せんらん

◆ 「戦」이라는 한자는 「たたか(う)」「いくさ」「せん」처럼, 읽는 법이 세 가지 이상 됩니다. 이처럼 읽는 법이 다양한 한자는 그 밖에 무엇이 있습니까?

 ★ Can-do를 체크하세요

Can-do **45** 역사상 인물의 명언과 격언에 대해 간단한 설명과 감상을 블로그 등에 쓸 수 있다.

1 역사상 인물의 명언을 소개해 봅시다.

（1）지인의 블로그를 보니 다음과 같은 기사가 있었습니다. 읽어 봅시다.

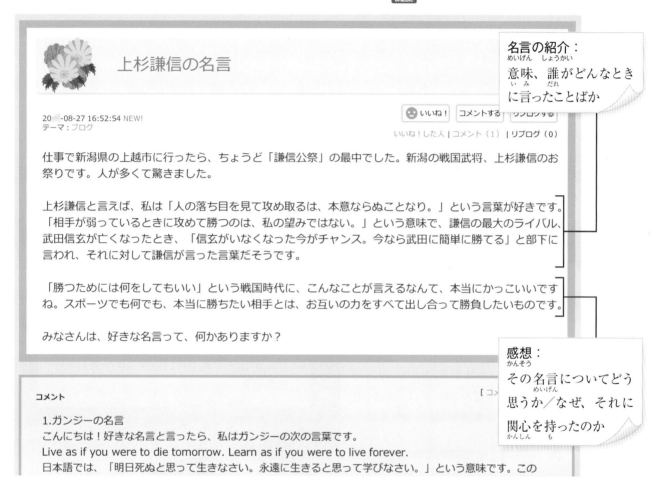

名言の紹介：
めいげん　しょうかい
意味、誰がどんなとき
い み　だれ
に言ったことばか

上杉謙信の名言

20▢▢-08-27 16:52:54 NEW!
テーマ：ブログ

😊いいね！　コメントする　リブログする

いいね！した人 | コメント（1）| リブログ（0）

仕事で新潟県の上越市に行ったら、ちょうど「謙信公祭」の最中でした。新潟の戦国武将、上杉謙信のお祭りです。人が多くて驚きました。

上杉謙信と言えば、私は「人の落ち目を見て攻め取るは、本意ならぬことなり。」という言葉が好きです。「相手が弱っているときに攻めて勝つのは、私の望みではない。」という意味で、謙信の最大のライバル、武田信玄が亡くなったとき、「信玄がいなくなった今がチャンス。今なら武田に簡単に勝てる」と部下に言われ、それに対して謙信が言った言葉だそうです。

「勝つためには何をしてもいい」という戦国時代に、こんなことが言えるなんて、本当にかっこいいですね。スポーツでも何でも、本当に勝ちたい相手とは、お互いの力をすべて出し合って勝負したいものです。

みなさんは、好きな名言って、何かありますか？

感想：
かんそう
その名言についてどう
めいげん
思うか／なぜ、それに
関心を持ったのか
かんしん　も

コメント

[コ▢

1.ガンジーの名言
こんにちは！好きな名言と言ったら、私はガンジーの次の言葉です。
Live as if you were to die tomorrow. Learn as if you were to live forever.
日本語では、「明日死ぬと思って生きなさい。永遠に生きると思って学びなさい。」という意味です。この

（2）여러분이 좋아하는 명언을 소개해 봅시다. 그 때, 위의 구성을 참고하여 써 보세요.

「上杉謙信の名言」へのコメント投稿

タイトル　[_____]

コメント　[_____]

利用規約に同意して　投稿する

2 어떤 명언이 있는지 다른 사람이 쓴 것을 읽어 봅시다.

좋다고 생각하는 명언이 있었습니까?

 Can-do를 체크하세요

教室の外へ

わたし
だけの
フレーズ

토픽과 관련해 일본어로 말해 보고 싶은 것은 무엇입니까?
나에게만 필요한 일본어 표현을 메모해 봅시다.

（例）「余の辞書に不可能の文字はない」（ナポレオン・ボナパルト）
　　　よ　じしょ　ふかのう　もじ

❶

인터넷 동영상 사이트에서 「忍者 テーマパーク」「侍
　　　　　　　　　　　　　　にんじゃ　　　　　　　さむらい
体験」 등으로 검색하여 동영상을 봅시다.
たいけん
● 가 보고 싶은 곳이나 체험하고 싶은 것이 있습니까?

❷

2. 일본의 역사상 인물에 대해서 조사해 봅시다.

- 인터넷의 이미지 검색에서 「日本 歴史上の人物」로 검
　　　　　　　　　　　　　　　　れきしじょう　じんぶつ
색해서 어떤 사람이 많이 나올지 생각해 봅시다. 여러
분 나라의 경우와 비교해 봅시다.

- 이 토픽에서 소개된 「織田信長」「源 義経」「上杉
　　　　　　　　　　　　お だ のぶなが　みなもとのよしつね　うえすぎ
謙信」 등에 대해서 어떤 일을 한 사람인지 인터넷으로
けんしん
조사해 봅시다.

- 아는 일본인에게 좋아하는 역사상 인물에 대해 인터뷰
해 봅시다.

❸

여러분 나라의 역사적인 건축물이나 유적 등의 관광 장소
가 일본어로 어떻게 소개되는지 조사해 봅시다.

- 트립 어드바이저 등의 여행 사이트에서 그 장소의 이름
을 일본어로 검색하여 소개글이나 평판을 읽어 봅시다.

❹

여러 사람의 명언을 조사해 봅시
다.

- 인터넷에 「武将 名言」(국가
　　　　　　ぶしょう めいげん
명) 名言」 등으로 검색해서 어
　　　めいげん
떤 명언이 있는지 일본어로 읽
어 봅시다.

● 마음에 드는 명언을 친구에
게 소개합시다.

⭐ 일본어·일본 문화 관련 체험을 기록해 봅시다.

トピック1　どんな人?

PART1 聞いてわかる 「結婚することになりました」

1

🔊 1_09

① はるな　：えっと、突然ですが、実は、このたび結婚することになりましたー。

アンディ：ヒューヒュー。

ゆうすけ：へー、おめでとう。

えみ　　：おめでとう。で、相手は? 日本人?

はるな　：ううん、こっちの人。学生時代からのつき合いだったんだけど、まあお互いいい歳だし、そろそろ籍入れようかなって。

聞き手　：籍入れるって?

はるな　：ああ、正式に結婚しようって思って。

聞き手　：ああ、おめでとう。で、どんな人?

はるな　：うーん、なんていうのかな、子どもみたいなところあるかなあ。ちょっとだらしなくて、ルーズな感じ。

聞き手　：え、たとえば?

はるな　：あまり部屋片付けられなかったりとか、同じ服を平気で1週間連続で着たりとか…。だけどなんていうか、いっしょにいて、すごい気が楽なんだよね。

聞き手　：へー。

はるな　：あ、あと、彼、料理が得意で、ときどきうちで、レストランみたいな料理作ってくれたりもするんだ。

アンディ：へー、いいね。

🔊 1_10

② アンディ：うちはカミさんも僕も、料理は下手だから、食事はほとんど外食ばかりだなー。

ゆうすけ：アンディの奥さんって、日本の人だよね?

アンディ：うん。でも掃除は好きだよ。きれい好きでね、僕の部屋がちょっと散らかると、「はい、片付けて!」とかすぐ言うし。

聞き手　：へー。

はるな　：けっこう強そう。

アンディ：うん、ハキハキしてて、パワフルで、ちょっと怖いんだけど、まあ明るくて元気だから、そこがいいのかな。

ゆうすけ：ふーん。

はるな　：はいはい。

アンディ：あと、趣味とか好みもけっこう合うしね。

聞き手　：たとえば?

アンディ：たとえば、二人で食べに行っても、おしゃれでロマンチックなレストランは二人とも興味なくて、汚くても安くておいしいところが好きとか、そういうところが合うんだよね。

聞き手　：ふーん。

🔊 1_11

③ ゆうすけ：ああ、そういう価値観が合うって、すごい大事だよねー。

聞き手　：価値観って?

ゆうすけ：ああ、考え方…っていうか…。

聞き手　：ああ。

ゆうすけ：食事にしても、趣味にしても、この人といっしょだと、何も気を遣わなくてもいい、みたいなことかな。

聞き手　：ふーん。

ゆうすけ：うちの場合なんかさー、相方といっしょに住んでもう20年になるから、もうお互い、家族っていうか、空気みたいな存在になってるかも。

アンディ：そうなんだー。

ゆうすけ：まあ、二人ともマイペースな性格だから、もし好みが合わないことがあっても、それはそれでいいっていうか…。そういうおおらかなところが、かえって安心するんだよね。

聞き手　：そうなんだ。

🔊 1_12

④ えみ　　：はー、なんかいいなあ、みんな、幸せそうで。

はるな　：ええ?

ゆうすけ：どうしたの?

えみ　　：なんか、うちさー、最近ダンナとあんまりうまくいってないんだよね。

アンディ：なにそれ?

えみ　　：うちのダンナ、最近仕事変わったんだけど、それがストレスになってるみたいで、なんかすごく怒りっぽいんだよね。

はるな　：そうなの…。

えみ　　：もともと几帳面だけど、ちょっと神経質なところがあって、自分の気に入らないことがあるとすぐイライラするんだよね。

聞き手　：ふーん。

えみ　　：まあ、根はいい人なんだけどね。

③ ゆうすけ：まあ、二人ともマイペースな性格だから、もし好み
　　　　　　が合わないことがあっても、それはそれでいいって
　　　　　　いうか…。（ポーズ）たとえば、いっしょに映画館
　　　　　　に行って、二人で見たい映画が違ったら、「じゃあ、
　　　　　　またあとでね」って言って、お互い好きな映画を見
　　　　　　るとかね。

④ えみ：うちのダンナ、最近仕事変わったんだけど、それがスト
　　　　レスになってるみたいで、なんかすごく怒りっぽいんだ
　　　　よね。（ポーズ）私が友達と食事してちょっと遅く帰っ
　　　　たら、「遅い！」とか言って、機嫌が悪くなったり、その
　　　　くせ自分は酔って遅く帰ってきても、「つき合いだから
　　　　仕方ないだろう」とか言ったり。

PART2 会話する 「厳しいけど学生思いなんですね」

3

❹ ～ってことだ

① ジェーン：大学院の先生って、どんな人なんですか？

　　ひろ子　：うーん、そうだなあ、田中先生は厳しいけど学生
　　　　　　思いだし、チャーリー先生は話しやすいけどドライ
　　　　　　なところがあるかな。

　　ジェーン：そうですか。

② ジェーン：飯塚先生のレポートの締め切りに間に合わなかった
　　　　　　んです。どうしたらいいでしょうか…。

　　ひろ子　：ああ、それは大変だね。去年の学生で締め切りに
　　　　　　間に合わなかった人が、あとからいくらお願いして
　　　　　　も受け取ってもらえなかったって。

　　ジェーン：そうですか。

③ ジェーン：奥村先生の授業って、どうですか？

　　ひろ子　：楽しくて役立つって言う人もいるし、細かいことを
　　　　　　説明してくれないから勉強にならないって言う人も
　　　　　　いるよね。

　　ジェーン：そうですか。

④ ジェーン：日本語ボランティア、たかゆきさんはもう来ない
　　　　　　でしょうか？

　　ひろ子　：うん、最初は、手伝うって言うから、お願いしたん
　　　　　　だけど、急に「やっぱりやめた」だって。無責任だ
　　　　　　よね。

　　ジェーン：そうですか。

⑤ ジェーン：マークさんって、変わった人ですよね。

　　ひろ子　：うん。でも彼、あまり人と話さないから、ちょっと
　　　　　　難しい人って思うかもしれないけど、雨の日に車で
　　　　　　送ってくれたりして、優しいところもあるんだよ。

　　ジェーン：そうですか。

ロールプレイ（例）

A：奥村先生って、いい先生だよね。授業が楽しくて。

B：そうだね。先生の授業って、おもしろくて好き。

A：それに、奥村先生、話しやすいよね。歳が近いから。

B：うん、とても気さくな先生だよね。クラスの外で会ったと
　　きも話しかけてくれるし。

A：そうそう。この間、食堂で同じテーブルになって、たくさ
　　ん話した。映画の話もしたし、日本に留学するためのアド
　　バイスもしてくれた。奥村先生って、先生っていうよりは、
　　頼りになる先輩って感じだよね。

B：うん。でも、授業の準備は、ちょっと大変だよね。課題が
　　多いし、発表もあるから。

A：ああ、たしかに、そういうところはあるね。でも、先生の
　　おかげで、すごく日本語うまくなったよ。

B：へー。

A：あと、先輩が言ってたけれど、最後まで授業に出ると、家
　　に呼んで日本料理ごちそうしてくれるって。すごく楽しいっ
　　て。

B：そうなんだ。じゃあ、頑張ろう。

トピック2　富士登山

PART1 聞いてわかる 「富士山に勝る山はない」

聞き手：夏休みに日本に行くんで、そのとき富士山に登りたい
　　　　なって思ってるんですけど…。木下さんは、山登りが
　　　　趣味でしたよね。富士山に登ったことありますか？

① 木下　：もちろん。全部で4回は登ったかなあ。

聞き手：4回！すごいですね。

木下　：富士山はね、独立峰っていって、まわりにほかの山が
　　　　ない山なんだ。だから、富士山からの眺めは、晴れ

たら本当にすごいよ。南は伊豆半島と海、北は日本アルプスの山々。僕も山はいろいろ登ったけど、眺めに関しては、富士山に勝る山はないと思うな。

聞き手：えっ、それって、どういう意味ですか？

木下　：富士山に勝つ山はない、富士山から見る眺めが一番ってこと。

聞き手：へー、そんなにすごいんですか。

木下　：うん。あと、一つアドバイスするとしたら、ツアーとかで登ると、山頂の火口にある神社まで行ったら、それでゴールにしちゃうことがあるんだ。でも、富士山の本当の頂上は、そこからさらに30分ぐらい登った「剣ヶ峰」ってところなんだ。富士山に登って、3,776ｍの日本最高点まで行かないのは、ちょっともったいないよね。

聞き手：ああ。

木下　：だから、もし登るんなら、ちゃんと「剣ヶ峰」まで行かないとね。

聞き手：ああ。

🔊 2_09

② 田村　：富士山ですか。僕は、学生のときに、友達といっしょに登りましたよ。でも、なんかひたすら疲れたって思い出しかないですね。

聞き手：そうなんですか。

田村　：とにかくすごく混んでて。夕方登りはじめて、途中の8合目の山小屋に泊まったんですけど、山小屋は人がいっぱいで、一人分のスペースに4人ぐらいで寝たんじゃないかなあ。もう寝返りも打てなくて。

聞き手：えっと、「寝返りも打てない」って、どういう意味ですか？

田村　：ああ、自分の右にも左にも人がくっついて寝てるんで、体の向きが変えられないんですよ。

聞き手：ああ、そんなに混んでるんですか。

田村　：次の日は、山頂目指して朝早く出発したんですけど、登山道が混んで、なかなか進めないんですよ。

聞き手：ああ。

田村　：天気もよくなくて、山頂はガスで真っ白。しかもすごく寒くて大変でした。Tシャツと短パンで来た人がいて、山頂で死にそうになってましたね。

聞き手：そんなに寒いんですか。

田村　：天気がよかったら、違ったのかもしれませんけど…。

木下　：それは残念だったねえ。

田村　：でも、まあ達成感はありましたけどね。

🔊 2_10

③ アニタ　：私も昔日本に行ったとき、ツアーで登ったんですけど、日本の登山って、山を下りてからの楽しみがいろ

いろあって、それがいいんですよね。

聞き手：たとえば？

アニタ　：たとえば温泉。山を下りてから、そのまますぐ麓の温泉に入れるんですよ。

聞き手：へー。

アニタ　：富士山の麓にも、いくつか温泉があって、お湯にゆっくり浸かってリラックスすると、登山の疲れがとれて、ああ、極楽って思うんですよね。しかも、露天風呂から、さっきまで登ってた富士山が見られて。

聞き手：ああ。

アニタ　：それから、山梨名物の「ほうとう」もおすすめです。

聞き手：ほうとう？

アニタ　：太いうどんみたいな麺を味噌で煮込んだもので、疲れた体に本当にしみる味なんですよ。もし富士山に登ったら、温泉とほうとうをぜひ試してみてくださいね。

聞き手：わかりました。

🔊 2_11

④ 加藤　：私は、登ったことはないんだけど、大学時代にテニスクラブの合宿が毎年近くの河口湖であったから、周辺情報ならけっこうくわしいよ。

聞き手：へー。

加藤　：富士山は、やっぱり下から見るのがいいんじゃないかな。

聞き手：下から？

加藤　：富士山のある景色って、浮世絵にもなるぐらいだからね。私のおすすめは、「紅葉台」ってところから見る富士山。

聞き手：紅葉台？

加藤　：紅葉台は、河口湖の近くにある展望台でね、山の上にあるから道は悪いんだけど、車ならすぐ近くまで行けるし、そこから見る富士山がね、ほんとにすごいの。

聞き手：へー。

加藤　：もう視界の左から右まで全部富士山ってぐらい大きく見えて、でもその下に、樹海が一面に広がっているのも見えるんだ。

聞き手：そうなんですか。

加藤　：けっこう感動的だから、おすすめだな。

2 ▶

🔊 2_16

③ アニタ　：富士山の麓にも、いくつか温泉があって、お湯にゆっくり浸かってリラックスすると、登山の疲れがとれて、ああ、極楽って思うんですよね。

聞き手：あのう、「極楽」って、どういう意味ですか？

アニタ：えっと、天国にいるみたいに、とっても気持ちいいってことです。

🔊 2_17

④ 加藤：富士山のある景色って、浮世絵にもなるぐらいだからね。

聞き手：えっと、それって、どういう意味ですか？

加藤：浮世絵って、日本の古い絵なんだけどね、富士山は姿がきれいだから、昔から浮世絵に多く描かれてきたんだ。

PART2 会話する 「ご来光はやっぱり見たいしね」

3

❸ Vしかない

🔊 2_34

① 「剣ヶ峰」までもう少しだけど、この風だと無理そうですね。

🔊 2_35

② うわあ、山小屋、ものすごく混んでますね。

🔊 2_36

③ トイレは有料なんだ。1回200円だって。

🔊 2_37

④ カボチャほうとうと、キノコほうとう、どっちもおいしそうで迷うなあ。

🔊 2_38

⑤ すごく怖そうなジェットコースターですね。だいじょうぶですか？

5

ロールプレイ（例）

🔊 2_58

A：じゃあ、何時から登りはじめようか？

B：朝早く登りはじめて、夜までには下山しようよ。

A：え～、でも、それはすっごく大変だって友達が言ってたよ。ガイドブックにも、途中で1泊したほうがいいって書いてあるし、山小屋に泊まるコースにしない？

B：そう？ じゃあ、そうしようか。何時ぐらいに登りはじめる？

A：えっと、お昼過ぎに登りはじめて、8合目の山小屋に泊まって、夜中に山小屋を出発するのはどう？ そうすれば、山頂でご来光が見られるよ。

B：ん、いいね。じゃ、そのコースで決定！

A：あと、下山したあとは、どうする？

B：そうだなあ…、温泉に行くのはどう？ ゆっくりお風呂に入って、リラックスしたいな。

A：んー、でも、ほかの人といっしょにお風呂に入るのはちょっと…。

B：じゃあ、遊園地に行く？ すごい絶叫マシンがあるんだって。

A：賛成！ 私、絶叫マシン大好きなんだ。

B：じゃあ、行くしかないね。

トピック3 健康的な生活

PART1 聞いてわかる 「ウォーキングがいいんじゃないですか」

1

🔊 3_08

聞き手：最近、ちょっと運動不足で…何か運動を始めたいって思ってるんですけど、何かおすすめってないでしょうか？

① 平野：運動？ だったらスポーツクラブに通うのが定番じゃないですか。駅前のジム、あそこ、僕も会員ですから、入るなら紹介しますよ。

聞き手：どんな運動ができるんですか？

平野：まあ、ウェイトトレーニングしたり、ランニングマシーンで走ったり…あ、最近はときどきスタジオプログラムにも出てるんですけど、けっこうおもしろいですよ。

聞き手：スタジオプログラムって、たとえば？

平野：僕が好きなのは、「ボディコンバット」っていって、キックボクシングや空手の動きをしながら、音楽に合わせて体を動かすプログラムなんです。すごく楽しいですよ。

聞き手：へー。

平野：普通のエアロと違って気合いが入るから、1時間あっという間に経っちゃって。で、終わったら汗ダラダラで、たくさん運動したんだなって思います。

聞き手：へー、それはおもしろそうですね。

平野：ほかにも、ズンバとか…。

聞き手：ズンバ？

平野：ああ、ダンスみたいなもの。それからヨガとか、いろいろあるから、1回見学に行ってみたらどうですか？

🔊 3_09

② 清水：でも、あまりこれまで運動したことがないなら、まずウォーキングがいいんじゃないですか。

聞き手：えっ、歩くんですか？

清水：ええ、ウォーキングなんて、あまり運動って感じがしないかもしれませんけど、実はすごく体にいいんです

よ。それに、運動神経に関係なく、誰でもできるでしょう。

聞き手：そうですね。

清水　：有酸素運動だしね。

聞き手：有酸素…、それって、どんな運動ですか？

清水　：ああ、ランニングとか、脂肪をゆっくり燃やすような運動のことです。

聞き手：ああ。

清水　：ウォーキングは、ランニングと違って、けがのリスクが少ないし、あと、外を歩くのは、ストレス解消にもいいんですよ。朝、近くの公園をウォーキングした日は、気分がすっきりします。

聞き手：へー、気持ちよさそうですね。

清水　：一人で歩くのもいいですけど、同じ時間に同じコースを歩いていると、友達もできていいですよ。

🔊 3_10

③ 大西　：そういえば、実はラジオ体操って意外に効果が高いって知ってますか？

聞き手：ラジオ体操？ 聞いたことないですけど…。

大西　：ラジオのピアノ伴奏に合わせて体操するんですが、日本人なら、誰でも学校で習うんじゃないかな。僕も小学校のとき、夏休みに、毎朝公園に集まってやらされました。

平野　：やったやった。

清水　：懐かしー。

大西　：でも、実はあれって、いろんな動きが取り入れてあるので、全身がバランスよく鍛えられるらしいですよ。

聞き手：へー。

大西　：ストレッチの要素も入ってるから、体が柔らかくなるし、便秘にだって効くらしいですよ。

ミン　：ほんとかなあ。

大西　：体操には第1と第2があるんですが、両方やっても、たった6分半で終わるので、毎日続けるのにもいいんですよ。

聞き手：へー、それはよさそうですね。

大西　：僕も家で YouTube 見ながらやってますよ。

🔊 3_11

④ ミン　：家でできる運動ってことなら、私、この間、通販で、腹筋ローラーっていうのを買いました。

平野　：あー、知ってる。

聞き手：何ですか？ それ。

ミン　：えっと、これぐらいの車輪？の両側にハンドルが付いてて、えっと、四つんばいになって、ハンドルを両手で持って、そのまま車輪をコロコロさせながら体を伸

ばして、そこからまた体を曲げて、コロコロって元に戻るんです。

聞き手：へー。

ミン　：見た目は簡単そうだけど、実はすごく腹筋に効くんですよ。

聞き手：腹筋？

大西　：お腹の筋肉。

ミン　：で、数回コロコロするだけで、すごく効果があるんですよ。最初やったとき、3回ぐらいしかできなかったんですけど、次の日、腹筋がものすごく痛くなって、笑っただけで、死にそうになりました。

聞き手：それは、すごいですね。

ミン　：最近はだいぶ慣れましたけどね。場所も取らないから部屋でできるし、手軽でしょう。いいですよ。

2

🔊 3_16

③ 大西　：体操には第1と第2があるんですが、両方やっても、たった6分半で終わるので、毎日続けるのにもいいんですよ。

聞き手：へー、それはよさそうですね。

🔊 3_17

④ ミン　：最初やったとき、3回ぐらいしかできなかったんですけど、次の日、腹筋がものすごく痛くなって、笑っただけで、死にそうになりました。

聞き手：それは、すごいですね。

PART2 会話する　「どんなダイエットしてるの？」

3

❶ V なんて

🔊 3_24

① 今、ダイエットしてて、野菜しか食べないようにしてるんだ。

🔊 3_25

② 夕方、家の近くの公園を毎日走ってるんだ。気持ちいいよ。

🔊 3_26

③ 体を鍛えようと思って、駅前のジムに通うことにしたんだ。ちょっと高いけどね。

🔊 3_27

④ 明日から2週間の休み、長野の高原の温泉に行って、リフレッシュしてくるんだ。

🔊 3_28

⑤ 最近、すごく体重落ちてさ、先月65kgだったのが、今は55kgぐらい。

❹ N なんか（〜ない）

🔊 3_44

① A：今、このダイエット、はやってるんだって。本、買ってきたけど、どうかな？

　B：また？ ダイエットの本なんか、いくら読んでも意味ないと思うよ。

🔊 3_45

② A：痩せようと思ったら、マシントレーニングよりも、エアロビクスのほうがいいよ。

　B：いやあ、でも、エアロビクスなんか、私は恥ずかしくてできないですよ。

🔊 3_46

③ A：今度、ヨガの上級クラスに、いっしょに参加しませんか？

　B：えー、上級クラスなんか、私にはぜったい無理ですよー。

🔊 3_47

④ A：痩せるっていうから、この薬買ってみたんだけど、効くかなあ。

　B：ダメダメ。痩せたいなら、薬なんかに頼らないほうがいいよ。

🔊 3_48

⑤ A：毎日、腹筋やってるのに、ぜんぜん痩せないんですよね。

　B：腹筋運動なんかやっても、筋肉はつくけど痩せませんよ。

5

ロールプレイ（例）

🔊 3_61

A：最近、ダイエット始めたんだ。

B：えっ？ どんなダイエット？

A：えっと、食事は、野菜と果物しか食べないんだ。

B：それはよくないよ。野菜と果物しか食べないなんて、ダメ。痩せるどころか、体を壊しちゃうよ。

A：え、そう？

B：肉とか、魚とか、それに、パンとかご飯とかも、ちゃんと食べなきゃ。大切なのは、栄養のバランスを考えながら、毎日、決められたカロリーを取ることだよ。

A：でも、早く痩せたいから。目標は、1か月で5kgなんだ。

B：1か月で5kgなんて、体に悪いよ。大事なのは、ゆっくり少しずつ痩せることだと思うよ。

A：そうなんだ。

B：あと、運動はしてる？

A：ううん、忙しいから、あんまりしてない。

B：体を動かすことも大切。はじめは、歩くとか、自転車に乗るとか、簡単な有なんとか運動からね。

A：ああ、有酸素運動。わかってるけど…。

トピック4　舞台を見るなら

PART1 聞いてわかる　「歌舞伎、いいですねえ」

1

🔊 4_08

聞き手：今度の日本旅行のとき、歌舞伎を見てみようかなって思ってるんですけど、どうですか？ 歌舞伎って。

① 北村　：歌舞伎、いいですねえ、ぜひ行ってみてください。私は何回も行ってるけど、歌舞伎って、本当にいろんな楽しみ方があるんですよ。衣装とかお化粧とか、これは本当に見ていてきれいだし、舞台の仕掛けもおもしろいですよ。

聞き手：舞台の仕掛けって？

北村　：歌舞伎では、ぐるっと舞台が回るように作られててね、建物の外側だった舞台が、ぐるっと回ってすぐに建物の中に変わったりするんですよ。

聞き手：へー、それは、すごいですね。

北村　：それから、音楽もいいですよ。いろんな日本の楽器を使うんですけど、風の音、海の波の音、それに雪の音まで、歌舞伎では太鼓で表現するんです。

聞き手：へー、雪の音まで！

北村　：それに役者さんの演技にも、独特の動きがあって、おもしろいですよ。歌舞伎では、男の人が女性を演じるんですけど、本当にドキッとするぐらい女性らしくて、すごいなあって思います。

聞き手：ふーん。

北村　：今は、インターネットにいろんな情報がのってるから、行くまえにストーリーとか見どころとか調べておくと、2倍も3倍も楽しめると思いますよ。

🔊 4_09

② 野口　：えー、歌舞伎ですかあ。一度見に行ったことがあるんですけど、僕はちょっとダメでしたね。とにかく長かったなあ。

聞き手：長い？

野口　：全部で4時間ぐらいだったかなあ。それに、僕が見たやつは、演技に動きがあまりなくて、ずっとセリフばかりだったので、眠くなっちゃいましたよ。

北村　：まあ、見る演目によるわよね。

野口　：あと、セリフも江戸時代のことばだから、何言ってるかよくわからなくて。イヤホンガイド借りたけど、それでもよくわからなくて。踊りのほうは、まあきれいで

したけど。

聞き手：そうなんですか。

野口　：そういえば、伝統的な歌舞伎とは違う、スーパー
　　　　歌舞伎っていう新しいタイプの歌舞伎があって、そっ
　　　　ちは、動きもあるし、演出も派手らしいですよ。

聞き手：へー。

野口　：セリフもわかりやすいっていうから、そっちのほうが
　　　　いいんじゃないかなあ。

🔊 4_10

③ 杉本　：ああ、スーパー歌舞伎なら、わかりやすいかもしれま
すぎもと　　　せんね。でも、日本には、歌舞伎以外にもいいもの
　　　　がいろいろありますよ。たとえば、宝塚って知ってま
　　　　すか？

聞き手：宝塚？ いえ。

杉本　：歌舞伎は、役者さんが全員男性で、女の人の役も
　　　　男性が演じるんですけど、宝塚は逆に、役者さんが
　　　　全員女性で、男性の役も全部女性が演じるんですよ。

聞き手：へー。

杉本　：で、女性が演じる男性が、すごくかっこよくって、す
　　　　てきで、1回見たらぜったい、すぐにファンになりま
　　　　すよ。

聞き手：そうなんですか。

杉本　：あと、ストーリーもドラマチックだから退屈しないし、
　　　　歌や踊りもあって、それが豪華できれいで。

聞き手：へー。

杉本　：これも日本が誇れる舞台芸術だなあって思いますね。

聞き手：そうですかあ。

杉本　：歌舞伎と比べても、ぜんぜん負けてないと思います。
　　　　チケット取るなら、協力するので言ってくださいね。

🔊 4_11

④ 高木　：なんか、歌舞伎から宝塚って、すごい飛躍ですねー。
たかぎ　　　なら、いっそのこと、お笑いなんかどうですか？

聞き手：お笑い？

高木　：旅行は関西にも行くんですよね？ 関西っていえば、お
　　　　笑いなんですよ。

聞き手：はあ。

高木　：いちばんのおすすめは、新喜劇ですね。

聞き手：新喜劇？

高木　：まあギャグが中心のお芝居なんですけど、大阪なんば
　　　　の劇場に行けば、毎日やってるんですよ。本当に、楽
　　　　しいですよ。

聞き手：ふーん。

高木　：毎回、必ずちょっと泣かせるプロットが入ってて、ま
　　　　さに笑いあり、涙ありなんです。

聞き手：ああ、そうですか…。

高木　：このボケとツッコミの文化が理解できれば、もう日本
　　　　文化のエキスパートですよね。ぜひ見に行ってほしい
　　　　なあ。

北村　：ちょっと、歌舞伎の話をしてたんじゃないの？

PART2 会話する 「楽しめると思いますよ」

3

④ Nなんか

🔊 4_39

① A：オペラって、聞いたことないんですけど、最初はどんなの
　　　を聞けばいいんでしょうか？

　 B：そうですね、『カルメン』なんか、わかりやすくていいと思
　　　いますよ。

🔊 4_40

② A：ドイツでも、日本の伝統芸能は知られていますか？

　 B：もちろんですよ。とくに歌舞伎なんか、とても人気があり
　　　ます。

🔊 4_41

③ A：オペラは、どんな格好をして行けばいいんでしょうか？

　 B：とくに決まりはありませんけど、ちょっとおしゃれなワン
　　　ピースなんかがいいと思いますよ。

🔊 4_42

④ A：今日の芝居、長かったからお腹がすきましたね。夕食はど
　　　うしましょうか？

　 B：インド料理なんかどうですか？ この近くにいい店があるん
　　　ですよ。

🔊 4_43

⑤ A：バリの伝統的な踊りに興味があるんですが、どこで見れま
　　　すか？

　 B：そうですね、ホテルのレストランのディナーショーなんか、
　　　いろいろ見れて、おすすめですよ。

5

ロールプレイ（例）

🔊 4_51

A：今度、オペラに行ってみようと思うんですけど、ちょっと
　　質問してもいいですか？

B：どうぞどうぞ。どんなことですか？

A：オペラを見るのははじめてなんですけど、どんなのを見れ
　　ばいいんでしょうか？

B：最初に見る作品ですか？ そうですねえ、いい作品はいろ
　　いろありますけど、はじめてなら『カルメン』なんかどうで

すか？

A：『カルメン』ですか。聞いたことがあります。

B：有名だから、知ってるメロディーがたくさん出てきて、はじめてでも楽しめると思いますよ。ちょうど今、劇場でやっているみたいですし。

A：へー、じゃあ、せっかくだから、行ってみようかな。オペラのチケットって、どうやって買うんですか？

B：劇場のホームページに行けば、オンラインで買えますよ。

A：そうですか。あと、オペラに行くときって、どんな服で行けばいいんでしょうか？

B：服装ですか？ べつに気にしなくてもだいじょうぶですよ。若い人なんか、すごくラフな人もいますし。

A：そうなんですか。ちょっと安心しました。あと、夕食は食べてから行ったほうがいいんでしょうかね？

B：そうですねえ、終わるのは遅くなるので、始まるまえに軽く何か食べたほうがいいかもしれません。でも、会場でも、たぶんサンドイッチぐらい売ってると思いますよ。

A：そうですか。ありがとうございます。

トピック5　身近なニュース

PART1　聞いてわかる　「逮捕されました」

1

🔊 5_08

① アナウンサー：大阪府の公園で、珍しいサルがつかまりました。

子ども：えっと、あの木の上に座ってたの、かわいかった。

主婦：すごくきれいな色でね、はじめて見たから、なんか珍しいサルがいるな、って思ってたんですけど、あ、つかまったんですか…。

アナウンサー：22日、大阪府泉佐野市の公園に「金色のサルがいる」という通報が入り、駆けつけた大阪府警の警察官によって捕獲されました。

🔊 5_09

② アナウンサー：今日未明、新宿区のコンビニに強盗が押し入りましたが、駆けつけた警察官に逮捕されました。今日午前3時ごろ、東京都新宿区四谷三丁目のコンビニに、覆面をした男が押し入りました。レジにいた男性店員に刃物のようなものを突きつけ、「金を出せ」と脅し、レジから現金約47,000円を奪いました。

🔊 5_10

③ アナウンサー：信州から紅葉の便りが届きました。長野県

松本市、北アルプスの涸沢では、紅葉が最盛期を迎えています。今年の紅葉は例年よりも1週間ほど早く、今がピーク。鮮やかに色づいた、ナナカマドの赤、ダケカンバの黄色に、ハイマツの緑が見事に溶け合い、錦の風景を作り上げています。

🔊 5_11

④ アナウンサー：今日、埼玉県さいたま市で「あおぞら国際マラソン」が行われました。ランナーたちは、午前9時すぎに県庁前からいっせいにスタートし、青空のもと、全長42.195kmのコースを駆け抜けました。今年のマラソンには、定員の8倍を超える応募があり、抽選で選ばれた市民ランナーと招待選手、合わせて24,000人が参加しました。

2

🔊 5_12

① アナウンサー：このサルは、キンシコウという種類のサルで、ゴールデンモンキーとも呼ばれています。府内の動物園の専門家によると、キンシコウは、中国やチベットに生息するオナガザルの一種で、現在は絶滅危惧種に指定されているとのことです。輸入や飼育は法律で禁止されており、大阪府警では、おそらく闇ルートで密輸され、ペットとして飼われていたサルが、逃げ出したものではないかと見ています。

🔊 5_13

② アナウンサー：そして男は、店を出て逃走しようとしたところ、店の入り口横に飾られていた、ハロウィーンのお化けの人形を見て驚き、転倒して腰を強打。男がうずくまっている間に、店員からの通報で駆けつけた警察官に取り押さえられ、強盗未遂の疑いで現行犯逮捕されました。男は新宿区の無職、山下一弘容疑者48歳で、容疑を全面的に認めたうえ、「あんなところにお化けがいるなんて思わなかった。本当に腰を抜かすほど驚いた」と話しているということです。

🔊 5_14

③ アナウンサー：北アルプス穂高岳の麓、標高2,300m、上高地から徒歩で約6時間のこの山の懐には、大勢の登山客が訪れ、燃えるような紅葉を楽しんでいます。登山客の数も今がピーク。テント場では、自然の紅葉とはまた違った、色とりどりのカラフルなテントの花が咲いています。

紅葉は、今月いっぱいが見頃だそうです。

④ ランナー1　：はじめて参加するのでちょっとドキドキしてます。でも、ぜったいに完走します。

　　ランナー2　：中国からです。日本の方々と走るのが楽しみです！

　　ランナー3　：はい、今日はアンパンマンの格好で来ちゃいました。

　　アナウンサー：なかには、アニメのキャラクターや動物の着ぐるみ姿のランナーもいて、注目を集めていました。また、33 の国と地域から約 2,000 人の外国人ランナーも参加しました。それぞれの国のことばが書かれた帽子をかぶった外国語ボランティアの人たちの活躍も目立ちました。

PART2 会話する　「火事だそうですよ」

5

ロールプレイ（例）

🔊 5_49

① A：今朝、川沿いの工場で大きな火事があったそうですね。

　B：え、そうなんですか？

　A：橋の近くに工場があったでしょう。あの工場が火事になったんですよ。

　B：知りませんでした。

　A：テレビのニュースによると、朝 4 時ごろ火が出て、5 時間も燃え続けて、工場が全部焼けてしまったそうですよ。

　B：へー、原因は何ですか？

　A：まだよくわからないらしいです。ニュースでは、ガスもれかもしれないって言ってました。風が強かったせいで、なかなか消えなかったそうです。

　B：そうなんですか。けが人は？

　A：朝早かったので、誰もいなかったそうです。

　B：それは、よかった。

　A：でも、この火事のせいで、近くの道はしばらく通行止めだそうです。道を直すのに、2 週間ぐらいかかる見込みだって言ってました。

　B：そうなんですか。

トピック 6　これが欲しい！

PART1 聞いてわかる　「これがないと困る」

1

🔊 6_08

洋子　：へー、それ、そうやってリンゴ切れるんだ。おもしろいね。

モニカ：あ、これ？ リンゴカッター。いいでしょう？

聞き手：日本にはないんですか？

洋子　：私は、はじめて見たけど。

① モニカ：これ、日本ではあまり使われてないみたいですね。日本に留学してたとき、リンゴが食べたくなって、このカッター、一生懸命探したんですけど、どこにも売ってなくて。まわりの日本人に説明したら、「リンゴなんて、包丁使えばすむじゃない」って言われて。

智子　：私もそう思うけど…。

モニカ：でも、これを使えば簡単だし、手も汚れないし、安全だから、子どもでも使えるでしょう？ 私、あまり器用じゃなくて、ナイフ使うのも得意じゃないから、すごく助かるんですよ。

洋子　：そうなんだ。

モニカ：で、そのときは、結局、日本じゃ見つからなくて、母に国から送ってもらったんですよ。

聞き手：え、わざわざですか？

モニカ：ええ。昔はこういう道具があるってことも知らない人が、ほとんどでしたね。

洋子　：だろうね。

モニカ：今は、日本でも 100 円ショップなんかで買えるそうですけど。

真奈美：そうなんだ。でも、使ってる人は知らないな。

🔊 6_09

② 洋子　：でも逆に、日本にはあるけど、こっちにはないものも、けっこうあるよね。

聞き手：たとえば？

洋子　：たとえば、この前、日本に帰ったときに、これ買ってきたんだ。

聞き手：え、何ですか？ それ。

洋子　：これはね、静電気防止のキーホルダー。

真奈美：ああ、知ってます。

聞き手：え、何のキーホルダー？

洋子　：静電気防止、えっと…冬の乾燥した寒い日なんか、車とか家のドアとか触ったときに、「バチッ！」ってなって、痛いことあるでしょ？ あれを防止するの。

聞き手：え、どうやって？

洋子：この先の部分で、ドアノブを触ると、ここのライトが静電気でピカッて光って、それで静電気が抜けるから、そのあとでドアに触っても「バチッ」ってならないの。

聞き手：へー。

モニカ：ふーん。

洋子：こっちって、冬は日本よりも乾燥するから、ドアを触るたびに「バチッ」ってなって嫌だったんだ。

真奈美：わかる。

洋子：でも、これを使うとそれがなくなって、だいぶ楽になった感じ。こっちでもいろいろ探してみたんだけど、売ってないみたいなんだよね。

🔊 6_10

③ 真奈美：たしかに、「これがないと困る」って思う日本のものって、いろいろありますよね。私は、薬とか、シャンプーとか、ハンドクリームとかは、使い慣れたものがいいから、日本から買って持ってきてます。

聞き手：へー、大変じゃないですか？

智子：とくに薬とかは、私もそうだな。

真奈美：そう。私も、風邪薬は葛根湯じゃなきゃダメなんです。

聞き手：え、葛根湯？　どうしてですか？

真奈美：えっと…漢方薬だから、体に優しいし、副作用も少ないんですよ。とくに風邪の引き始めに効くんですよね。

聞き手：引き始めって？

真奈美：んー、ちょっと体がだるくて、頭も痛くて、風邪かなって思ったとき、葛根湯を飲めば、明日までには絶対よくなるって思えるんですよね。

洋子：それって、気分的なものじゃない？

真奈美：まあ、そうかもしれないけど、でも海外の日本人で、葛根湯をわざわざ日本から買って持ってきてる人って、実はけっこう多いらしいですよ。

聞き手：へー、そうなんですか。

🔊 6_11

④ 智子：私はやっぱり、サイズの問題が大きいな。たとえば靴。こっちには、私のサイズの靴なんかぜんぜんないのよね。私は足のサイズが22.5cmなんだけど、こっちではそんなサイズの人、ほとんどいないみたいで、「子ども用の靴を探してください」っていつも言われちゃって…。

聞き手：えー。

真奈美：私も、それあります。

智子：子ども用なんて、いまさら履けないよね。あと、歯ブラシ。

洋子：ああ、わかる。

真奈美：おっきいですよね。

智子：そう、こっちの歯ブラシって、ヘッドが巨大でしょ。ヘッドがコンパクトで小さいほうが、ぜったい磨きやすいと思うのに…。

モニカ：えー、そうかなあ。

智子：うん、だから、日本から買って持ってきたり、友達に送ってもらったりしてる人が多いみたいよ。

聞き手：そうなんですか。

智子：私も、たまに日本に帰ったら、まず歯ブラシ買って、それから靴買って、みたいな感じになっちゃう。

PART2 会話する　「私、たこ焼き大好きなんだ」

5

🔊 6_44

A：日本から買ってきてほしいものがあるんだけど、頼んでもいいかな？

B：何？

A：えっと…たこ焼き器、買ってきてもらっていい？

B：たこ焼き器？　いいけど。

A：たこ焼き、大好きなんだ。でも、たこ焼き売ってる店がなくて、だから自分で作りたいんだけど、たこ焼き器は、さすがにこっちじゃ売ってないから。ほんとに悪いんだけど、ほかに頼む人がいなくて。

B：わかった、いいよ。でも、たこ焼き器って言っても、いろいろあるんじゃない？　どんなの？

A：ガスと電気があるんだけど、電気のやつ。電圧は…できたら240Vのやつ。でも、難しかったらそうじゃなくてもいいよ。

B：わかった、あったらね。

A：あと、友達を呼んでみんなで食べたいから、なるべく大きくて、一度にたくさん焼けるやつ。形は…あったら、四角じゃなくて丸いやつをお願い。色は、なんでもいい。

B：うん、なんかたくさん注文があるね。

トピック7　お気に入りの映画

PART1 聞いてわかる　「心に響いてくるんです」

1

🔊 7_08

聞き手：来週から日本映画祭ですね。たくさんあって迷っちゃ

197

いますが、どの映画がおすすめですか?

① 山本　：そうですねえ、今回のラインナップなら、やっぱり
　　　　　黒澤映画ははずせないですね。『姿三四郎』も『乱』
　　　　　もいいんですけど、私が一つ選ぶなら、やっぱり『生
　　　　　きる』でしょうねえ。

聞き手：へー、どんな映画なんですか?

山本　：この映画って、すごく地味なんです。

聞き手：地味って?

山本　：黒澤のほかの作品と違って、チャンバラとか格闘技と
　　　　　かのアクションもないし、ストーリーの盛り上がりも
　　　　　あまりないし。でも、この映画、じわっと心に響いて
　　　　　くるんですよね。

聞き手：というと…。

山本　：主人公は、ごく普通の役所勤めの男性なんですけど、
　　　　　ある日、自分がガンであともう少ししか生きられな
　　　　　いって知って、それで、残りの人生で何かしたい、何
　　　　　か形に残したいって思うんです…。

聞き手：へー。

山本　：それを演じる志村喬の演技が、また最高なんですよ。
　　　　　有名なブランコのシーンは、本当にジーンときます。

聞き手：そうなんですか。

山本　：古い作品ですけど、本当にいい作品です。

聞き手：へー。それは見てみたいですね。

🔊 7_09

② 丸山　：ああ、『生きる』、いいですよね。でもこの中なら、
　　　　　ちょっと新しめの映画にもいい作品がありますね。

聞き手：どれですか?

丸山　：たとえば、この『フラガール』とか。

聞き手：へー。

前田　：ああ、あれね。

丸山　：これって、『シコふんじゃった』とか『ウォーターボー
　　　　　イズ』とかと同じような路線の映画なんですけどね、
　　　　　ちょっとスポ根入ってて…。

聞き手：スポ根?

丸山　：ええ、スポーツ根性もので、さわやかな感動があるん
　　　　　ですよ。

聞き手：さわやかな感動っていうのは…。

丸山　：えっと、最初はぜんぜんダメなんだけど、努力して
　　　　　最後は成功するっていうパターン。

聞き手：ああ。

丸山　：ぜったいにそういうパターンになるってわかってても、
　　　　　見ててハラハラするし、それに人が頑張る姿って、
　　　　　やっぱり感動しちゃうんですよね。

聞き手：へー。

丸山　：この『フラガール』は、地方の温泉施設でフラダン
　　　　　サーを育てる話なんですけど…。

聞き手：え、日本でフラダンスですか?

丸山　：ええ。実話にもとづいてるから、いっそう深いのかも
　　　　　しれないですね。最後はすごく感動的で爽快ですか
　　　　　ら、誰にでもすすめられます。

聞き手：これもよさそうですね。

🔊 7_10

③ 前田　：私のおすすめは、意外かもしれないけど、この『クレ
　　　　　ヨンしんちゃん』ですね。

聞き手：『しんちゃん』ですか?

前田　：『クレヨンしんちゃん』って子ども向けってイメージが
　　　　　あるでしょう?

聞き手：そうじゃないんですか?

前田　：映画版はぜんぜん違うんですよ。とくに、今回の
　　　　　映画祭で上映される『嵐を呼ぶアッパレ!戦国
　　　　　大合戦』は、『クレヨンしんちゃん』シリーズの中で
　　　　　も最高傑作、一番だって言われてます。

聞き手：へー、そうなんですか。これが…。

前田　：完成度が高くて、大人が見ても見ごたえがあるんです
　　　　　よ。

聞き手：へー、というと…。

前田　：これは、しんちゃん一家が戦国時代にタイムスリップ
　　　　　する話なんですが、しんちゃんの話に、戦国時代の
　　　　　侍と姫のドラマが絡んでて、ストーリーが深くて、
　　　　　なにしろ泣けるんです。

聞き手：そうなんですか。

前田　：それに、演出も凝ってるし。実は、まえに、子どもの
　　　　　ためにDVD借りていっしょに見たんですけど、最後
　　　　　は親の私のほうが、ボロボロ泣いてしまって…。

聞き手：へー、そんなに感動するんですか。

前田　：ええ、だから、先入観を持たずに、ぜひ見てください。

🔊 7_11

④ 宮崎　：アニメもいいですけど、この中なら、やっぱり『ゴジラ』
　　　　　ですね。

前田　：えっ、ゴジラ? あれって、怪獣の話でしょう?

宮崎　：ええ。実は、ゴジラって、シリーズになってて、いろ
　　　　　んな作品があるんですけど、この1954年の第一作
　　　　　は、ほかとはまったくレベルが違うんですよ。

聞き手：レベルが違うって、どういうことですか?

宮崎　：えっと、単なる娯楽作品っていうよりは、メッセージ
　　　　　性が強くて、たとえば、戦争とか核実験とかに対す
　　　　　る、警告みたいなのが伝わってくるんですよね。

聞き手：へー。

宮崎　：映像もすごくて、CGなんかぜんぜんない時代に特撮
　　　　だけで作られてるんですが、CGよりもかえって迫力
　　　　があるくらいです。

聞き手：そうなんですか。

宮崎　：あと、はじめの20分間はぜんぜんゴジラが姿を見せ
　　　　ないんですが、そうやって怖さを盛り上げておいて、
　　　　ついにゴジラが現れるときの演出が、心臓が止まるか
　　　　と思うほどドキッとします。ぜひ見てください。

聞き手：へー。

PART2 会話する 「個性的な演技がよかったよね」

3

3 Vぐらい

🔊 7_40
① 二人の恋の物語に、涙が出るぐらい、感動しました。

🔊 7_41
② いっしょに踊りたくなるぐらい、楽しくていい音楽でした。

🔊 7_42
③ 夜、一人でトイレに行けなくなるぐらい、怖かったです。

🔊 7_43
④ CGとは思えないぐらい、リアルな動物に驚きました。

🔊 7_44
⑤ もう、お腹が痛くなるぐらい、笑いました。

5

ロールプレイ（例）

🔊 7_54
A：『かもめ食堂』、いい映画だったね。

B：そうだね。でもちょっと盛り上がりがなかったよね。

A：そう？ とてもいい映画だと思ったけど。雰囲気がよかった
　　し、優しい気持ちになれたし。それに、役者さんの演技が
　　よかったよね。とくに、小林さと子…聡美が一番かな。

B：そうだね、役者さんはみんな、個性的でよかったね。でも、
　　ストーリーがないっていうか、淡々としてて、「えっ、もう
　　終わったの？」って感じだったな。

A：うーん、たしかにそうかもね。

B：あ、映像はきれいだったね。

A：そうだね。フィンランドの景色…風景が、まるで絵を見て
　　るみたいだった。あと、おもしろいシーンもたくさんあって、
　　私はけっこう楽しめたけどな。

B：でも、クライマックスがぜんぜんなかった気がする。私は、
　　映画って、もっとハラハラ、ドキドキしたり、すごく笑った
　　りするほうが好き。

A：ああ。じゃあ、今度はそういうのを見に行こう。

準備

🔊 8_07
① 本日、傘のお忘れ物が大変多くなっております。お降りの際は
　　お忘れになりませんようご注意ください。

🔊 8_08
② お急ぎのところ誠に申し訳ありませんが、ただいま強風のた
　　め、電車は当駅で運転を見合わせております。誠に申し訳あり
　　ませんが、運転再開までしばらくお待ちください。

🔊 8_09
③ 急病のお客さまの救護のため、当駅を5分遅れで発車いたし
　　ました。列車遅れまして、大変申し訳ございません。

🔊 8_10
④ 電車とホームの間が広く開いておりますので、足元にご注意く
　　ださい。出口は右側です。

🔊 8_11
⑤ この電車には、優先席があります。お年寄りや、体の不自由な
　　お客様、妊娠中や乳幼児をお連れのお客様がいらっしゃいまし
　　たら、席をお譲りください。

PART1 聞いてわかる 「また電車遅れてる」

1

🔊 8_13
聞き手：あー、また電車遅れてる。20分遅れだって。

信治　：またかー。

耕太　：しょうがないなあ。

① 直子　：ほんと、この国の電車って、頼りにならないよね。時
　　　　　間通りに動いてるほうが珍しい。

サリナ：たしかにね。

聞き手：あー。

直子　：それだけじゃなくて、たとえば、乗ってたら急に行き
　　　　先が変わったりすることもあるでしょ？

信治　：ああ、あるねー。

直子　：この間なんて、途中の駅で突然、「この列車は、ここ
　　　　が終点になりました。全員ここで降りてください」っ
　　　　て、いきなり降ろされて、寒いホームで次の電車を30
　　　　分以上待たされて、ほんと勘弁してって感じだった。

サリナ：それは、不幸。

199

直子　：それに、こっちはストも多いよね！この前も、丸一日
　　　　電車が動かなくて、その日の予定が全部パー。

聞き手：え、日本ではストがないの？

直子　：めったにね。こっちは、「この間もストやったばかりだ
　　　　よね」って言いたくなるぐらい、いつもやってるし。

耕太　：そうそう。

🔊 8_14

② サリナ：うん、たしかに、日本とはぜんぜん違うよね。たぶん、
　　　　交通機関は時間通りに動いてなければならないって
　　　　感覚自体が、こっちにはそんなにないんだと思うよ。

直子　：そうなの？

聞き手：そうかもね。

サリナ：私が日本に行ったら、逆に驚くもの。

直子　：えっ、何に？

サリナ：だって、日本だと、たった3分しか遅れてないのに、
　　　　車内アナウンスで「電車が遅れまして、本当に申し訳
　　　　ありません」ってずっと謝ってるでしょ。すっごいよ
　　　　ねえ。

聞き手：本当？

直子　：あー。あるかもね。

サリナ：去年、日本に行ったときなんて、ちょうど台風が来た
　　　　んだけど、次の日に電車に乗ったら、車内アナウンス
　　　　で「昨日は台風のために電車の時間が乱れて、本当に
　　　　申し訳ありませんでした」って謝ってるんだよ。台風
　　　　だよ。ここまでくると、それはそれでちょっとおかし
　　　　いって感じがしない？

直子　：そう言われれば、そうかもね…。

🔊 8_15

③ 信治：ああ、それに比べると、こっちは交通機関もお客さん
　　　　も、どっちもすごくのんびりしてるよね。5分や10分
　　　　遅れても、たいして気にしないっていうか。たしかに、
　　　　遅れることが悪いこととはあんまり思ってないような
　　　　気がするな。

サリナ：そうだよね。

聞き手：あー、わかるなあ。

信治　：この間なんか、バスに乗ってたら、運転手が途中の
　　　　停留所でバス降りて、いなくなっちゃったんだよ。で、
　　　　10分ぐらいかなあ、戻ってこなくて…。どうしたんだ
　　　　ろうって思ってたら、サンドイッチ持って帰ってきたん
　　　　だ。たぶん、その辺の店でランチを買ってたんだろう
　　　　けど、ほんと、びっくりしたな。

耕太　：すごいな。

聞き手：へー、日本ではそういうことないんだ。

信治　：勤務中はしないよね。でも、そのとき、隣の人に「信
　　　　じられる？」って言ったら、「お腹がすいた運転手に

事故を起こされるよりはいい」だって。なんていうか
…。

🔊 8_16

④ 耕太：のんびりしてるよね。でも、逆に、こっちのほうがい
　　　　いなって思うときもあるな。日本に帰ったときに電車
　　　　に乗ると、とくに、混んでるときとかは、駅の人もお
　　　　客さんも余裕がなくて、ピリピリしてて。なんか、疲
　　　　れちゃうよね。

直子　：まあね。

聞き手：そうなの？

耕太　：たとえば、日本だと、電車にベビーカーを乗せたら、
　　　　ときどき冷たい目で見る人いるでしょ。

直子　：あー。

耕太　：でも、そんなのこっちではないよね。ベビーカーはも
　　　　ちろんだし、自転車だってそのまま電車に乗せてもい
　　　　いんだから。

直子　：だよね。

耕太　：あと、こっちだと、たとえば電車に間に合いそうにな
　　　　いとき、ホームで「待って～」って大声で叫んで手を振
　　　　れば、だいたい待ってくれるでしょ？これ、この間
　　　　日本でやったら、ぜんぜん待ってくれなくて、すごい
　　　　悲しかった。

2

🔊 8_23

④ 耕太：たとえば、日本だと、電車にベビーカーを乗せたら、
　　　　ときどき冷たい目で見る人いるでしょ。

聞き手：えっ、ベビーカーはダメなの？

耕太　：ダメなわけじゃないけど、嫌がる人はいるよね。あと、
　　　　混んでるときは、危ないし。

🔊 8_24

耕太　：でも、そんなのこっちではないよね。ベビーカーはも
　　　　ちろんだし、自転車だってそのまま電車に乗せてもい
　　　　いんだから。

聞き手：えー、日本だと乗せられないんだ。

耕太　：折りたたんで袋に入れないとね。

PART2 会話する 「今日は運休ですね」

3

❷ Vたつもりだ

🔊 8_36

① おかしいなあ、ちゃんと予約したつもりなんですけど…。

🔊 8_37

② えっ？ A１出口で待ち合わせって言ったつもりだけど…。

🔊 8_38

③ えー、地下鉄のカードを入れたつもりなんだけどなあ。

🔊 8_39

④ あれ、第１ターミナルで降りたつもりなんですけどねえ。

🔊 8_40

⑤ 空港行きの電車に乗ったつもりなんだけど…。

5

ロールプレイ（例）

🔊 8_52

A：あのう、何かお困りですか？

B：ええ、ちょっとアナウンスがわからなかったんですが、どうして電車が止まっているんでしょうか？

A：ああ、この電車、この駅で終わりだそうです。それで、みんな、ここで降りてるんです。

B：この駅で終わり？ 何かあったんですか？

A：ええ、この先で工事をしてるそうです。それで、今日は、ここから先へは行けないそうです。

B：そうなんですか。困ったなあ。

A：最近、よくあるんですよ。地下鉄は、工事が多いですからね。あのう、どちらに行かれるんですか？

B：北駅です。国立博物館に行きたいと思って…。

A：国立博物館ですか。それなら、中央駅に行かれて、そこで、バスに乗るといいですよ。中央駅へは、１番線の電車で、ここから 20 分ぐらいです。駅に着いたら、北口を出ると、右側にバス乗り場があります。よろしいですか？

B：は、はい。

A：200 番のバスに乗れば、国立博物館を通るはずです。たしか、３番乗り場だったと思います。

B：わかりました。ありがとうございます。

トピック9　忍者、侍、その頃は…

PART1 聞いてわかる 「日本の歴史上いちばん有名な人です」

1

🔊 9_08

聞き手：あ、このカレンダー、『信長の野望』ですね？

武田：うん、よく知ってるね。

聞き手：はい、日本のゲームはいろいろやってますから。

今川：へー。

浅井：そうなんだ。

島津：意外！

聞き手：でも、織田信長って、どうして日本人にそんなに人気があるんでしょうね。

① 武田：そうだなあ、信長って、時代を変えようとして、いろいろ新しいことをした人って感じだから、その辺が人気なのかなあ。

聞き手：ああ。

島津：そうかもしれませんね。

武田：古い考え方にとらわれないで、自分がいいと思ったことを、どんどん取り入れた人だよね。戦国時代の武将の中でも、すごく進歩的で、革新的で。

聞き手：革新的って？

武田：うーん、新しいってこと。

聞き手：へー、たとえば？

武田：たとえば、戦争に鉄砲を使ったりとか、あと、身分や年齢にこだわらないで、能力がある人をどんどん自分の部下にしたっていうし。

聞き手：実力主義だってことですね。

武田：うん、でも最後は、その部下に裏切られて、自殺しちゃうんだけどね。

聞き手：ドラマチックですね。

武田：うん、こういうドラマチックなところが、ゲームとかドラマにしやすいのかもしれないね。

🔊 9_09

② 今川：そういえば、ネットか何かで見たけど、テレビの大河ドラマの主人公でいちばん人気があるのは、源 義経なんだって。

浅井：へー、そうなんですか。

島津：ああ、義経ね。わかるー。

聞き手：義経って、誰ですか？

今川：義経は、源 頼朝の弟で…、頼朝は知ってる？

聞き手：いえ。

今川：鎌倉幕府を開いた人。

聞き手：え、幕府って？

今川：ああ、新しい政府みたいなものかな。だから、義経は信長よりもだいぶ古い時代の人だよね。千百何年ぐらいだったと思うな。

聞き手：ということは、12 世紀ですね。

今川：うん、子どもの頃から家族と引き離されて、孤独に育った人なんだ。でも、成長してからは、戦いで兄の頼朝を助けて、すごく活躍するんだ。

聞き手：へー。

今川 ：けど、鎌倉幕府ができたあと、兄弟は対立して、えっと…義経はまだ30代の若さだったのに、兄に殺されちゃうんだよね。

聞き手：ひどいですね。

今川 ：うん、でも、そこが「悲劇のヒーロー」ってイメージになるんだよね。

聞き手：そうなんですか。

今川 ：それに、ドラマではたいてい、イケメンの若い俳優さんが義経を演じるからかっこいいし…。

島津 ：たしかに、そういうところがあるかもしれませんね。

🔊 9_10

③ 島津 ：でも、もっと古い時代の人を取り上げて、ドラマにしても、おもしろいんじゃないかなあって思うんですよね。

浅井 ：たとえば？

島津 ：たとえば、聖徳太子とか…。

今川 ：聖徳太子？ そんなのドラマになる？

島津 ：うーん、難しいかなあ。

聞き手：あの、聖徳太子って、どんな人なんですか？

島津 ：あ、聖徳太子は…いつぐらいの人でしたっけ？

武田 ：7世紀ぐらいだよね。

島津 ：そう、そのぐらい。奈良に法隆寺ってあるでしょ？ 世界でいちばん古い木造のお寺。

聞き手：行ったことあります！

島津 ：そう、それを建てた人なんだ。まあ、政治家だったんだけど、すごく頭がいい人で、10人の話を一度に聞いてちゃんと答えたっていうエピソードもあるぐらい。

聞き手：10人ですか。

島津 ：法律を作ったり、仏教を広めたりしたことでも有名だけど、中国との交流に力を入れたりとか、本当にいろいろなことをしたんだって。

今川 ：最近は、いろいろな説があるみたいだけどね。

武田 ：まあ、でも、やっぱりドラマは難しそうだね。

島津 ：えー、そうですかあ。

浅井 ：マンガにはなってるよね。

島津 ：ですよね。

🔊 9_11

④ 浅井 ：古い時代っていうなら、卑弥呼とかはどうでしょう。

島津 ：卑弥呼！

今川 ：古すぎでしょう。

浅井 ：え、でもそのぐらい古いほうがロマンがあるし、わからないぶん、自由にいろいろ話も作れておもしろいじゃないですか。

今川 ：そうかなあ。

聞き手：あのう、古いって、いつ頃の人なんですか？

浅井 ：弥生時代、西暦で言うと、2百何年とか、そのぐらいの時代の人。

聞き手：すごい昔なんですね。

浅井 ：日本の歴史の教科書の最初に必ず出てきますよね。

島津 ：うん、日本人ならみんな知ってるんじゃないかな。

浅井 ：ある意味、日本の歴史上、いちばん有名な人ですよね。

聞き手：あの、何をした人なんですか？

浅井 ：うん、邪馬台国っていう国の女王。占いで国を治めてたらしいよ。

聞き手：へー。

浅井 ：中国の歴史の本にも卑弥呼や邪馬台国のことが書いてあるんだけど、でも、くわしいことは何もわかってなくて、謎だらけで…。

聞き手：そうなんですか。

浅井 ：でも、そこが、ミステリアスなイメージでしょう？ 邪馬台国が日本のどこにあったかってことも謎になってて、そういうのが歴史のロマンを感じさせるんですよね。

今川 ：まあ、ロマンはあるけど、ドラマは難しいかもね。

PART2 会話する 「やっぱり忍者はいるに違いないよ」

3

2 ～じゃない（ですか）

🔊 9_26

① 『スター・ウォーズ』って、ときどき忍者や 侍 みたいなキャラクターが出てくるじゃないですか。

🔊 9_27

② 最近、駅前に「サムライ」って名前の日本料理の店がオープンしたじゃないですか。

🔊 9_28

③ 『NARUTO』のファンって、海外でもすごく多いじゃないですか。

🔊 9_29

④ 三重県や滋賀県の「忍者の里」って、外国人観光客が行くには不便じゃないですか。

🔊 9_30

⑤ 忍者っていえば、黒い服のイメージじゃないですか。

5

ロールプレイ（例）

🔊 9_48

Ａ：日本には、今でも忍者がいるって、本当ですか？

Ｂ：え？ そんなことないと思いますけど、どうしてですか？

Ａ：友達が日本に行ったときに、忍者村に行って忍者に会っ
たって言っていました。

Ｃ：それって、テーマパークのショーでしょう？ 本物じゃない
ですよね？

Ａ：そうですか。でも日本の忍者って、世界的に有名じゃない
ですか。昔は本当にいたんですよね？

Ｂ：あー、よくわかりませんね。忍者っていう人はいたとは思
うんですが…。

Ｃ：でも、アニメやマンガに出てくるような、高く跳んだり、
消えたり、カエルに変身したりするのは、フィクションで
すよね？

Ｂ：そうですね。人間が変身できるわけないですよね。

Ａ：そうですか。でも、そのテーマパーク、おもしろそうでし
た。手裏剣のレッスンを受けたり、忍者の衣装を着て写真
を撮ってもらったりできるそうです。

Ｂ：うーん、おもしろいのかなあ。

Ｃ：ていうか、忍者に興味のある外国人って多いけど、どうし
てみんな、大人でも忍者が好きなのか、不思議に思います
ね。

Ａ：日本人はあまり忍者に興味がないんですか？

Ｂ：うーん、たしかに、忍者が好きなのは子どもだけかもしれ
ませんね。

◆ トピック1　どんな人?

準備
じゅんび

2 ① d　② e　③ a　④ c　⑤ b

PART1. 結婚することになりました
けっこん

1　（1）① 満足（いっしょにいて気が楽）　　② 満足（趣味や好みが合う）
　　　　　まんぞく　　　　　　　　　らく　　　　　　　まんぞく　しゅみ　この　あ

　　　　③ 満足（家族というか空気みたいな存在）　④ 不満足（あまりうまくいっていない）
　　　　　まんぞく　　かぞく　　　　くうき　　　　そんざい　　ふまんぞく

　（2）

①	②	③	④
子どもみたい	きれい好き	マイペース	怒りっぽい
だらしない	ハキハキしている	おおらか	几帳面
ルーズ	パワフル		神経質
	ちょっと怖い		根はいい人
	明るくて元気		

　（3）① 彼　　② カミさん　　③ 相方　　④ ダンナ
　　　　　かれ　　　　　　　　　　あいかた

2　（1）解答例　① あまり部屋を片付けられない　同じ服を1週間着ている
　　　　かいとうれい　　　　　　へや　かたづ　　　　おな　ふく　　しゅうかん　き

　　　　　　　　　　② おしゃれでロマンチックなレストランは興味がなくて、汚くてもおいしいところが好き
　　　　　　　　　　　　　　　　　　　　　　　　　　　きょうみ　　　　きたな　　　　　　　　　す

　（2）① え、たとえば　　② たとえば

　（3）③④ たとえば／え、たとえば　　※説明の内容は音声スクリプト参照
　　　　　　　　　　　　　　　　　　　　　せつめい　ないよう　おんせい　　　　　　さんしょう

■ 4人のパートナーについての話をまとめましょう

　　① 子どもみたい　② だらしなく　③ 気が楽　④ きれい好き　⑤ ハキハキ　⑥ 好みが合う　⑦ 空気みたい
　　　　　　　　　　　　　　　　　　　　　らく　　　　　　ず　　　　　　　　　　　この　あ　　　　くうき

　　⑧ マイペース　⑨ 怒りっぽい　⑩ 神経質　⑪ イライラ　⑫ 根はいい人
　　　　　　　　　　　おこ　　　　　しんけいしつ　　　　　　　　ね

PART2. 厳しいけど学生思いなんですね
きび

1　解答例　① 怖い　ちょっと難しい　厳しい（締め切りに遅れたらレポートを受け取ってくれない　授業を始めるときにドアに鍵を掛ける
　　　かいとうれい　こわ　　　　むずか　　きび　　し　き　おく　　　　　　　　　う　と　　　　　　　　じゅぎょう　はじ　　　　　　　　かぎ　か

　　　　　　　　単位がもらえなくて泣いた人もいる）
　　　　　　　　たんい　　　　　　　な

　　　　　　② 厳しいところはあるけど、学生の指導に一生懸命な先生
　　　　　　　　きび　　　　　　　　　　　　　しどう　いっしょうけんめい

2　（1）a. 丁寧体　　b. 普通体　　ひろ子さんとジェーンさんは先輩と後輩の関係だから。
　　　　　ていねいたい　　　ふつうたい　　　　　　　　　　　　　　　せんぱい　こうはい　かんけい

　（2）① って　② っていうか　③ っていうか　④ って　⑤ っていうより　⑥ ところ　⑦ ってこと

3　**❶**　解答例　① 田中先生って、どんな先生ですか?
　　　　　　かいとうれい　　たなか

　　　　　　　　　② 中級クラスって、どの先生ですか?
　　　　　　　　　　ちゅうきゅう

　　　　　　　　　③ チャーリー先生のレポートって、締め切りはいつでしょうか?
　　　　　　　　　　　　　　　　　　　　　　し　き

　　　　　　　　　④ 飯塚先生の授業って、難しいけどおもしろいですよね!
　　　　　　　　　　いいづか　じゅぎょう　むずか

　　　　　　　　　⑤ 奥村先生の授業で使っている教科書って、写真が多くて楽しいですね!
　　　　　　　　　　おくむら　じゅぎょう　つか　　　　きょうかしょ　　しゃしん　おお　たの

❷（1）① 飯塚先生って、厳しいっていうか、怖いっていうか…。
いいづか　　　　きび　　　　　　　　こわ

② 奥村先生って、頼りになるっていうか、なんでも相談できるっていうか…。
おくむら　　　たよ　　　　　　　　　　　　　　　そうだん

③ ひろ子さんって、頭がいいっていうか、知らないものはないっていうか…。
こ　　　　　あたま　　　　　　　　　し

（2）④ ユキさんって、マイペースっていうよりは、自分勝手だよね。
じぶんかって

⑤ チャーリー先生って、大学の先生っていうよりは、タレントって感じだよね。
かん

⑥ たかゆきって、若いっていうよりは、子どもっぽいよね。
わか

❸ ① クールなところがあります　　② やさしいところがあります　　③ 意地悪なところがあります
いじわる

④ 似ているところがあります　　⑤ 冗談が通じないところがあります
に　　　　　　　　　　　　　　　じょうだん　つう

❹ ① a　　② c　　③ b　　④ e　　⑤ d

４ 解答例　（1）① 教えてもらえませんか？／今、いいですか？／今、時間ありますか？
かいとうれい　　　　おし

② 本当かどうか知りたいんです。／そのことについて話が聞きたいんです。
ほんとう　　　し

（2）① 頼んでもいいですか？
たの

② 教えてもらえませんか？
おし

③ もう一度言ってくれない？／わからない。
いちど

５（1）① ジェーン　「飯塚先生って、怖いっていうか、難しいっていうか、そんな話を聞いたんで…。」→ Ⓐ
いいづか　　こわ　　　　　　むずか

「あと、すごい厳しいって聞きました。レポートの締め切りに遅れたら、〜 教室に入れないとか…。」→ Ⓐ
きび　　　　　　　　　　　し　き　　　　おく　　　　　きょうしつ　はい

「飯塚先生に単位もらえなくて、泣いた人もけっこういるみたいなんですよ。」→ Ⓐ
いいづか　　たんい　　　　　　な

「厳しいけど、学生思いなんですね。」→ Ⓒ
きび

② ひろ子　「ああ、たしかに奥村先生とはぜんぜんタイプが違うかもね。」→ Ⓒ
こ　　　　　　　　　　　おくむら　　　　　　　　　　　　ちが

「飯塚先生は、ちょっと話しにくい雰囲気あるかもね。」→ Ⓒ
いいづか　　　　　　　　　　ふんいき

「たしかに飯塚先生って、そういう厳しいところがあるよね。でも、それって、学生の指導にすごく一生懸命だからな
いいづか　　　　　　きび　　　　　　　　　　　　　　　　　　しどう　　　　いっしょうけんめい

のかもしれないよ。」→ Ⓒ

「私、前の学期に飯塚先生の授業取って、〜あのときはけっこう感動したな。」→ Ⓑ
わたし　まえ　がっき　いいづか　じゅぎょうと　　　　　　　　　　　かんどう

「あと、学生が成績悪くなったり、〜 個人指導してもらった人もいるみたい。」→ Ⓐ
せいせきわる　　　　　　　こじんしどう

「まあ、いろいろな面があるってことだよね。」→ Ⓒ
めん

PART3. すごくおもしろい人ですよ

１ 解答例　① おもしろい　発想がユニーク　明るい　日本語が上手　アイデアがたくさんある　話していると楽しい
かいとうれい　　　　　　はっそう　　　　　　あか　　にほんご　じょうず　　　　　　　　　　　　　　　　はな　　　　たの

② ちょっと頑固で難しいところがある。
がんこ　むずか

③ 8月のツアーを企画したときに、自分の企画が通らなくてやる気をなくしてしまった。
きかく　　　　　　じぶん　きかく　とお

２ ① おもしろい　　② ユニーク　　③ 明るく　　④ 頑固　　⑤ あるし　　⑥ 楽しいし　　⑦ そうしたら　　⑧ なくなっちゃった
あか　　　　がんこ　　　　　　　　　たの

⑨ はじめ　　⑩ くれなく　　⑪ 最後　　⑫ くれた
さいご

PART4. 書道でコミュニケーションを
しょどう

１（1）解答例　メルボルン（オーストラリア）で、書道教室を開いている
かいとうれい　　　　　　　　　　　　しょどうきょうしつ　ひら

優しくあたたかい
やさ

（2）

c. 書道を始めた しょどう　はじ	→	d. アメリカに留学した りゅうがく	→	b. オーストラリアに来た き	→	a. 書道教室を開いた しょどうきょうしつ　ひら
小学校1年生		高校時代 こうこうじだい		6年前 まえ		4年前 まえ

（3）解答例　高校時代にアメリカに短期留学したとき、筆で文字を書いて見せたら、すごく喜ばれたから。

（4）解答例　おしゃべりをしながら筆を持つ生徒や、気分次第で来たり来なかったりする生徒にとまどった。

（5）a. 書道の精神　　b. 自分の気持ち

（6）解答例　書道をきっかけに日本についての話が広がるなど、コミュニケーションができること。

4 ▶ 解答例　**❶** ロボットの研究がしたい

❷ 失敗ばかりだった／困ることが多かった

❸ ひらがなを覚えるのに苦労した／日本語はとても簡単だと思っていた

❹ 外国で仕事をする人が増える／外国語を勉強することが今よりも大切になる

◆ トピック2　富士登山

準備

1 ▶ 解答例　① b, c, f, h　　② a, b, c, d, g　　③ b, c, f, h　　④ a, b, d, e, g　　⑤ b, c, d, g

2 ▶ ① d　　② c　　③ a　　④ f　　⑤ b　　⑥ e

3 ▶ 解答例　山頂でご来光を見る　雲海を見る　露天風呂に入る　ほうとうを食べる

PART1. 富士山に勝る山はない

1 ▶ （1）① ある（言っていない）　　② ある（学生のとき）　　③ ある（日本に行ったとき）　　④ ない（大学時代）

（2）解答例

① 木下	② 田村	③ アニタ	④ 加藤
眺め 山頂／頂上	混雑　山小屋　山頂／ 頂上　天気　服装	温泉　食べ物	展望台　眺め　樹海

（3）解答例

① 木下	② 田村	③ アニタ	④ 加藤
本当の頂上（剣ヶ峰）まで 行く	・とても混む ・寒くない服装をする	・麓の温泉に入る ・ほうとうを食べる	下（紅葉台）から富士山を見る

2 ▶ （1）解答例　① 富士山に勝る山はない、富士山から見る眺めが一番

② 自分の右にも左にも人がくっついて寝てるんで、体の向きが変えられない

（2）① えっ、それって、どういう意味ですか　　② えっと、「寝返りも打てない」ってどういう意味ですか

（3）解答例　③ あのう、「極楽」って、どういう意味ですか／それって、どういう意味ですか

④ えっと、それって、どういう意味ですか／「浮世絵にもなるぐらい」って、どういう意味ですか

■ 4人の話をまとめましょう

① 眺め　② 勝る　③ 登る　④ 疲れた　⑤ 死にそう　⑥ 違った　⑦ 下りて　⑧ 浸かって　⑨ 登っていた

⑩ 見る　⑪ 見えて　⑫ 広がっている／広がる

PART2. ご来光はやっぱり見たいしね

1 解答例 ① 昼過ぎに登りはじめて、8合目の山小屋で寝て、夜中に起きて登りはじめて、山頂でご来光を見る。

② レンタカーを借りて、温泉に入ったり、観光地をまわったり、ほうとうを食べたりして、もう1泊する。

2 （1）キム：普通体　　山崎：普通体　　パク：丁寧体

キムさんと山崎さんは同世代で友達同士だから。　　　パクさんは、キムさんと山崎さんより年下だから。

（2）① ないこともない　② ないわけにはいかない　③ しかない　④ のはどう

3 ❶ ① 行けないこともない　② 歩けないこともない　③ 食べられないこともない　④ まわれないこともない

⑤ 間に合わないこともない

❷ 解答例 ① 北海道に行ったら、カニを食べないわけにはいかないですよね？

② 東京に行ったら、スカイツリーに登らないわけにはいかないですよね？

③ 金沢に行ったら、兼六園に行かないわけにはいかないですよね？

④ 京都に行ったら、舞妓体験か侍体験をしないわけにはいかないですよね？

⑤ 九州に行ったら、温泉に入らないわけにはいかないですよね？

❸ ① a. あきらめるしかない　② e. 泊まるしかない　③ d. 払うしかない　④ b. 頼むしかない　⑤ c. 乗るしかない

❹ ① 山中湖でボートに乗るのはどう？

② ホテルじゃなくて、民宿に泊まるのはどう？

③ 下山後はすぐ温泉に行って、そこでご飯も食べるのはどう？

④ いろいろな種類のほうとうを頼んで、みんなで分けるのはどう？

⑤ 帰りにアウトレットモールに寄っていくのはどう？

5 （1）登山のスケジュール　Ａ 提　Ｂ 賛　Ｃ 反　Ｄ 提　Ｅ 賛　Ｆ 賛　Ｇ 確　Ｈ 提　Ｉ 賛　Ｊ 賛

下山後のスケジュール　Ｋ 提　Ｌ 賛　Ｍ 賛、確　Ｎ 反、提　Ｏ 賛、提　Ｐ 反

PART3. 誰でも楽しめるんじゃないかと思います

1 解答例 ① a.（2）　b.（3）　c.（4）　d.（1）　e.（5）

② いつも出てくるわけじゃないので、あまり期待しないほうがいい。

動物を待つ小屋は、電気もないし、虫がいっぱいいる。

2 ① 好きなら　② 見たいんだったら　③ んじゃないでしょうか　④ んじゃないかと思います　⑤ かもしれません

PART4. 四季折々に楽しめる富士五湖

1 （1）① B　② C　③ D　④ A

（2）解答例

	春 はる 3月 4月 5月	夏 なつ 6月 7月 8月	秋 あき 9月 10月 11月	冬 ふゆ 12月 1月 2月
紅葉台 こうようだい	大パノラマ			
		ハイキング	紅葉 こうよう	
ふじてん リゾート	スキー	スキー（サマーゲレンデ）		スキー
		マウンテンバイク		
		バーベキュー		
花の都 みやこ 公園 こうえん	チューリップ	ひまわり	コスモス	
	熱帯の植物 ねったい しょくぶつ			
		水遊び みずあそ		イルミネーション
鳴沢氷穴 なるさわひょうけつ	溶岩トンネル ようがん			
	大きな氷柱 ひょうちゅう		氷柱 ひょうちゅう	

（3）解答例

紅葉台 こうようだい	・車で行くときは運転に注意する くるま い うんてん ちゅうい	ふじてん リゾート	・バーベキューをするときは、予約をする よやく
花の都 みやこ 公園 こうえん	・開花状況をチェックしてから行く かいかじょうきょう い	鳴沢氷穴 なるさわひょうけつ	・夏でも上着を持っていく なつ うわぎ も ・歩きやすい靴で行く ある くつ い

4 解答例
かいとうれい

❶ 感動する／一生の思い出になる／とても疲れる
かんどう いっしょう おも で つか

❷ 食べ物がおいしい／温泉がたくさんある／美しい自然が見られる
た もの おんせん うつく しぜん み

❸ 残念な／悲しい
ざんねん かな

❹ とても混んでいた／ホテルがとても高かった
こ

◆ トピック3　健康的な生活
けんこうてき　せいかつ

準備
じゅんび

1 ①a　②d　③c　④b　⑤f　⑥e

2 ①a　②f　③c　④e　⑤d　⑥b

3 解答例　やせられる　体調がよくなる
かいとうれい　　　　　　　たいちょう

PART1. ウォーキングがいいんじゃないですか

1 （1）

	① 平野 ひらの	② 清水 しみず	③ 大西 おおにし	④ ミン
何を？	ボディコンバット	ウォーキング	ラジオ体操 たいそう	腹筋ローラー ふっきん
どこで？	駅前のジム	公園 こうえん	家 いえ	部屋 へや

（2）① (f, d)　　② (g, i, b)　　③ (h, e)　　④ (a, c)

（3）

① 音楽	② 有酸素運動	③ 学校	④ 四つんばい
気合い	友達	ストレッチ	コロコロ

2　（1）① へー、それはおもしろそうですね　　② へー、気持ちよさそうですね

　　（2）解答例　③ へー、それはよさそうですね　　④ それは、すごいですね

■ 4人の運動の話をまとめましょう

　　① 動き　　② 体　　③ 普通　　④ 関係　　⑤ リスク　　⑥ 解消　　⑦ 全身　　⑧ 要素　　⑨ 両方　　⑩ 見た目

　　⑪ 効果　　⑫ 場所

PART2. どんなダイエットしてるの？

1　解答例　① あまり食べない。（朝ご飯は食べない　昼ご飯はリンゴだけ　夕ご飯はサラダを少し）

　　　　　　② 食事を抜かない。栄養のバランスを考える。運動をする。

2　（1）a. 普通体　　b. 普通体　　二人は同僚で、仲がいいから。仕事の話ではないから。

　　（2）① なんて　　② どころか　　③ ことだ　　④ なんか

3　❶　① a. 野菜しか食べないなんて　　② b. 毎日走るなんて　　③ e. お金を払って運動するなんて

　　　　④ d. 長く休みが取れるなんて　　⑤ c. 1か月に10kgも痩せたなんて

　　❷　① 痩せるどころか　　② おいしかったどころか／おいしいどころか　　③ 休めたどころか／休めるどころか／休むどころか

　　　　④ すいてきたどころか／すいてくるどころか／すくどころか　　⑤ リラックスできるどころか

　　❸　① 大切なのは、栄養のバランスをよく考えることです。

　　　　② いちばん大事なのは、自分のペースで無理しないで運動することです。

　　　　③ 難しいのは、ダイエットのあと、その体重をキープすることです。

　　　　④ 運動を長く続けるポイントは、記録を毎日つけることです。

　　　　⑤ 注意しなければならないのは、筋力トレーニングは毎日行ってはいけないということです。

　　❹　① e　　② c　　③ a　　④ d　　⑤ b

4　（1）① なんとか物　　② 有なんとか運動

　　（2）解答例　① 筋肉をつけるのに必要なのは、卵や肉などの、なんとか質／タンパクなんとかですよ。

　　　　　　　　② 家では、ときどき寝るまえに一人で、腕なんとか／腕なんとか伏せをしています。

　　　　　　　　③ こんな暑い日に運動したら、熱なんとか症／熱なんとかで倒れちゃいますよ。

5　（1）① Ａ b　　Ｂ c　　Ｃ a　　Ｄ d

　　　　② Ａ 「えー、それはよくないよ。〜 体壊しちゃうよ。」

　　　　　 Ｂ 「それに、野菜と果物だけとかも、体によくないよ。〜なんとか物。」

　　　　　　　「そう、炭水化物。あと、卵とか、牛乳とかの、タンパク質も。」

　　　　　　　「大切なのは、〜カロリーを減らすことだよ。」

　　　　　 Ｃ 「運動もしなくちゃ。〜 有なんとか運動。」

　　　　　 Ｄ 「でも、まどかって、ぜんぜん太ってないし、ダイエットなんか 〜 健康的でイメージいいんだけどね。」

209

PART3. 病気の原因を消してくれるんです
びょうき げんいん け

1 解答例　① 「イスリック」という草を干してから燃やして、その煙を浴びる。
かいとうれい　　　　　　　　　　　　　　　　　　　　　　くさ ほ　　　　　も　　　　　　けむり あ

② 風邪の予防になる。病気の原因を消してくれる。
かぜ よぼう　　　　びょうき げんいん け

③ お守りとして使われる。
まも

2 ① それ　　② その　　③ 予防　　④ なってしまったとき　　⑤ 吸うと　　⑥ だけじゃなくて　　⑦ なると　　⑧ 連れて行くと
　　　　　　　　　　　　　　よぼう　　　　　　　　　　　　　　　　　　　す　　　　　　　　　　　　　　　　　　　　　　　　　　　つ

⑨ ならない　　⑩ 買ったとき　　⑪ あわない

PART4. 本当に効くのかな？
ほんとう き

1 （1）ゲンキニールが効くのか

（2）解答例　A（2, 3, 6, 12）　　B（5, 10）　　C（7, 8, 11）　　D（4, 9, 13）
かいとうれい

（3）解答例
かいとうれい

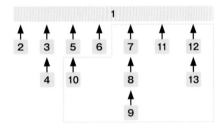

4 解答例　**1** 夜、よく眠れるようになった／2kg 痩せた
かいとうれい　　　　よる　　　ねむ　　　　　　　　　　　　　　　　　　　キロ や

2 あと1か月で5kg 痩せる／次の試験に合格する
　　　　　　げつ　　キロ や　　つぎ しけん ごうかく

3 ダイエットしている／嫌いな
　　　　　　　　　　　　　　きら

4 仕事をやめてもいい／違う仕事を探したほうがいい
しごと　　　　　　　　　　ちが しごと さが

◆ トピック4　舞台を見るなら
ぶたい

準備
じゅんび

1 ① a　　② f　　③ d　　④ c　　⑤ e　　⑥ b

2 ① c　　② a　　③ g　　④ f　　⑤ b　　⑥ d　　⑦ e

3 解答例　① a, b, e, f, h, i　　② b, d, e, h, i, j　　③ b, c, d, e, f, h, j　　④ a, c, d, e, f, g, j　　⑤ c, d, e, f, g, h, j, k
かいとうれい
⑥ e, g, j, k

PART1. 歌舞伎、いいですねえ
か ぶ き

1 （1）① a　　② b, c　　③ c　　④ c

（2）

	① 北村 きたむら		② 野口 のぐち
□ セリフ	☑ 舞台の仕掛け ぶたい しか	☑ セリフ	□ 舞台の仕掛け ぶたい しか
☑ 役者の演技 やくしゃ えんぎ	☑ 衣装や化粧 いしょう けしょう	☑ 役者の演技 やくしゃ えんぎ	□ 衣装や化粧 いしょう けしょう
☑ 音楽 おんがく	□ 時間の長さ	□ 音楽	☑ 時間の長さ
□ 踊り おど		☑ 踊り おど	

	② 野口 のぐち	③ 杉本 すぎもと	④ 高木 たかぎ
すすめているもの （説明） せつめい	スーパー歌舞伎 かぶき （新しい歌舞伎） かぶき	宝塚 たからづか （役者が全員女性） やくしゃ ぜんいんじょせい	新喜劇、お笑い しんきげき わら （ギャグが中心のお芝居） ちゅうしん しばい
理由 りゆう	b, d	g, a, c	f, e

2 （1）a. へー　　b. そうなんですか　　c. へー　　d. そうですかあ　　e. はあ　　f. ふーん　　g. ああ、そうですか…

■ 4人の話をまとめましょう

① 楽しみ　　② 表現する　　③ 独特　　④ 見に行った　　⑤ 借りた　　⑥ 派手　　⑦ 演じる　　⑧ 退屈しない
　たの　　　　ひょうげん　　　どくとく　　　　み い　　　　　か　　　　　は で　　　　えん　　　　たいくつ
⑨ 豪華　　⑩ 中心　　⑪ 泣かせる／泣ける　　⑫ 入って
　ごうか　　　ちゅうしん　　な　　　　な　　　　　　　　はい

PART2. 楽しめると思いますよ
たの

1 ① ない

　② 解答例　チケットの買い方　演目　服装
　　かいとうれい　　　　　　　えんもく　ふくそう

2 （1）a. 丁寧体　　b. 丁寧体
　　　　ていねいたい　　ていねいたい
　　　お互いに敬語を使っている。仕事上の関係だから。
　　　たが　けいご　つか　　　　しごとじょう　かんけい

　（2）① せっかく　　② にかぎります　　③ かわりに　　④ なんか　　⑤ せっかくだから

3 ❶ ① a. 聞きましょう　　② d. 買っていきましょう　　③ c. もらってきましょう　　④ e. 見ていきましょう　　⑤ b. 入りましょう

　❷ ① オペラは、3階席にかぎりますね。／3階席で見るにかぎりますね。　　② バレエは、チャイコフスキーにかぎりますね。
　　　　　　かいせき　　　　　　　　かいせき み
　　③ お笑いは大阪にかぎりますね。　　④ 歌舞伎は、歌舞伎座にかぎりますね。／歌舞伎座で見るにかぎりますね。
　　　わら　おおさか　　　　　　　　　かぶき　かぶきざ　　　　　　　　かぶきざ み
　　⑤ 疲れたときは、モーツァルトにかぎりますね。／モーツァルトを聞くにかぎりますね。
　　　つか

　❸ ① オペラを見に行くかわりに　　② レストランに行くかわりに　　③ 劇場の窓口で買うかわりに　　④ ワインのかわりに
　　　　　　み い　　　　　　　　　　　　　い　　　　　　　　げきじょう まどぐち か
　　⑤ パイプオルガンのかわりに

　❹ ① a　　② d　　③ b　　④ c　　⑤ e

4 （1）① チケットの買い方ですか？　　② 服装ですか？
　　　　　　　　　　　　　　　　　　　　ふくそう
　（2）解答例　① 料金ですか？／チケットの値段ですか？
　　　かいとうれい　りょうきん　　　　　　ねだん
　　　　　　　　② 夕食ですか？／食事ですか？
　　　　　　　　　ゆうしょく　　しょくじ
　　　　　　　　③ 私が好きなオペラですか？／好きな演目ですか？
　　　　　　　　　　　　　　　　　　　　　　えんもく

発音 （2）a. 残念な気持ち　　b. 疑問　　c. 驚きや感心
　　　　ざんねん きも　　　ぎもん　　　おどろ かんしん

5 （1）A 「チケットの買い方ですか？ そうですねえ、〜 席も選べますし。」
　　　　　　　　　　　　　　　　　　　　　　せき えら
　　　「それでもいいですけど、紙のチケットを受け取るかわりに、〜 そのままチケットとして使えるんですよ。」
　　　　　　　　　　　　かみ　　　　う と
　　　B 「演目も、ホームページを見ればわかりますよ。〜 後半がワーグナーの『ワルキューレ』ですね。」
　　　　　えんもく　　　　　　　　　　　　　　こうはん
　　　「そうですよね、こういうのはやっぱり地元のものを見るにかぎりますよね。〜 予習されるといいかもしれません。」
　　　　　　　　　　　　　　　　じもと　　　み　　　　　　　　　　よしゅう
　　　C 「服装ですか？ そうですねぇ、〜 楽しめると思いますよ。」
　　　　　ふくそう　　　　　　　　　　　　たの

PART3. 市内の劇場で見ることができます

1 解答例 ① 舞台の後ろにいる人が、腰まで水に浸かって動かしている。　② 1000年以上前、ベトナム北部の農村で始まった。

③ 市内の劇場

④ ストーリーがわかりやすい。　話が短く、バラエティがあって飽きない。

ベトナム語がわからなくても楽しめる。　人形の動きが楽しい。

2 ① そこでする　② その人達　③ 前に　④ 始まった　⑤ もともと　⑥ 昔は　⑦ 今は　⑧ そこで　⑨ もと

⑩ あるので　⑪ 少ないから　⑫ だけでも

PART4. とっても厳しい世界なんですよ

1 解答例 （1）知りたいこと：宝塚に入って主役の男役になれるかどうか

情報：「タカラジェンヌ（宝塚の人のことです）になれるのは、宝塚音楽学校の卒業生だけです。」

「合格するには、専門のスクールに通って、バレエとか歌とかやらないと、まず無理ですね。」

「ほとんどのトップスターは宝塚音楽学校に入学してからトップスターになるまでに10数年はかかっています。

才能や容姿に恵まれて、若いうちから将来有望と注目された人が、長い間努力してやっとなれるのがトップ

スターなんです。」

「トップスターになれるのは本当に一握りの人だけです。」

（2）Ａ b　Ｂ d　① ×　② ○　③ ○　④ ×　⑤ ○

（3）解答例 こんなところでなれるかどうか質問しているような人はトップスターにはなれない。

4 解答例 ❶ 才能／運／容姿／努力

❷ モスクワにいる　バレエを見／あの指揮者が元気な　公演を生で聞きに行き

❸ なれる／親が許してくれる

❹ 遅くまでテレビを見ている／飲みに行っている／友達と遊んでいる

◆ トピック5　身近なニュース

準備

1 解答例 ① オ b　② ア a　③ カ f　④ ウ d, c　⑤ エ e　⑥ イ g

2 ① a　② d　③ e　④ g　⑤ f　⑥ b　⑦ c

3 解答例 ① ⓓ　② ⓑ ⓔ　③ ⓕ　④ ⓐ ⓑ　⑤ ⓒ

PART1. 逮捕されました

1 （1）解答例 ① ・大阪の公園でチベットのサルが発見された　② ・コンビニに強盗が入った

・このサルはペットで、逃亡した　　　　　　　・お化けに驚いた

・サルはつかまった　　　　　　　　　　　　　・犯人は逮捕された

③ ・今、北アルプスで紅葉が見られる　④ ・あおぞら国際マラソンがあった

・紅葉は今月いっぱいが見頃　　　　　　　　　・アニメキャラクターも走った

・テントの花も咲いている　　　　　　　　　　・外国人も参加した

（2）① 通報　捕獲　② 覆面　刃物　現金　③ 最盛期　錦の風景　④ 定員　招待選手

2 （1）解答例　① ・このサルはペット？　② ・お化けに驚いた？

　　　　　　　　・チベットから輸入？　　　　　・なぜコンビニにお化けが？

　　　　　　　　・なぜ大阪の公園に？　　　　　・犯人はどんな人？

　　　　　③ ・今月いっぱいが見頃？　④ ・アニメキャラクターが走った？

　　　　　　・テントの花って？　　　　　・外国人ランナーがいた？

　　　　　　・混んでいる？　　　　　　　・誰が1位？

■ 4つのニュースをまとめましょう

① 指定　② 禁止　③ 密輸　④ 脅し／脅して　⑤ 奪った　⑥ 容疑　⑦ 例年　⑧ ピーク　⑨ 見頃

⑩ 参加　⑪ 注目　⑫ 活躍

PART2. 火事だそうですよ

1　解答例　① 工場の火事で橋が通行止めになって、道が渋滞したから。

　　　　　② 火事にあって、真っ黒になっている。

　　　　　　完全に直るのは半年後。簡単に修理して、3週間後には車だけは通れるようになる。

2　（1）オレーナ：丁寧体　中井：丁寧体（ときどき普通体）　高須：普通体

　　　高須さんは上司で、オレーナさんと中井さんは部下だから。

　　　中井さんは、独り言を言っているようなときは普通体を使っている。

　　（2）① せいで　② によると　③ せいで　④ 見込みだ

3　❶ ① c. 山道でトレッキングポールが折れたせいで　② d. 利用者のマナーが悪いせいで　③ a. 先週末の台風のせいで

　　　④ e. 手続きが複雑なせいで　⑤ b. 関越トンネルでの事故のせいで

　　❷ 解答例　① 天気予報によると、今日は暑くなるそうです。

　　　　　　② ニュースによると、東京で地震があったそうです。

　　　　　　③ うわさによると、駅前のデパートが秋に閉店するそうです。

　　　　　　④ 日本にいる友達によると、日本では今、変な歌がはやっているそうです。

　　　　　　⑤ 調査によると、世界で日本語を学ぶ人は増えているそうです。

　　❸ ① d. 降る見込みだ　② a. なる見込みだ　③ c. 増える見込みだ　④ b. 遅れる見込みだ　⑤ e. 間に合わない見込みだ

4　（1）オレーナさん：「交通止め？」

　　　中井さん　　：「通行止め？」と訂正した。

　　（2）「泡？」

　　（3）音声参照

5　（1）① Ａ 「南の橋が…交通止め？」

　　　　　　「そう、通行止めになったって。火事だそうですよ。」

　　　　　　「橋の下に工場があったでしょう？　〜 その火が大きくなって、橋のほうにまで広がったらしいです。」

　　　　　　「ニュースによると、工場は全部燃えて、〜 消防車の…泡？ が一面に広がってました。」

　　　　　　「完全に直すのには半年以上かかるって言ってました。」

　　　　　　「いえ、橋はとりあえず簡単に修理して、〜 通行止めは3週間ぐらいで解消される見込みだって言ってました。」

　　　　　Ｂ 「大変でしたね。でも、火事にあわなくて、よかったですよ。」

　　　　　　「かなり大変な工事なんでしょうね。」

　　　　　　「3週間で通れるようになるなら、早いと思いますよ。」

　　　　② a. 「橋の下に工場があったでしょう？　あの工場が火事になったんですよ。」

b.「風が強かったせいで、その火が大きくなって、橋のほうにまで広がったらしいです。」

c.「工場は全部燃えて、けが人も10人以上出たそうですよ。〜 消防車の…泡？が一面に広がってました。」

d.「完全に直すのには半年以上かかるって言ってました。」

「橋はとりあえず簡単に修理して、〜 通行止めは3週間ぐらいで解消される見込みだって言ってました。」

PART3. 市のホームページで見たんですけど…

1 解答例 ① 燃えるごみを出すのが有料になる。　② 市が決めたごみ袋を買う。　③ c

2 ① そうです　② で見た　③ 変わるそうです　④ ことになるそうです　⑤ によって　⑥ みたいです　⑦ らしいです

　　⑧ まえから　⑨ でも　⑩ それで　⑪ くわしいこと　⑫ らしいです

PART4. 外国人観光客向けアプリが話題に

1 （1）解答例　何ができるアプリか　どうしてこのアプリを作ったのか　どんな情報があるか　アプリはいつ配信されたか

　　　　　アプリの評判はどうか　自分の国のことばで見られるか

　　（3）Ａ イ　Ｂ ア　Ｃ オ　Ｄ ウ　Ｅ エ

　　（4）① 有名観光地、伝統文化、日本料理やショッピングなど

　　　　② 日本をより深く理解したい、日本の多様な面が見たい、現代の日本の文化を体験したい

　　　　解答例　①　・金閣寺を見に行きたい　　②　・アニメに出てきた場所に行ってみたい

　　　　　　　　　　・歌舞伎を見に行きたい　　　　　・お寺に泊まってみたい

　　　　　　　　　　・寿司を食べに行きたい　　　　　・サラリーマンが行くような立ち飲み居酒屋に

　　　　　　　　　　　　　　　　　　　　　　　　　　　　入ってみたい

4 解答例　❶ グルメ　女性　／　安い宿　バックパッカー

　　　　　❷ 寿司　天ぷら

　　　　　❸ 親切に／気軽に話しかけてみるように

　　　　　❹ タイ　タイ料理　タイマッサージ　／　沖縄　海　森

◆ トピック6　これが欲しい！

準備

1 ① f　② b　③ c　④ d　⑤ a　⑥ e

2 ① a　② e　③ g　④ c　⑤ f　⑥ d　⑦ b

3 ① B　② A　③ D　④ C

PART1. これがないと困る

1 （1）① a　② f　③ g, e, d　④ b, c

　　（2）① d　② a　③ c　④ b

① リンゴカッター	静電気防止の ② キーホルダー	③ 葛根湯（薬）	④ 靴／歯ブラシ
簡単、手が汚れない 安全 ナイフを使うのが得意じゃない	ドアに触ったときバチッとなる ／これを使うとバチッとならない	体に優しい 風邪の引き始めに効く 明日までにはよくなるって思える	靴：合うサイズがない 　　子ども用しかない 歯ブラシ：ヘッドが巨大／大きい、小さいほうが磨きやすい

2 （1）a. え、わざわざですか　b. え、何のキーホルダー　c. え、どうやって　d. え、葛根湯？ どうしてですか　e. 引き始めって

　　（2）a. ア　　b. イ　　c. エ　　d. ウ　　e. イ

■ 4人の話をまとめましょう

　① 汚れない　　② 使える　　③ 助かる　　④ 触った　　⑤ 痛い　　⑥ 防止する　　⑦ 慣れた　　⑧ 持ってきて　　⑨ 優しい

　⑩ 言われる　　⑪ 磨き　　⑫ 売って／売られて

PART2. 私、たこ焼き大好きなんだ

1　① たこ焼き器、たこピック

　　② 解答例　たこ焼き器：メキシコには売っていないから。アヒージョやドーナツなども作れるから。

　　　　　　　たこピック　：鉄板を傷つけないから。

2　（1）a. 普通体　　b. 普通体　　友達同士だから。

　　（2）① もらえない　　② さすがに　　③ って言っても　　④ もらってもいい

3　❶（1）① 買ってきてもらえない／買ってきてもらって（も）いい

　　　　　② 探してもらえない／探してもらって（も）いい

　　　　　③ 調べてもらえない／調べてもらって（も）いい

　　　　　④ 電話して聞いてもらえない／電話して聞いてもらって（も）いい

　　　　　⑤ 送ってもらえない／送ってもらって（も）いい

　　　（2）解答例　① 今度、こっちに来るとき、かき氷器、買ってきてもらえませんか？／買ってきてもらって（も）いいですか？

　　　　　　　　② この本、もう絶版なんですけど、たぶん古本屋で売ってますから、探してもらえませんか？／探してもらって（も）いいですか？

　　　　　　　　③ お屠蘇セットが欲しいんですけど、いくらするかわからないんです。ちょっと調べてもらえませんか？／調べてもらって（も）いいですか？

　　　　　　　　④ たこ焼き器、部品が足りないみたいなんですけど、電話して聞いてもらえませんか？／電話して聞いてもらって（も）いいですか？

　　　　　　　　⑤ 日本のAmazonで買って、そっちの住所に届けてもらいますから、それをこっちに送ってもらえませんか？／送ってもらって（も）いいですか？

　　❷　① b. さすがに運べない　　② a. さすがに買えない　　③ d. さすがにもう無理だ　　④ c. さすがにあきらめた

　　　　⑤ e. さすがによく切れる

　　❸　解答例　① うん、でも、八ツ橋って言っても、いろいろな種類があるよ。

　　　　　　　② うん、でも、安いって言っても／安くなったって言っても、全部で10,000円以上するよ。

　　　　　　　③ うん、でも、バーゲンって言っても、そんなに安くないでしょう？

④ うん、でも、楽（だ）って言っても、結局、洗わなきゃいけないんだよね。

⑤ うん、でも、返品できるって言っても、蓋を開けたらダメって書いてある…。

4 （1）① 電圧は…　　② 大きさは…

（2）解答例　① 浴衣を買ってきてもらえない？　サイズは…できるだけ大きいのがいいなあ。それから色は…青は持ってるから、赤かピンクをお願い。値段は…高くてもいいから、ちゃんとしたやつがいいな。

② 炊飯器を買ってきてもらえませんか？　大きさは…5合まで炊けるやつで、電圧は…110V でも 240V でも使えるやつをお願いします。色は何色でもいいです。メーカーは…

5 （1）① Ａ 「あのね、たこ焼き器、買ってきてもらえない？」

Ｂ 「うん、私、たこ焼き大好きなんだ。〜でも、たこ焼き器はさすがにこっちじゃ売ってないから。」

「あと、ネットでいろいろ見たんだけど、〜いろいろ作れるみたいだし。」

Ｃ 「1回に20個ぐらい焼けるやつで…あと、ガスと電気があるんだけど、電気式のやつをお願い。」

「電圧は…うちに変圧器あるから、だいじょうぶ。」

「たぶん、1kg ぐらいだと思う。大きさは…ちょっとわかんない。」

② Ａ 「もし売ってたらでいいんだけど、「たこピック」っていうのも、いっしょに買ってきてもらってもいい？」

Ｂ 「柔らかい材料でできてるから、鉄板を傷つけないんだって。」

Ｃ 「たこ焼きを作るときに使う串で、竹の串のかわりになるやつなんだ。」

PART3. 珍しくて喜ばれると思います

1 （1）① a, c　　② e　　③ d　　④ b, f

2 ① どうでしょうか　　② 人気があります　　③ 個人的には　　④ おすすめ　　⑤ かさばらないし　　⑥ 誰にあげてもいい

⑦ なので　　⑧ として　　⑨ やめられません　　⑩ 喜ばれる

PART4. レビューの評判がよかったので…

1 （1）解答例　おいしく焼けるか　簡単で使いやすいか　手入れが楽か　大きさがちょうどいいか

（2）解答例

いいところ	悪いところ・注意したほうがいいところ
・簡単においしいたこ焼きが作れる	・消費電力が大きい → ほかの電気製品が使えない
・すぐに焼ける→たこ焼きパーティーにもいい	・がたつきがひどい → やけどしそうになる、危ない、子どもに
・生地がプレートにこびりつかない→後片付けが楽	焼かせられない
・きれいに包装してくれる	・焼きムラがある
・価格がリーズナブル	・電源コードが短い → 延長コードが必要
・商品配達が早い	
・温度調整機能が便利	
・プレートを外して洗える	

4 解答例　❶　すぐ壊れる／品質が悪いかもしれない

❷　（夫がたこ焼きを焼いている間、私は）友達とおしゃべりをしていた／子どもの面倒を見ていた

（夫がたこ焼きを焼いている間に、私は）ほかの料理をテーブルに出した／飲み物を準備した

❹　古本　新品同様　汚れがあった ／ ダイエットの薬　飲めば簡単に痩せられる　ぜんぜん効かなかった

◆ **トピック7　お気に入りの映画**

準備

1 解答例　①a, c　②k, l　③b, c, e　④g, j　⑤d, m　⑥f, h　⑦i, j

2 ①d　②c　③b　④a　⑤e

3 参考情報　セリフの出典：①『釣りバカ日誌』（1988 年）

②『踊る大捜査線 THE MOVIE』（1998 年）

③『宇宙戦艦ヤマト』（1977 年）

④『いま、会いにゆきます』（2004 年）

⑤『天空の城ラピュタ』（1986 年）

PART1. 心に響いてくるんです

1 （1）①山本（エ, a）　②丸山（ア, d）　③前田（イ, b）　④宮崎（ウ, c）

（2）①a.×　b.×　c.○　d.○　②a.○　b.×　c.○　d.×

③a.×　b.○　c.○　d.○　④a.○　b.○　c.×　d.○

2 （1）①a. あと少ししか生きられない　b. したい／形に残したい　②a. ダメ　b. 成功　c. 頑張る　③a. 深くて　b. 凝っている

④a. メッセージ　b. 警告

（2）①というと…。　②さわやかな感動っていうのは…。

（3）解答例　③へー、というと…。　④レベルが違うって、どういうことですか？

■ 映画についてのコメントをまとめましょう

①心　②人生　③形　④成功　⑤パターン　⑥実話　⑦イメージ　⑧見ごたえ　⑨最高傑作　⑩迫力

⑪娯楽　⑫警告

PART2. 個性的な演技がよかったよね

1 解答例　①トンカンさん：気に入った。　　あずささん：あまり気に入らなかった。

②役者の演技　ストーリー　映像　テーマ　おもしろいシーン　終わり方

2 ①って感じ　②まるで　③みたい　④気がする　⑤ぐらい　⑥って気がする

3 ❶ 解答例　①これ、ちょっとイマイチ（だ）って感じだね。

これ、ちょっとイマイチ（だ）って気がするな。

②前作のほうがおもしろかった（って）感じじゃない？

前作のほうがおもしろかった（って）気がする。

③今回のこの新作が、シリーズの最高傑作（だ）って感じだね。

今回のこの新作が、シリーズの最高傑作（だ）って気がする。

④さすがにベテランの演技は違う（って）感じ。

さすがにベテランの演技は違う（って）気がする。

⑤深いテーマはあまりないけど、何も考えないでとにかく楽しめる（って）感じだよね。

深いテーマはあまりないけど、何も考えないでとにかく楽しめる（って）気がする。

⑥こんな映画を見るなんて、時間とお金の無駄だったって感じじゃない？

こんな映画を見るなんて、時間とお金の無駄だったって気がする。

❷ ① a. まるでミレーの絵みたいだった／まるでミレーの絵のようだった

② d. まるで自分が本当にそこにいるみたいだった／まるで自分が本当にそこにいるようだった

③ c. まるでジェットコースターみたいだった／まるでジェットコースターのようだった

④ f. まるで別の監督が作ったみたいだった／まるで別の監督が作ったようだった

⑤ b. まるで未来都市みたいだった／まるで未来都市のようだった

⑥ e. まるで哲学の本を読んでいるみたいだった／まるで哲学の本を読んでいるようだった

❸ ① a　② d　③ b　④ e　⑤ c

❹ (1) ①「もいた…もたい…まさこ」　②「(人と人との) 関係…交流」

(3) ① a　② c　③ a　④ b　⑤ c　⑥ b

発音 (3) a. そうだねえ…。　下降している。

b. だいぶ よそうと ちがったなあ。　下降している。

c. アニメのうた を うたう シーンだよね？　疑問なので、高いところまで上昇している。

❺ (1) ① 1. トンカン「なんとなく全体の雰囲気がよかったな。」

2. トンカン「それに、役者さんの個性的な演技がよかったよね。……」〜あずさ「うん、演技はよかったけど…、」

3. あずさ「でも私的には、ちょっと退屈だったかな。……」〜トンカン「……なんとなく幸せな気分になれたし。」

4. トンカン「あと、フィンランドの風景もよかったよね。……」あずさ「映像はね。」

5. あずさ「でも、話にクライマックスもないし、……」〜トンカン「ふーん。そうなんだ。」

6. あずさ「あ、おもしろいシーンはいろいろあったよね。……」〜あずさ「うん。」

7. あずさ「あとさ、終わったとき、「え、これで終わり？」って思わなかった？」〜あずさ「そうなのかなあ。」

トンカン　あずさ

1. 全体の雰囲気 ………………… （＋）　（／）

2. 役者の演技 …………………… （＋）　（＋）

3. ストーリー …………………… （＋）　（−）

4. 風景の映像 …………………… （＋）　（＋）

5. クライマックス、テーマ …… （＋）　（−）

6. おもしろいシーン …………… （＋）　（＋）

7. 終わり方 ……………………… （＋）　（−）

② 1.「なんとなく全体の雰囲気がよかったな。」→ A

2.「それに、役者さんの個性的な演技がよかったよね。とくに、もいた…もたい…まさこだっけ？ 存在感があったよね。」→ A

3.「そうだねえ…でも、それがいいんじゃないかな。なんとなく幸せな気分になれたし。」→ C

4.「あと、フィンランドの風景もよかったよね。まるで絵を見てるみたいで。」→ A

5.「そう？ でもそれってたぶん、わざと盛り上がるエピソードを入れてないんだと思うよ。〜見ててすごくリラックスできた気がする。」→ C

6.「ああ、二人が本屋でアニメの歌を歌うシーンだよね？ あれは、笑えたね。」→ B

7.「ああ、それは思った。でもそれって、時間が短く感じるぐらい、映画の世界に入り込んでたのかなって思った。」→ B

PART3. 不朽の名作って言うんでしょうね

1　解答例　① オードリー・ヘップバーン：女の子　王女　　グレゴリー・ペック：新聞記者

　　　　　　② 出会って、冒険や恋をして、別れる。　　③ a

2　① 見ても　② いっても　③ あるし　④ みたい　⑤ ドキドキ　⑥ 楽しい　⑦ まるで　⑧ ような気分

　　⑨ いちばん好きな　⑩ 胸がいっぱい

PART4. 期待したとおり、いい映画でした！

1　(2) **A** ①　　**B** ③　　**C** ②

　　(3) **A** オ.「最初はダメダメな 〜 成長するっていう、よくあるパターン (?) の話なんですが」

　　　　　ア.「いいシーンがたくさんあって 〜 号泣でした。」

　　　　　エ.「キャストもよかったです！ 蒼井優は笑顔がすてきで、〜 演技も、評判どおりすばらしかったです。」

　　　　　　「それ以外の脇役もいい味出してました。」

　　　　B ウ.「実話にもとづいているそうで、その点は確かに感動できました。」

　　　　　オ.「ただ、どこかで見たな〜っていう話ばかりって気が…。」

　　　　　カ.「それに、フラダンスの練習の様子が 〜 いまいち感情移入できませんでした。」

　　　　C ア.「それを最も強く印象付けるのが、〜 協力し始めるシーンだろう。」

　　　　　ウ.「このシーンも、実話であるからこそ重みを持っているのだと思う。」

　　　　　イ.「我々が生きている今の時代も、〜 改めて考えさせられた。」

4　解答例　❶　テレビで言っていた（とおり）／友達に聞いた（とおり）／うわさ（どおり）／予想（どおり）

　　　　　❷　深いテーマがある／映像がきれいで、大人も楽しめる

　　　　　❸　家族を助けよう／プロのダンサーになろう

　　　　　❹　人を感動させる／時代が経っても古くならない

◆ トピック8　私の街の交通機関

準備

1　① b　② c　③ a　④ g　⑤ f　⑥ e　⑦ d

2　① d　② a　③ e　④ c　⑤ f　⑥ b

3　① e　② c　③ d　④ b　⑤ a

PART1. また電車遅れてる

1　(1)

	① 直子	② サリナ	③ 信治	④ 耕太
話題	c, d	e	a	f, b
国	☑今住んでいる国 □日本	□今住んでいる国 ☑日本	☑今住んでいる国 □日本	☑今住んでいる国 ☑日本

（２）解答例
かいとうれい

	① ・途中の駅で降ろされる とちゅう えき お 30分以上待たされる いじょう ま ・丸一日電車が動かない まる うご 予定がパー よてい	② ３分遅れても謝る おく あやま 台風で遅れても謝る たいふう おく あやま	③ 運転手が停留所でバスを うんてんしゅ ていりゅうじょ 降りて、10分後、ランチを お ご 買って帰って来た かえ	④ ・ベビーカーを乗せる の 日本：冷たい目 つめ この国：だいじょうぶ 自転車もOK じてんしゃ ・電車に「待って～」と言う ま 日本：待ってくれない ま この国：待ってくれる ま
体験 たいけん				
感想 かんそう	a	d	c	b

（３）① a. 頼り　b. 予定　② a. 時間通り　b. 謝る　③ a. のんびり　b. 悪い　④ a. いい　b. 余裕
たよ　　よてい　　　　　じかんどお　　あやま　　　　　　　　　　わる　　　　　　　　　　よゆう

2　（１）① え、日本ではストがないの？　③ 日本ではそういうことないんだ。

（２）解答例　① 日本では、めったにストがない。この国ほど多くない。
かいとうれい

③ 勤務中は、運転手はバスを離れてランチを買いに行かない。
きんむちゅう　　うんてんしゅ　　はな　　　　　　　　　　はな

（３）解答例　えっ、ベビーカーはダメなの？　えー、日本だと乗せられないんだ。
かいとうれい　　　　　　　　　　　　　　　　　　　　　　　の

■ ４人の体験をまとめましょう
たいけん

① 降ろされて　② 待たされた／待った　③ 動かなくて／動かず　④ 行った　⑤ 乗ったら／乗っていたら
お　　　　　　　ま　　　　ま　　　　　　うご　　　　うご　　　　　　　　　　　　の　　　　の

⑥ 謝っていた／謝った　⑦ 信じられる　⑧ 起こされる　⑨ 言われた　⑩ 見る　⑪ 乗せられない　⑫ 間に合い
あやま　　　あやま　　　　しん　　　　　　お　　　　　　い　　　　　み　　　　　の　　　　　　　ま　あ

PART2. 今日は運休ですね
うんきゅう

1　解答例　① 突然電車から降ろされてしまったから。
かいとうれい　とつぜん　　　お

② ホルボーンから歩いても行けるが、ここからタクシーに乗るといいとすすめた。
ある　　　　　　　　　　　　　　の

2　（１）a. 丁寧体　b. 丁寧体　c. 普通体　d. 普通体　エリンさんと長谷川さんがお互いに敬語を使っている。
ていねいたい　　ていねいたい　　ふつうたい　　ふつうたい　　　　　　　　はせがわ　　　たが　けいご

長谷川夫妻とエリンさんはお互いに初対面の相手だから。　長谷川（夫）と長谷川（妻）は夫婦だから。
はせがわふさい　　　　　　たが　しょたいめん　あいて　　　　　はせがわ　おっと　　はせがわ　つま　　ふうふ

（２）① お困りです　② つもり　③ ほど　④ なかった
こま

3　**❶**　① お探しですか　② お出かけですか　③ お持ちですか　④ お急ぎですか　⑤ お帰りですか
さが　　　　　　　　　　　　　　　　　　　　　　　　　　いそ　　　　　　かえ

❷　① a　② d　③ c　④ b　⑤ e

❸　解答例　① ロンドンの電車の路線は、東京ほど複雑じゃない。
かいとうれい　　　　　　ろせん　　とうきょう　ふくざつ

② ロンドンのタクシーは、東京ほど高くない。
とうきょう

③ ロンドンの駅は、東京ほど混んでいない。
えき　とうきょう　こ

④ 東京の地下鉄は、ロンドンほど歴史がない／古くない。
とうきょう　ちかてつ　　　　　　　　れきし

❹　① 買えたと思います　② 予約できたと思います　③ １か月前の朝10時からだったと思います　④ 割引があったと思います
か　　　　　　　　よやく　　　　　　　　げつ　あさ　　じ　　　　　　　　　　わりびき

⑤ 止まらなかったと思います
と

4　（１）よろしいですか？

発音　解答例　ロンドンの ちかてつ は、こうやって とつぜん いきさき が かわったり、
かいとうれい

どちゅう の えきで おろざれたりする こと が よく ある んです。

5　（１）「ああ、車内アナウンスで言ってましたけど、この電車はここ、ヴィクトリアで終わりだそうです。」→ A
しゃない　　　　　　　　　　　　　　　　　　　　お

「グリーンパークまで行くなら、～ちょっと待つかもしれませんけど…。」→ C
ま

220

「あ、ロンドンの地下鉄は、こうやって突然行き先が変わったり、〜日本の電車ほど正確じゃないんですよ。」→ B

「もちろん不便ですけど、みんなもうあきらめてますね。〜 正確には動かないものだ、って。」→ B

「あー、この週末は、ピカデリー線は工事してるので、〜 あ、やっぱり、今日は運休ですね。」→ A

「そうですねえ、その辺りなら、このままヴィクトリア線で 〜よろしいですか?」→ C

「それから、ホルボーンで降りて、そこから歩いて 15 分ぐらいだと思います。」→ C

「そうですねえ、私だったら、ここからタクシーで行っちゃいますね。」→ C

「ロンドンのタクシーは、日本の電車と同じぐらい信頼できますから。」→ B

PART3. 切符は駅の機械で簡単に買えます

1 [1] 路線 (a)　　[5] 電車の時刻 (b)　　[2] 切符・料金 (e)　　[4] 降りる駅 (c)　　[3] 電車のホーム (d)

2 ① 確認してください　② 買えます　③ 関係なく　④ 持っておく　⑤ 便利　⑥ ごとに　⑦ 探せばいい　⑧ 聞けばいい
　　⑨ 心配になるかもしれません　⑩ 次々に　⑪ みたいに

PART4. 日本の電車ってどう?

1 (1) 解答例　東京に住んでいる外国人が日本の電車をどう思っているか

　　　　① 電車が正確なこと　② ラッシュのとき電車が混むこと　③ 日本人が秩序正しいこと　④ 電車で寝ている人がいること

　　　　①c　②b　③d　④a

　　(2) A ウ　B エ　C カ　D ア　E オ　F イ

4 ① 解答例　景色を楽しむことができる　自由に移動できない ／ 眠いときに寝られる　荷物が多いと大変
　　② 解答例　席／時期
　　③ 解答例　飛行機なら2時間で行けるのに、バスで17時間かけて行く／車内で携帯電話を使ってはいけない
　　④ ③

◆ トピック9　忍者、侍、その頃は…

準備

1 ①a　②d　③f　④b　⑤c　⑥h　⑦g　⑧e

2 ①a　②c　③b　④d　⑤e

3 ①a　②e　③f　④b　⑤d　⑥c

PART1. 日本の歴史上いちばん有名な人です

1 (1)

	① 武田	② 今川	③ 島津	④ 浅井
人物	C	B	A	D
時代	戦国 時代	千百何 年 12 世紀	7 世紀	弥生 時代 2 百何 年
イメージ	ア	エ	イ	ウ

（2）①b, h　②d, f, i　③g, e, a　④c, j

（3）解答例　信長　：鉄砲を戦争に使った

　　　　　　　　　　能力のある人を部下にしたが、部下に裏切られて殺された

　　　　　　義経　：家族と離れて、孤独な子ども時代だった

　　　　　　　　　　戦いで兄を助けて活躍した

　　　　　　　　　　兄弟は対立して、兄に殺された

　　　　　　聖徳太子：法隆寺を建てた

　　　　　　　　　　10人の人の話を一度に聞いて答えた

　　　　　　　　　　法律を作った　仏教を広めた　中国と交流した　いろいろなことをした

　　　　　　卑弥呼：邪馬台国の女王　占いで国を治めた

　　　　　　　　　　邪馬台国は日本のどこにあったかわからない

2　（1）a. 革新的って？　　b. たとえば？　　c. 実力主義だってことですね。　　d. ドラマチックですね。

　　　（2）a. イ　　b. ア　　c. ウ　　d. エ

　　　（3）解答例　ア. 義経って誰ですか？　　イ. え、幕府って？　　ウ. ということは、12世紀ですね。　　エ. ひどいですね。

■ 4人の人物紹介をまとめましょう

　　　① 変えよう　　② とらわれない　　③ 知られている／知られる　　④ 開いた　　⑤ 助けて　　⑥ 殺された／殺される

　　　⑦ 答えた　　⑧ 広めたり　　⑨ 力を入れたり　　⑩ 治めていた／治めた　　⑪ 書いてある／書かれている　　⑫ 感じさせる

PART2. やっぱり忍者はいるに違いないよ

1　解答例　① 日本に忍者がいる／いたかどうか

　　　　　　　② 忍術を教えている人はいるが、忍者とは違う。昔、忍者がいたのは事実だが、作り話も多い。

2　（1）a. 普通体　　b. 丁寧体　　c. 普通体

　　　　リアムさん、エミリーさん、アレックスさんは友達（大学のクラスメート）だから。　　桜井先生と3人は、先生と学生の関係だから。

　　　（2）① わけない　　② じゃない　　③ って　　④ とはかぎらない　　⑤ じゃない

3　❶　解答例　① 忍者がいるわけ（が）ないでしょう

　　　　　　　　② 水の上を歩けるわけ（が）ないでしょう

　　　　　　　　③ おもしろいわけ（が）ないですよ

　　　　　　　　④ 忍者のわけ（が）ないでしょう／忍者なわけ（が）ないでしょう

　　　　　　　　⑤ だいじょうぶなわけ（が）ないですよ

　　❷　（1）① e　② a　③ b　④ d　⑤ c

　　　　（2）① ア　② エ　③ ウ　④ イ　⑤ オ

　　❸　解答例　① 最近、若い人の間で着物がはやってるって、本当ですか？

　　　　　　　② 長野県には現在でも、忍者の道場があるって、びっくりです。

　　　　　　　③ 日本でそばを食べるときは、ズズズッと音を立てなければならないって、そんなわけないですよね？

　　　　　　　④ 『スター・ウォーズ』のジェダイは、日本の侍がモデルになっているって、そうなんですか？

　　　　　　　⑤ 女性の忍者のことを「くノ一」と呼ぶって、知ってますか？

　　❹　解答例　① みんなできるとはかぎりません

　　　　　　　② お年寄りだけ（だ）とはかぎりません

　　　　　　　③ 生の魚（だ）とはかぎりません

　　　　　　　④ 正しいとはかぎりません

⑤ 通じるとはかぎりません

4 （1）① そういえば　a　　② ていうか　b

発音▶解答例　でも、むかし の にほんには ナルト みたいな にんじゃが いたんですよね?

5 （1）**A** 問　　**B** 答　　**C** 答　　**D** 問　　**E** 答　　**F** 知　　**G** 知　　**H** 知　　**I** 問　　**J** 答

PART3. 12 世紀の末に最盛期を迎えました

1 ① クメール王国（アンコール王朝）　② 王様が自分の力を示すこと。　③ 30 年

2 ① から　　② にかけて　　③ 言います　　④ 末　　⑤ 最盛期　　⑥ 当時　　⑦ そうです　　⑧ ために　　⑨ 建てられた

⑩ 作るのに　　⑪ かかった

PART4. 心に残る戦国武将の名言

1 （1）解答例　ア. 相手が弱いときに勝っても、勝った意味がない。

正々堂々と戦う人?／フェアな人?

イ. 相手のことを怖がっていると、弱い敵でも強く見える。

勇敢な人?／戦いに勝ちたいと強く思っている人?

ウ. 馬鹿なことを言う人の話も、最後までちゃんと聞く必要がある。

人の話をよく聞く人?／部下を大切にする人?

エ. 戦いは、50 ％ 勝つのがいちばんいい、70 ％ 勝つのはまあよい、100 ％ 勝つのはよくない。

少ない力で勝ちたいと思っている人?／相手のことも思いやる人?／油断しない人?

（2）**A** エ　　**B** ア

（3）① b　　② e

（4）解答例　商売がとてもうまくいっているからといって、努力をやめてしまうと失敗してしまう。

日本語のテストで 100 点をとったので勉強をなまけていたら、次のテストの結果がひどかった。

武道などで、相手がけがをしているところを攻めないで戦う。

入学試験でとなりの人が鉛筆を忘れて困っていたので、貸してあげた。

4 解答例　① アニメ　海外 ／ 浮世絵　現代

③ 1 回失敗した／テストの点数が悪かった

④ インターネット／コミュニケーション能力

TOPIC 1 どんな人?

 Can-do를 체크하세요

★☆☆ : 조금 어려웠다   ★★☆ : 대체로 달성했다   ★★★ : 충분히 달성했다

---

1. 結婚することになりました
けっこん

Can-do 01 그 자리에 없는 사람에 대한 이야기를 듣고, 그 사람의 인품이나 성격, 이야기하는 사람이 그 사람을 어떻게 생각하는지 파악할 수 있다.

	년 월 일
	평가 ☆☆☆
	코멘트

• 화제가 되고 있는 사람의 성격이나 인품을 알겠습니까?

• 말하는 사람이 그 사람에 대해 어떻게 생각하는지 이해할 수 있었습니까?

• 상대로부터 구체적으로 설명을 들을 수 있었습니까?

---

2. 厳しいけど学生思いなんですね
きび

Can-do 02 공통으로 아는 사람에 대해 구체적인 에피소드를 주고받으며 여러 시점에서 서로 코멘트를 할 수 있다.

	년 월 일
	평가 ☆☆☆
	코멘트

• 지인에 대하여 그 사람이 어떤 사람인지 말할 수 있었습니까?

• 남에게 들은 이야기나 자신이 체험한 에피소드 등을 넣으며 말할 수 있었습니까?

• 상대가 말하는 것을 듣고 코멘트할 수 있었습니까?

---

3. すごくおもしろい人ですよ

 Can-do 03 자신이 잘 알고 있는 사람에 대해 구체적인 에피소드를 주고받으며, 그 사람의 인품을 어느 정도 자세하게 설명할 수 있다.

	년 월 일
	평가 ☆☆☆
	코멘트

• 그 사람의 인품이나 성격을 말할 수 있었습니까?

• 좋은 점, 곤란한 점을 구별해서 말할 수 있었습니까?

• 인품이나 성격을 나타내는 구체적인 에피소드를 넣어 말할 수 있었습니까?

---

4. 書道でコミュニケーションを
しょどう

 Can-do 04 인터뷰 기사를 읽고 그 사람이 어떤 인물인지 어느 정도 자세하게 이해할 수 있다.

	년 월 일
	평가 ☆☆☆
	코멘트

• 어디서 무엇을 하는 사람인지 또 그 사람의 경험이나 생각을 이해할 수 있었습니까?

• 기사를 쓴 사람이 그 사람에 대해 어떻게 생각했는지 알겠습니까?

• 기사의 구성을 생각해서 읽을 수 있었습니까?

---

5. 友達紹介のメール
ともだちしょうかい

 Can-do 05 지인에게 자기 친구의 인품이나 취향 등을 어느 정도 자세하게 소개하는 메일을 쓸 수 있다.

	년 월 일
	평가 ☆☆☆
	코멘트

• 친구가 어떤 사람인지, 프로필, 인품, 취양 등을 소개할 수 있었습니까?

• 왜 그 친구를 소개하고 싶은지, 적을 수 있었습니까?

TOPIC 1 どんな人?

わたし
だけの
フレーズ

일본어 · 일본 문화 체험 기록

⭐ 일본어·일본 문화 관련 체험을 기록해 봅시다

토픽과 관련하여 수행한 일을 메모합시다. 남에게 소개할 수 있도록 사진이나 자료가 있다면 함께 파일로 만들어 둡시다.

---

1. 교실 안에서 다 함께 체험한 일

2. 교실 밖에서 「教室の外へ」를 참고로 수행한 일
   きょうしつ　そと

3. 그 이외에 스스로 수행한 일

 **富士登山**
ふ じ と ざん

★☆☆ : 조금 어려웠다　★★☆ : 대체로 달성했다　★★★ : 충분히 달성했다

---

1. 富士山に勝る山はない
ふ じ さん　まさ

 Can-do 06 　여행 경험담을 듣고 관광지의 특색이나 여행의 조언을 이해할 수 있다.

년　　월　　일
평가　☆☆☆
코멘트

• 후지산이나 주변 관광지의 매력과 특색을 알겠습니까?

• 네 사람의 이야기를 통해 후지산에 갈 때의 조언을 이해할 수 있었습니까?

• 모르는 표현이 있을 때, 질문할 수 있었습니까?

---

2. ご来光はやっぱり見たいしね
らいこう

 Can-do 07 　친구와 여행 계획을 세우기 위해 자신의 희망을 말하거나 상대의 의견을 듣고 조정할 수 있다.

년　　월　　일
평가　☆☆☆
코멘트

• 스스로 계획을 제안할 수 있었습니까?

• 다른 사람의 제안에 찬성 또는 반대하거나, 다른 제안을 하거나 할 수 있었습니까?

• 결정된 것을 확인하거나 요약하며 이야기할 수 있었습니까?

---

3. 誰でも楽しめるんじゃないかと思います
だれ　　　　　たの

 Can-do 08 　자기 나라의 관광지에 대해 특색이나 볼거리, 주의할 점 등을 어느 정도 자세하게 설명할 수 있다.

년　　월　　일
평가　☆☆☆
코멘트

• 관광지의 특색이나 볼거리를 설명할 수 있었습니까?

• 주의할 점을 넣어서 말할 수 있었습니까?

---

4. 四季折々に楽しめる富士五湖
し き おりおり　　たの　　　　　ふ じ ご こ

 Can-do 09 　여행 가이드북 등의 관광 안내를 읽고 거기에서 어떤 것을 할 수 있는지 등, 관광지의 특색을 이해할 수 있다.

년　　월　　일
평가　☆☆☆
코멘트

• 각각의 관광지의 계절별로 즐길 수 있는 방법을 알겠습니까?

• 주의할 점에 대해 이해했습니까?

• 모르는 말의 의미를 한자에서 추측하면서 읽을 수 있었습니까?

---

5. おすすめスポットは…

 Can-do 10 　친구에게 자기 나라의 관광지 등을 어느 정도 자세하게 소개하는 메일을 쓸 수 있다.

년　　월　　일
평가　☆☆☆
코멘트

• 어떤 장소인지 특색을 소개할 수 있었습니까?

• 왜 그 장소를 추천하는지 이유를 적을 수 있었습니까?

TOPIC 2 富士登山
ふ じ と ざん

わたし だけの フレーズ

일본어 · 일본 문화 체험 기록

⭐ 일본어·일본 문화 관련 체험을 기록해 봅시다

토픽과 관련하여 수행한 일을 메모합시다. 남에게 소개할 수 있도록 사진이나 자료가 있다면 함께 파일로 만들어 둡시다.

1. 교실 안에서 다 함께 체험한 일

2. 교실 밖에서 「教室の外へ」를 참고로 수행한 일
   きょうしつ　そと

3. 그 이외에 스스로 수행한 일

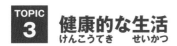

TOPIC 3 健康的な生活
けんこうてき　せいかつ

★ Can-do를 체크하세요

★☆☆ : 조금 어려웠다　★★☆ : 대체로 달성했다　★★★ : 충분히 달성했다

---

1. ウォーキングがいいんじゃないですか

	년　월　일
	평가　☆☆☆

 Can-do 11　건강 유지를 위해, 하고 있는 운동 이야기를 듣고 그 운동의 특징과 좋은 점을 이해할 수 있다.

코멘트

• 각각의 운동의 특징을 알겠습니까?

• 말하는 사람이 그 운동을 추천하는 이유를 이해했습니까?

• 상대의 이야기에 코멘트하면서 들을 수 있었습니까?

---

2. どんなダイエットしてるの?

	년　월　일
	평가　☆☆☆

 Can-do 12　건강 관리법 등에 대해 자신의 생각을 말하거나 상대에게 조언할 수 있다.

코멘트

• 상대의 이야기를 듣고, 조언할 수 있었습니까?

• 친구들끼리 하는 편한 말로 이야기할 수 있습니까?

• 떠오르지 않는 말이 있어도 대화를 잘 진전시킬 수 있습니까?

---

3. 病気の原因を消してくれるんです
びょうき　げんいん　け

	년　월　일
	평가　☆☆☆

 Can-do 13　자신이 알고 있는 건강 관리법의 방식과 효능, 그에 관한 경험을 구체적으로 설명할 수 있다.

코멘트

• 그 건강 관리법의 방식이나 효능 등을 이해하기 쉽게 설명할 수 있었습니까?

• 그 건강 관리법을 실행하고 있는 구체적인 예를 소개할 수 있었습니까?

• 자세하게 말할 부분을 정하고 설명할 수 있었습니까?

---

4. 本当に効くのかな?
ほんとう　き

	년　월　일
	평가　☆☆☆

 Can-do 14　인터넷 게시판 등에서 건강식품에 대한 코멘트를 읽고 작성자의 의견을 대부분 이해할 수 있다.

코멘트

• 질문의 내용과 그에 대해 어떤 답변이 있는지 이해할 수 있었습니까?

• 발언의 연관성을 이해할 수 있습니까?

• 중요한 정보가 있는 발언과 없는 발언을 구별할 수 있었습니까?

---

5. 世界の健康法
せかい　けんこうほう

	년　월　일
	평가　☆☆☆

 Can-do 15　건강 관리법에 대해 구체적으로 소개하는 기사를 인터넷 게시판 등에 쓸 수 있다.

코멘트

• 어떤 건강 관리법인지, 방식이나 방법을 구체적으로 설명할 수 있었습니까?

• 어떤 효능이 있는지 적을 수 있었습니까?

TOPIC 3 健康的な生活
けんこうてき　せいかつ

わたし
だけの
フレーズ

일본어·일본 문화 체험 기록

토픽과 관련하여 수행한 일을 메모합시다. 남에게 소개할 수 있도록 사진이나 자료가 있다면 함께 파일로 만들어 둡시다.

1. 교실 안에서 다 함께 체험한 일

2. 교실 밖에서 「教室の外へ」를 참고로 수행한 일
　　　　　きょうしつ　そと

3. 그 이외에 스스로 수행한 일

 **TOPIC 4** **舞台を見るなら**
ぶたい

★☆☆ : 조금 어려웠다　★★☆ : 대체로 달성했다　★★★ : 충분히 달성했다

---

1. 歌舞伎、いいですねえ
かぶき

 Can-do 16 가부키 등의 무대 예술을 본 경험담이나 코멘트를 듣고 의견의 차이와 그 이유를 이해할 수 있다.

- 각각의 사람이 무엇을 추천하는지, 그것이 어떤 것인지 알겠습니까?
- 추천하는 이유를 이해할 수 있었습니까?
- 상대의 말에 관심이 있는지 없는지를 맞장구로 표현할 수 있었습니까?

년　월　일
평가　☆☆☆
코멘트

---

2. 楽しめると思いますよ
たの

 Can-do 17 연극 등의 상연 목록, 티켓 예약 방법, 관람 매너와 즐기는 법 등, 질문에 답하여 자세하게 정보를 제공할 수 있다.

- 자세하게 정보를 전할 수 있었습니까?
- 상대의 질문을 확인할 수 있었습니까?
- 상대의 질문에 대답하면서 말할 수 있었습니까?

년　월　일
평가　☆☆☆
코멘트

---

3. 市内の劇場で見ることができます
しない　げきじょう

 Can-do 18 자기 나라의 전통 예능과 무대, 쇼 등에 대하여 특징과 볼거리 등을 어느 정도 자세하게 설명할 수 있다.

- 특징, 유래나 역사 등을 설명할 수 있었습니까?
- 볼거리나 매력을 어느 정도 자세하게 전할 수 있었습니까?
- 추천하는 이유를 말할 수 있었습니까?

년　월　일
평가　☆☆☆
코멘트

---

4. とっても厳しい世界なんですよ
きび　せかい

 Can-do 19 예능 세계를 다룬, 어느 정도 긴 문장을 읽고 내용을 이해할 수 있다.

- 질문의 내용과 그 질문에 대한 대답을 알겠습니까?
- 다카라즈카(宝塚)의 시스템에 대하여 이해할 수 있었습니까?
- 사용되고 있는 말에서 글을 쓴 사람의 태도를 생각할 수 있었습니까?

년　월　일
평가　☆☆☆
코멘트

---

5. ぜひご参加ください！
さんか

 Can-do 20 지역 행사나 모임 등에 대해 내용과 볼거리를 설명하는 안내문을 작성할 수 있다.

- 행사나 모임의 내용과 볼거리를 설명할 수 있었습니까?
- 구성을 생각하여 전단지를 만들 수 있었습니까?

년　월　일
평가　☆☆☆
코멘트

TOPIC 4 舞台を見るなら
ぶ たい

わたしだけのフレーズ

_____

_____

_____

_____

_____

_____

_____

일본어 · 일본 문화 체험 기록

⭐ 일본어·일본 문화 관련 체험을 기록해 봅시다

토픽과 관련하여 수행한 일을 메모합시다. 남에게 소개할 수 있도록 사진이나 자료가 있다면 함께 파일로 만들어 둡시다.

1. 교실 안에서 다 함께 체험한 일

2. 교실 밖에서 「教室の外へ」를 참고로 수행한 일
   きょうしつ そと

3. 그 이외에 스스로 수행한 일

TOPIC 5 身近なニュース
みぢか

 Can-do를 체크하세요

★☆☆ : 조금 어려웠다   ★★☆ : 대체로 달성했다   ★★★ : 충분히 달성했다

1. 逮捕されました たいほ	년　월　일
Can-do 21　일상생활에서 일어나는 테마에 대한 짧막한 뉴스를 듣고 요점을 이해할 수 있다. • 영상이나 표제어에서 뉴스의 내용을 예측한 후 들을 수 있었습니까? • 어떤 뉴스인지 대체로 내용을 알겠습니까? • 질문을 생각하면서 뉴스를 들을 수 있었습니까?	평가　☆☆☆ 코멘트

2. 火事だそうですよ かじ	년　월　일
Can-do 22　뉴스에서 알게 된 사건이나 목격한 사고 등에 대해 상황이나 원인 등을 어느 정도 자세하게 설명하거나 질문에 대답할 수 있다. • 뉴스에서 보거나 들은 것을 상대에게 전할 수 있었습니까? • 상대의 질문에 능숙하게 대답할 수 있었습니까? • 자신의 생각이나 코멘트 등을 넣어서 말할 수 있었습니까?	평가　☆☆☆ 코멘트

3. 市のホームページで見たんですけど… し	년　월　일
Can-do 23　자기 나라나 지역 등의 뉴스에 대해 어느 정도 자세하게 내용과 그 배경 등을 설명할 수 있다. • 뉴스의 요점을 간단히 정리하여 말할 수 있었습니까? • 뉴스의 다소 자세한 내용이나 배경 등에 대해 설명할 수 있었습니까?	평가　☆☆☆ 코멘트

4. 外国人観光客向けアプリが話題に かんこうきゃく む　　　　　　わだい	년　월　일
Can-do 24　뉴스 기사를 읽고 사건의 요점이나 배경을 이해할 수 있다. • 표제어에서 기사의 내용을 예측하여 읽을 수 있었습니까? • 뉴스의 요점이나 배경을 알겠습니까? • 여행자의 니즈(요구)에 대하여 구체적인 예를 생각할 수 있었습니까?	평가　☆☆☆ 코멘트

5. ニュースをシェア	년　월　일
Can-do 25　관심이 있는 생활 주변의 뉴스를, 내용에 대한 코멘트를 덧붙여 SNS 등에 소개할 수 있다. • 어떤 뉴스인지 간단히 소개할 수 있었습니까? • 뉴스에 대한 코멘트를 적을 수 있었습니까?	평가　☆☆☆ 코멘트

TOPIC
5 **身近なニュース**
みぢか

わ た し
だ け の
フ レ ー ズ

일본어 · 일본 문화 체험 기록

⭐ 일본어·일본 문화 관련 체험을 기록해 봅시다

토픽과 관련하여 수행한 일을 메모합시다. 남에게 소개할 수 있도록 사진이나 자료가 있다면 함께 파일로 만들어 둡시다.

---

1. 교실 안에서 다 함께 체험한 일

2. 교실 밖에서 「**教室の外へ**」를 참고로 수행한 일
　　　　　きょうしつ　そと

3. 그 이외에 스스로 수행한 일

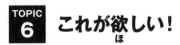

TOPIC 6 これが欲しい！
ほ

★☆☆ : 조금 어려웠다　★★☆ : 대체로 달성했다　★★★ : 충분히 달성했다

---

1. これがないと困る
こま

 Can-do 26　친숙한 일용품에 대한 대화를 듣고 그것이 어떤 물건인지, 왜 필요한지 이해할 수 있다.

- 각각의 사람이 어떤 물건을 갖고 싶다고 말하는지 알겠습니까?
- 갖고 싶어 하는 이유를 이해할 수 있었습니까?
- 모르는 것에 대하여 상대에게 질문하면서 들을 수 있었습니까?

년　월　일
평가　☆☆☆
코멘트

---

2. 私、たこ焼き大好きなんだ
や　だいす

 Can-do 27　자신이 갖고 싶은 상품에 대해 그 특징과 갖고 싶은 이유를 어느 정도 자세하게 설명할 수 있다.

- 자신이 갖고 싶은 상품에 대하여 그것이 어떤 물건인지 자세하게 설명할 수 있었습니까?
- 왜 그것을 갖고 싶어 하는지 이유를 들어 말할 수 있었습니까?
- 그것을 사 오도록 부탁할 수 있었습니까?

년　월　일
평가　☆☆☆
코멘트

---

3. 珍しくて喜ばれると思います
めずら　よろこ

 Can-do 28　자기 나라의 기념품에 대해 어떤 것이 좋은지, 추천하는 이유와 함께 조언을 할 수 있다.

- 어떤 기념품인지 특색을 설명할 수 있었습니까?
- 추천하는 이유를 넣어서 말할 수 있었습니까?

년　월　일
평가　☆☆☆
코멘트

---

4. レビューの評判がよかったので…
ひょうばん

 Can-do 29　인터넷 쇼핑몰 사이트에서 상품 리뷰를 읽고 좋은 점, 나쁜 점을 이해할 수 있다.

- 자신이 중요하다고 생각하는 포인트에 대해 어떤 코멘트가 있는지 알겠습니까?
- 상품의 좋은 점이나 나쁜 점을 리뷰를 통해 알게 되었습니까?
- 접속사를 통해 뒤에 이어질 문장을 예측할 수 있었습니까?

년　월　일
평가　☆☆☆
코멘트

---

5. 返品を希望します
へんぴん　きぼう

 Can-do 30　상품이 고장 나거나 설명서와 다를 때에 상황을 설명하는 클레임 메일을 쓸 수 있다.

- 그 상품의 문제점에 대해 구체적으로 설명할 수 있었습니까?
- 어떻게 해 주길 바라는지 자신의 희망을 적을 수 있었습니까?

년　월　일
평가　☆☆☆
코멘트

TOPIC 6 これが欲しい！
ほ

わたし
だけの
フレーズ

일본어·일본 문화 체험 기록

⭐ 일본어·일본 문화 관련 체험을 기록해 봅시다

토픽과 관련하여 수행한 일을 메모합시다. 남에게 소개할 수 있도록 사진이나 자료가 있다면 함께 파일로 만들어 둡시다.

1. 교실 안에서 다 함께 체험한 일

2. 교실 밖에서 「教室の外へ」를 참고로 수행한 일
   きょうしつ　そと

3. 그 이외에 스스로 수행한 일

TOPIC 7 お気に入りの映画
きい

★☆☆ : 조금 어려웠다   ★★☆ : 대체로 달성했다   ★★★ : 충분히 달성했다

1. 心に響いてくるんです
こころ ひび

 Can-do 31　영화에 대한 감상이나 코멘트를 듣고, 그 영화의 특징과 장점을 이해할 수 있다.

년　월　일
평가　☆☆☆
코멘트

- 각각의 영화의 특징을 이해할 수 있었습니까?
- 말하는 사람이 그 영화를 추천하는 이유를 이해할 수 있었습니까?
- 상대의 이야기를 잘 모를 때, 자세한 설명을 들을 수 있었습니까?

2. 個性的な演技がよかったよね
こせいてき えんぎ

 Can-do 32　친구 등과 함께 본 영화에 대해 여러 관점에서 서로 코멘트를 할 수 있다.

년　월　일
평가　☆☆☆
코멘트

- 본 영화에 대하여 다양한 점에서 코멘트할 수 있었습니까?
- 상대의 코멘트에 대하여 자신의 코멘트를 더할 수 있었습니까?
- 이야기를 하고 있을 때 잘못 말했을 경우, 스스로 정정할 수 있었습니까?

3. 不朽の名作って言うんでしょうね
ふきゅう めいさく

 Can-do 33　좋아하는 영화에 대해 감상이나 코멘트를 말하거나 인상에 남는 장면을 구체적으로 설명할 수 있다.

년　월　일
평가　☆☆☆
코멘트

- 영화에 대하여 전체적인 감상을 말할 수 있었습니까?
- 몇 가지 관점에서 코멘트할 수 있었습니까?
- 인상에 남는 장면에 대하여 구체적으로 이야기할 수 있었습니까?

4. 期待したとおり、いい映画でした!
きたい

 Can-do 34　어느 영화에 대한 몇 가지의 리뷰를 비교하며 읽고, 의견의 차이를 이해할 수 있다.

년　월　일
평가　☆☆☆
코멘트

- 글을 쓴 사람이 무엇에 대하여 어떤 코멘트를 하고 있는지 알겠습니까?
- 각각의 리뷰의 의견 차이를 이해할 수 있었습니까?
- 모르는 말이 있어도 문맥을 통해 의미를 추측할 수 있었습니까?

5. 映画レビューを投稿
とうこう

 Can-do 35　최근 본 영화에 대해 자신의 감상이나 코멘트를 리뷰 사이트 등에 쓸 수 있다.

년　월　일
평가　☆☆☆
코멘트

- 영화의 좋은 점이나 좋지 않은 점을 어느 정도 자세하게 적을 수 있었습니까?
- 내용을 알 수 있는 제목을 생각할 수 있었습니까?

TOPIC 7 お気に入りの映画
きい

わたし
だけの
フレーズ

일본어·일본 문화 체험 기록

⭐ 일본어·일본 문화 관련 체험을 기록해 봅시다

토픽과 관련하여 수행한 일을 메모합시다. 남에게 소개할 수 있도록 사진이나 자료가 있다면 함께 파일로 만들어 둡시다.

1. 교실 안에서 다 함께 체험한 일

2. 교실 밖에서 「教室の外へ」를 참고로 수행한 일
   きょうしつ　そと

3. 그 이외에 스스로 수행한 일

TOPIC 8 私の街の交通機関
まち　こうつうきかん

★ Can-do를 체크하세요

★☆☆ : 조금 어려웠다　★★☆ : 대체로 달성했다　★★★ : 충분히 달성했다

---

1. また電車遅れてる
おく

Can-do 36　외국의 교통 기관을 이용한 경험 등, 다른 사람의 경험담을 듣고 내용과 그 배경에 있는 가치관을 이해할 수 있다.

	년　월　일
	평가　☆☆☆
	코멘트

• 각각의 사람이 어떤 체험을 했는지 구체적으로 알겠습니까?

• 말하는 사람이 그 체험에 대하여 어떻게 생각하는지 이해할 수 있었습니까?

• 이야기의 배경에 대하여 확인하면서 들을 수 있었습니까?

---

2. 今日は運休ですね
うんきゅう

Can-do 37　교통 기관의 트러블로 곤란에 처한 사람에게 자세히 상황을 설명하고 구체적인 조언을 할 수 있다.

	년　월　일
	평가　☆☆☆
	코멘트

• 상황을 자세하게 설명하고 조언할 수 있었습니까?

• 배경이 되는 일반적인 사정을 이야기할 수 있었습니까?

• 상대가 자신의 이야기를 이해하고 있는지 확인하면서 말할 수 있었습니까?

---

3. 切符は駅の機械で簡単に買えます
きっぷ　　　　えき　きかい　かんたん

Can-do 38　교통 기관에 대해 이용 방법과 특징, 주의할 점 등을 구체적으로 설명할 수 있다.

	년　월　일
	평가　☆☆☆
	코멘트

• 교통 기관의 이용 방법을 구체적으로 설명할 수 있었습니까?

• 교통 기관의 특징이나 주의할 점을 말할 수 있었습니까?

• 순서와 흐름을 생각해서 상대방이 알기 쉽게 말할 수 있었습니까?

---

4. 日本の電車ってどう?

Can-do 39　인터넷 등에서 교통 기관에 대한 여러 코멘트를 읽고 다양한 입장의 의견을 이해할 수 있다.

	년　월　일
	평가　☆☆☆
	코멘트

• 무엇에 대해서 적혀있는지 화제를 알겠습니까?

• 각각의 화제에 대하여 어떤 입장의 의견이 있는지 알겠습니까?

---

5. ちょっと大変な目にあった
たいへん

Can-do 40　교통 기관에서 체험한 것이나 그에 대한 감상을 SNS 등에 쓸 수 있다.

	년　월　일
	평가　☆☆☆
	코멘트

• 어떤 체험을 했는지 어느 정도 자세하게 적을 수 있었습니까?

• 그 체험에 대하여 어떻게 생각했는지 감상을 적을 수 있었습니까?

TOPIC 8 私の街の交通機関
まち　こうつうきかん

わ た し だ け の フレーズ

_____

_____

_____

_____

_____

_____

_____

일본어 · 일본 문화 체험 기록

⭐ 일본어 · 일본 문화 관련 체험을 기록해 봅시다

토픽과 관련하여 수행한 일을 메모합시다. 남에게 소개할 수 있도록 사진이나 자료가 있다면 함께 파일로 만들어 둡시다.

1. 교실 안에서 다 함께 체험한 일

2. 교실 밖에서 「教室の外へ」를 참고로 수행한 일
きょうしつ　そと

3. 그 이외에 스스로 수행한 일

TOPIC 9 忍者、侍、その頃は…
にんじゃ　さむらい　　　ころ

 ★ Can-do를 체크하세요

★☆☆ : 조금 어려웠다　　★★☆ : 대체로 달성했다　　★★★ : 충분히 달성했다

1. 日本の歴史上いちばん有名な人です にほん れきしじょう ゆうめい	년　　월　　일 평가　☆☆☆ 코멘트

 Can-do 41　역사상의 인물에 대한 이야기를 듣고 그 인물의 이미지나 그것을 나타내는 구체적인 에피소드를 이해할 수 있다.

· 화제가 되고 있는 인물의 이미지를 이해할 수 있었습니까?

· 각각의 인물상을 나타내는 구체적인 에피소드를 이해할 수 있었습니까?

· 상대의 이야기를 들으면서 질문을 하거나 확인을 하거나 코멘트를 할 수 있었습니까?

2. やっぱり忍者はいるに違いないよ にんじゃ ちが	년　　월　　일 평가　☆☆☆ 코멘트

 Can-do 42　다른 나라의 역사나 문화에 대해 궁금한 것을 질문하거나 아는 것을 이야기하며 대화에 참여할 수 있다.

· 궁금한 사항에 대하여 질문을 할 수 있었습니까?

· 자신이 그것에 흥미가 있는 이유나 그에 대하여 알고 있는 것 등을 말할 수 있었습니까?

· 어떤 화제에 대하여 대화를 발전시킬 수 있었습니까?

3. 12世紀の末に最盛期を迎えました せいき すえ さいせいき むか	년　　월　　일 평가　☆☆☆ 코멘트

 Can-do 43　역사적인 건축물이나 유물에 대해 그 시대의 특징이나 만들어진 배경을 설명할 수 있다.

· 건물 등이 만들어진 시대의 특징을 어느 정도 자세히 설명할 수 있었습니까?

· 그것이 왜 만들어졌는지, 무엇에 사용되었는지 등에 대하여 말할 수 있었습니까?

· 말하고 싶은 것을 어느 정도 막힘없이 말할 수 있었습니까?

4. 心に残る戦国武将の名言 こころ のこ せんごくぶしょう めいげん	년　　월　　일 평가　☆☆☆ 코멘트

 Can-do 44　역사상의 인물에 대한 기사를 읽고 그 인물의 특징이나 그것을 나타내는 에피소드를 이해할 수 있다.

· 명언의 의미와 누가 어떤 때 말한 말인지 알겠습니까?

· 그 명언을 말한 사람이 어떤 인물인지 알겠습니까?

· 중요한 말만을 사전에서 찾아서 읽을 수 있었습니까?

5. 歴史上の人物の名言紹介 れきしじょう じんぶつ めいげんしょうかい	년　　월　　일 평가　☆☆☆ 코멘트

 Can-do 45　역사상의 인물 등의 명언과 격언에 대해 간단한 설명과 감상을 블로그 등에 쓸 수 있다.

· 명언의 의미나 배경을 소개할 수 있었습니까?

· 그 명언에 대하여 어떻게 생각하는지 자신의 생각을 적을 수 있었습니까?

TOPIC 9 忍者、侍、その頃は…
にんじゃ　さむらい　　　ころ

わたしだけのフレーズ

일본어·일본 문화 체험 기록

⭐ 일본어·일본 문화 관련 체험을 기록해 봅시다

토픽과 관련하여 수행한 일을 메모합시다. 남에게 소개할 수 있도록 사진이나 자료가 있다면 함께 파일로 만들어 둡시다.

1. 교실 안에서 다 함께 체험한 일

2. 교실 밖에서 「教室の外へ」를 참고로 수행한 일
　　　　　　きょうしつ　そと

3. 그 이외에 스스로 수행한 일

【 協　力 】 （五十音順・敬称略）

アニプレックス

伊勢忍者キングダム

一般社団法人人形浄瑠璃文楽座

カシオ計算機株式会社

株式会社アフロ

株式会社インテリジェンステクノロジー

株式会社ジェイ・シネカノン

株式会社集英社

株式会社セガゲームス

株式会社中央公論新社

株式会社花やしき

株式会社文藝春秋

株式会社まるごとにっぽん

株式会社よしもとクリエイティブ・エージェンシー

公益財団法人　体力つくり指導協会

公益財団法人東京二期会

国立劇場

齋藤紹太

サムライ剣舞シアター

松竹株式会社

シンエイ動画株式会社

西武鉄道株式会社

宝塚歌劇団

東京地下鉄（メトロ）株式会社

トリップアドバイザー株式会社

新潟大学医学部佐渡プロジェクト／佐渡市

日活株式会社

日本遺産伊賀忍者阿修羅

日本芸術文化振興会

日本政府観光局（JNTO）

日本殺陣道協会

ひまわりデザイン研究所　https://himawari-design-lab.jp

富士観光開発株式会社

富士急行株式会社

マレーシア政府観光局

ヤマト広告株式会社　http://yamato-agency.com

米沢市上杉博物館

落語協会

レズミルズジャパン

All About「イギリス」ガイド 朝霧まや

NHK

P16   " PG-405 Mt. Fuji and The Fuji Five Lakes Area", Practical Travel Guides ©2018 Japan National Tourism Organization

P42   木原誠太郎のディグラム診断　http://digram-shindan.com/

トロント交響楽団木村悦子さんインタビュー　TORJA Japanese Magazine(Tronto, Canada)

P43   富士山と露天風呂　写真提供・靎田啓二

P54   動物観察小屋ブンブン・ブラウ　写真提供：齋藤紹太　https://manekidokoro.com

P79, 80   『吉田屋』『連獅子』　提供：松竹株式会社

P80, 81   『リゴレット』（2015 年 2 月）／『トゥーランドット』（2011 年 7 月）

提供：公益財団法人東京二期会　撮影：三枝近志

P80   『本朝廿四孝・奥庭狐火の段』　国立劇場蔵／協力：人形浄瑠璃文楽座

『Santé!!』　© 宝塚歌劇団

よしもと新喜劇舞台写真　提供：吉本新喜劇

落語『青菜』　国立劇場蔵

P81   山海塾舞台写真　UMUSUNA © Sankai Juku

P96   杉本文楽　© Hiroshi Sugimoto, courtesy of Odawara Art Foundation

Tink Tink & Seira Ganaha © ajima.inc

P98   ライブ風景　写真提供：古川麦　撮影：鈴木竜一朗

『中央公論　2016 年 1 月号』中央公論新社

P107   Japanese Trees　撮影：Angie Harms

P134   『忘れないと誓ったぼくがいた』　DVD & Blu-ray 発売中 DVD：4200 円　Blu-ray：5200 円
発売元：日活　販売元：ハピネット　©2006 平山瑞穂 / 新潮社　©2015「忘れないと誓ったぼくがいた」
製作委員会

『クロユリ団地』　プレミアム・エディション Blu-ray 発売中 / ￥6,800（税別）/ 発売：日活 / 販売：
ハピネット / ©2013「クロユリ団地」製作委員会

『奈緒子』　DVD 発売中 / ￥3,800（税別）/ 発売：日活、販売：ハピネット /©2008 坂田信弘・中原裕 /
「奈緒子」製作委員会

『秩父水滸伝 必殺剣』　DVD 発売中 / ￥3,800（税別）/ 発売：日活 / 販売：ハピネット /©1965 日活

『のど自慢』　©1998 ジェイ・シネカノン・東宝・日活・ポニーキャニオン

『河童のクゥと夏休み』　Blu-ray & DVD 発売中　Bl-ray：4,800 円（税別）　DVD：3,800 円（税別）/
発売：アニプレックス / 販売：ソニー・ミュージックソリューションズ
©2007 小暮正夫／「河童のクゥと夏休み」製作委員会

『アヴァロン』（英語タイトル：Avalon）　©2000 Mamoru Oshii and Avalon Project. All Rights
Reserved.

P136, 146   『フラガール』　© 2006 BLACK DIAMONDS

마루고토 – 일본어와 일본 문화 (중급2)

초판발행	2021년 2월 5일
1판 2쇄	2022년 11월 10일

편저자	THE JAPAN FOUNDATION(独立行政法人国際交流基金)
집필	磯村一弘, 藤長かおる, 伊藤由希子, 久保田美子
책임 편집	조은형, 무라야마 도시오(村山俊夫), 김성은
펴낸이	엄태상
디자인	이건화
조판	이서영
마케팅	이승욱, 왕성석, 노원준, 조성민, 이선민
경영기획	조성근, 최성훈, 정다운, 김다미, 최수진, 오희연
물류	정종진, 윤덕현, 신승진, 구윤주

펴낸곳	시사일본어사(시사북스)
주소	서울시 종로구 자하문로 300 시사빌딩
주문 및 교재 문의	1588-1582
팩스	0502-989-9592
홈페이지	www.sisabooks.com
이메일	book_japanese@sisadream.com
등록일자	1977년 12월 24일
등록번호	제 300-2014-92호

ISBN 978-89-402-9310-2 13730